배달대행 시작하기

배달대행업, 이렇게 하면 된다!
A~Z까지 실전 노하우 대공개!

머리말

바야흐로 우리는 배달 전쟁의 시대에 살고 있다. 자장면과 치킨만이 배달되던 건 호랑이 담배 피던 시절 얘기고 이젠 거의 모든 것이 배달된다. 굳이 핵가족화와 1인 가구의 증가를 논하지 않더라도 배달어플리케이션의 등장으로 그야말로 배달의 춘추전국시대를 맞이한 지 이미 오래다. 한쪽에선 청년실업을 얘기하고, 연장된 수명에 비례해 빨리 앞당겨진 은퇴인구의 증가로 암울한 미래를 걱정하고 있다. 하지만 필자가 지금부터 이야기하고자 하는 배달대행이라는 직업은 어쩌면 비교적 자유로운 근무형태와 은퇴시기가 없는 차선책일 수도 있지 않을까 싶다. 체력만 뒷받침이 된다면 이 일을 계속할 수 있다는 게 큰 장점이다. 실제로 본인이 속한 대행업체 동료 기사님들 중에 60대분도 여러분 계시며 그분들의 평균 월 소득은 3~4백만 원이 넘는다.

5년 전, 무더운 7월의 어느 날이었던 것으로 기억한다. 알음알음하여 찾아간 배달대행 사무실엔 흡사 발냄새 같은 짙은 땀냄새가 난무했다. 완전무장한 군인처럼 오토바이헬멧을 착용한 선배기사들이 지켜보고 있는 가운데 어색한 면접을 보고, 과연 내가 이 일을 해낼 수 있을까 하며 시작한 것이 벌써 5년이나 지나고 6년차에 접어 들었다. 힘든 생활고에 절박한 심정으로 시작했지만 아무런 정보도, 도움도 없이 시작했던 일이었기에 숱한 시행착오와 남모를 실수도 많았다. 하지만 이제 시작하려는 분들은 내가 겪은 실수와 시행착오를 조금이라도 줄였으면 하는 바람에 용기를 내어 글을 쓰게 되었음을 밝힌다. 정직한 땀을 흘려 보람있는 돈을 벌고자 한다면 망설이지 말라. 그대의 첫 행보에 작은 보탬이라도 된다면 더할 나위 없이 기쁘겠다는 생각으로 수줍게 펜을 들었다.

끝으로 용기 없는 손을 기꺼이 잡아준 크라운 출판사에 감사 인사를 드린다. 예쁜 책으로 만들어주신 편집부와 조언 아끼지 않은 많은 동료 기사분들에게 감사드린다. 실질적으로 글쓰는 데 많은 영감과 소재를 제공해 준 네이버카페 "배달세상" 회원님들과 물심양면 마음 써주고 배려해 주신 카페운영자께 이 자리를 빌어 다시 한번 감사를 드린다.

2020년 5월 라일락 향이 지나간 어느 날 저녁에...

차례

챕터 3 마음가짐, 그 외 여러 가지

챕터 4 Episode

챕터 5 사람과 사람들

CHAPTER.1
일을 시작하기에 앞서

숱한 고민과 걱정의 터널을 지나
과감한 결정을 내리고
이 문장을 읽고 있을 이에게
진심 어린 격려와 박수를 보낸다
갖추어야 할 것이 무엇이고
준비해야 할 것들이 무엇이며
또,
어떻게 하면 되는지
어떻게 시작하면 되는지
지금부터 필자의 손을 잡고
잘 따라오시면 된다

배달대행이 뭐예요?

말그대로 배달을 대신해 주는 것이다. 전통적인 배달업종이라면 누구나 알다시피 반점과 동네 통닭집을 손꼽을 수 있다. 그런데 과거에는 업소마다 배달원을 고용해서 자체적으로 배달을 소화했었다면, 현재는 점차 배달시장이 커지고 배달원의 임금과 오토바이 구입비, 유지비, 수리비 등 소요되는 경비보다 더 저렴하고 신속하게 많은 배달을 소화해 낼 수 있는 배달대행을 이용하는 업소들이 갈수록 늘어나고 있는 추세이다. 사회의 변화에 따라 배달의 민족, 요기요, 배달통 등 배달중계 어플들도 눈부신 발전을 하면서 배달시장은 상상을 초월하는 속도로 수직 성장을 하고 있다. 미래에셋 대우에서 발표한 자료에 따르면 2019년에 배달시장 규모가 20조에 육박할 것으로 전망하며, 배달의 민족은 월간 2,800만 건의 주문이 이루어지고, 요기요 역시 5년 전에 비해 주문 건수가 12배나 증가했다고 한다. 바야흐로 배달의 시대라고 말하지 않을 수가 없다. 자장면, 통닭뿐만 아니라 이제는 배달이 되지 않는 것을 꼽는 편이 더 쉬울지도 모르겠다.

그렇다면 이제는 배달대행이 어떤 구조로 이루어지는가를 설명하는 게 순서에 맞을 것이다. 보통 각 도시의 구 단위로 배달대행 업체가 활동을 하는데, 업체는 배달을 대행할 일정 수의 기사를 고용하고, 지역의 여러 업소들과 전속계약을 맺은 후 소비자로부터 배달주문이 들어오면 프로그램을 통해 오더를 띄운다. 그러면 그 오더를 배차받은 소속기사는 오더를 처리함으로 일정 수수료를 받는 방식이다.

한 건당 수수료는 각 시도마다, 혹은 배달대행 업체마다 조금씩 차이가 있지만, 보통 오더 한 건당 2,500원에서 3~4,000원 정도가 일반적인 금액이라고 할 수 있고, 한 오더당 배달대행 업체에서는 10% 정도의 수수료를 제하게 된다. 3,000원짜리 오더 하나를 수행했을 때 기사가 가져가는 수입은 2,700원이라고 보면 되는 것이다. 기사 한 명이 하루에 50개의 오더를 평균적으로 처리한다고 가정했을 때, 일 매출 15만 원에서 콜수수료 15,000원을 제외한

135,000원 정도가 하루 수입이라고 볼 수 있으며, 한 달 25일 근무를 기준으로 계산하면 3,375,000원 정도가 되겠다. 이 금액을 연봉으로 계산하자면 40,500,000원이라는 적잖은 금액이 산출된다. 여기까지 읽은 독자 중에는 "우와~, 생각보다 수입이 괜찮네."라고 솔깃하는 독자가 있을 것이고, 현업 종사자이거나 대행을 해 본 사람이라면 코웃음을 칠 것이 분명하다.

왜냐하면 단순계산으로 얘기한 10%가량의 콜수수료 말고도 더 많은 부분의 경비들이 지출되기 때문이다. 말하자면 매일 들어가는 유류비나 식대, 오토바이 유지비 및 수리비용 등이 빠져있기 때문이다. 여하튼 어느 업체이든 간에 필자가 말한 이 금액보다 더 많은 소득을 올리는 분들도 많을 것이고, 이보다 더 적은 소득을 올리는 분들도 많을 것으로 짐작한다. 배달대행을 처음 접하는 분들을 위해 이해하기 쉽게 설명하느라 제시된 금액일 뿐이지, 이 액수는 모든 배달대행 종사자들의 평균소득도 아니고, 최저나 최고소득이 아님을 분명히 밝혀둔다.

더 분명한 사실은 처음 입문하는 분들이 시작부터 이만큼의 소득을 올리는 것은 조금 무리가 따르지만 오랜 시간이 필요치는 않다는 점이다. 어떤 일이나 숙련기간이 필요하듯이 배달대행 또한 갓 입문해서 처음부터 숙련된 기사들과 비슷한 소득을 올린다는 것은 있을 수 없는 일이다. 사람에 따라 다르지만 일정 기간이 지나 숙련이 되고 요령이 생기면 수입 또한 늘어나는 것도 사실이다. 여기에는 개개인의 체력이나 능력치도 중요하지만 각 배달대행 업체의 지리적 여건이나 오더 환경에도 크게 좌우됨을 간과해서는 안 된다. 좀 더 쉽게 말하자면 원룸이나 빌라가 밀집한 인구밀도가 높은 지역과 드문드문 사람이 사는 시골마을 지역은 절대로 동일 시간 대비 비슷한 수입을 올릴 수 없는 것이다. 그게 바로 배달대행 업체가 속한 지리적 특성이며, 여기에 기사 개개인의 역량 또한 수입을 좌우하는 큰 변수이기에 배달대행을 하면 얼마를 벌 수 있다고 딱 잘라 말할 수는 없다.

어느 배달대행 업체를 가더라도 그곳에는 최고의 소득을 올리는 A급군이 있고, 그 밑으로 B급군, C급군들이 분명히 있을 것이다. 처음 입문하는 사람이라면 일정 기간 숙련이 된 후에 개개인의 체력이나 능력에 따라 어느 정도의 소득까지 올릴 수 있을 것인가는 스스로 짐작할 수 있을 것이기에 본인의 판단 몫으로 돌리고자 한다. 참고로 필자가 아는 주변의 동료기사들 중에는 월 6~7백 이상의 수입을 꾸준히 올리는 이들도 적지 않다.

2015년에 배달대행을 처음 시작해 지금까지 현업에서 종사 중인 필자는 처음 시작하려는 분들에게 한 달에 얼마를 벌었네, 누구는 월 5백을 벌었다더라 6백을 벌었다더라 따위의 말들에 솔깃하기보다는, 사고 없이 건강을 해치지 않는 범위 내에서 안전하게 일하는 것이 더 중요하다고 꼭 말씀드리고 싶다. 필자의 경험상 이 일은 하루에 10만 원 벌기도 쉽지 않다가, 또 어느 순간에는 15만 원을 벌기도 하고, 어느 순간에는 그 이상의 금액을 벌어가고 있는 나 자신을 발견하게 되었기 때문이다. 그러니 처음부터 너무 돈만 좇아 덤벼들지 말고, 돈보다는 건강과 안전에 더 많은 비중을 두고 시작했으면 하는 바람을 먼저 한 경험자이자 현 종사자인 필자는 진심으로 당부드리고 싶다. 요령이 생기고 숙련이 되면 하루에 20만 원, 혹은 30만 원, 그 이상을 벌 수도 있으니 처음부터 너무 돈만 좇아 시작했다가 제풀에 지쳐 빨리 포기하는 일이 생기지 않기를 당부드린다.

시작하려는 분들에게

최남단 마라도 바다에서 "짜장면 시키신 분"을 외치던 모 통신사의 광고가 한때 온 국민의 유행어가 되었을 정도로 우리는 배달음식에 열광한다. 또, 배달음식에 대한 선호도가 높은 1인 가구와 맞벌이 가구 수가 매년 늘면서 관련 시장 성장에 힘을 보탤 것으로 보인다. 통계청에 따르면 1인 가구는 2000년 222만 가구에서 2015년 520만 가구로 급증했다. 통계청은 2045년에는 1인 가구가 809만 가구로 늘어날 것으로 예측하며, 좋든 싫든 시대의 변화에 따라 배달시장 또한 기하급수적으로 커질 것이 분명하다. 더불어 배달대행 같은 생활물류산업이 정보통신기술 발전에 힘입어 나날이 성장하고 시장에 진입하려는 기업이 급증하면서 경쟁도 심화될 것으로 보인다.

이렇듯 배달시장은 커져만 가고 전국적으로 배달대행 업체 또한 많이 생겨나고 있지만, 정작 배달기사 구하기는 녹록지 않다. 노동환경이 열악하고 노동강도 대비 소득 또한 많지 않으며, 무엇보다도 사고 발생 시 이들을 지켜줄 사회적 안전망이 전무하기 때문이다. 이러한 사실들을 알면서 "필자는 지금까지 왜 현업에 종사하고 있는가?"라고 질문을 받는다면, 사람들이 제각각 개인의 사정이 모두 다르고 처해진 환경이 같지 않듯이 필자 또한 필자의 개인 사정에는 배달대행업이 가장 편하기 때문에 지금까지 이 일을 하고 있는 게 아닐까 생각한다. 위험하기로만 따지만 TV에서 방송하는 "극한직업"이라는 프로그램을 보면 배달대행업 보다 위험한 직업은 수도 없이 더 많음을 알 수 있고, 소득 면에서 대기업 정규직 평균 연봉에는 근처에도 갈 수 없지만 중소기업 정규직 평균 연봉인 3,595만 원에는 근접한 소득을 올릴 수 있다. 물론 4대 보험을 비롯하여 퇴직금과 연금이 보장되고 비교적 안정적인 회사와 비교할 바는 아니지만, 한편으로는 자기 관리만 잘한다면 누구의 눈치도 안 받고 지시도 안 받고 은퇴시기 없이 일할 수 있는 업종이 바로 이 업종이다. 실제로 필자가 소속된 대행업체의 동료 기사분 중에 60대 기사님들도 여러분 계시며 그분들의 월평균 소득이 3~4백만을 넘는다. 우리 사회에서 전문직 업종이 아니고서야 60대 연령층이 속편하게 일하면서 이 정도의 소득을 올릴 수 있는 일은 흔치 않을 것이다.

50대인 필자도 마찬가지이지만, 현업에서 겪고 느낀 바에 의하면 배달대행 일은 재취업이 쉽지 않은 연령층의 정착률이 높은 것으로 보이며, 경제적 여유가 있는 사람보다는 간절하고 절박한 사람들이 잘 버티고 장기근속을 하는 것 같다. 그만큼 쉽지 않은 일이라는 것을 반증하는 것이기도 하지만, 배달대행이라는 일이 누구에게나 진입 문턱이 낮기 때문에 며칠 해보고 관두고 심지어는 반나절 일하고 그만두는 경우도 여러 번 볼 수가 있었다. 필자가 소속된 대행업체에도 2,30대의 젊은 동료기사들이 있는데 솔직히 말해서 필자는 틈이 나면 그들에게 이 일보다는 좀 더 장래성이 있고 평생 할 수 있는 일을 찾아보는 게 낫지 않냐고 자주 이야기를 한다. 하지만 그들인들 저마다의 고충이 없겠는가? 최저시급 인상으로 알바 하나 구하기도 쉽지 않고, 어렵게 구한 알바 또한 장시간 근무할 수 없어 돈이 안 되니 위험한 줄 알면서도 이 일에 뛰어드는 이들이 많지 않을까?

앞서 말한 바와 같이 필자의 생각으로는 배달대행일은 재취업이 쉽지 않은 고연령층에 더 어울리는 직업이 아닐까 생각하는데, 그럼에도 불구하고 젊은 층도 많이 유입되고 있는 상황이며, 단기 아르바이트 개념이 아니라 몇 년씩 오랫동안 일을 하는 젊은 층도 점점 많아지고 있다. 그만큼 2~30대의 취업 또한 쉽지 않은 모양이어서 한편으로는 안타깝고 열심히 일하는 모습을 보면 대견하기도 하다.

그러나 행여 2~30대의 젊은 친구들이 필자를 찾아와 진지하게 상의를 한다면 단기 아르바이트 개념으로 몇 달 바짝 벌어서 학비를 마련하거나, 뜻하는 바 목표를 이루기 위한 종잣돈 마련에 활용하라고 말해주고 싶다. 성수기인 여름철이나 겨울철에 몇 달만 바짝 번다고 생각하면 여느 아르바이트 못지않게 쏠쏠한 수입을 올릴 수 있기 때문인데, 단기적으로는 권할 수 있으나 장기적으로는 솔직히 권하고 싶지 않다.

비교적 자유롭고, 마음 편하게 추가적인 수입을 원하는 투잡 분들에게도 추천할 만하다. 근무시간이 일정한 직장인들이 퇴근 후 저녁에 몇 시간만 할

애하면 최소 한 달 생활비 정도는 벌 수가 있다. 주 5일 근무하는 직장인들이 주 2회 주말반으로 월 8회만 근무해도 부수입으로 백만 원 정도는 챙길 수가 있다. 물론 그만큼 쉬는 시간을 줄여야 하므로 피곤함은 감수해야 한다. 세상에 공짜는 없다.

새 오토바이 구입 시 등록 순서

1. 오토바이 구입
2. 보험가입
3. 구청 방문 후 오토바이 등록
4. 번호판 수령하여 장착 후 운행

처음으로 시작했다면

이런저런 고민과 걱정거리를 뒤로하고 용기를 내서 대행사무실의 문을 노크해 우여곡절 끝에 드디어 처음으로 일을 시작하게 되었다면 지금부터 눈 크게 뜨고 보라! 첫 출근을 하기 전에 면접을 보면서 사무실의 환경에 미리 실망을 했는지도 모르지만, 보통 배달대행사무실은 여러분들의 기대와는 달리 산뜻한 내부 인테리어를 하거나 근무하기 쾌적하게 꾸며놓은 곳이 아니다. 기껏해야 책상 몇 개, 낡은 소파 한두 개, 정수기 한 대, PC 한두 대가 거의 모든 비품일 것이다. 물론 그렇지 않은 곳도 소수 있겠지만 필자가 지금까지 봐 온 사무실들은 대략 비슷비슷한 수준이었다. 바꾸어 말하면, 이 정도 비품으로도 배달대행 사무실을 하나 차릴 수도 있다는 뜻이다.

배달대행업체를 구성하는 인원으로는 업체의 대표가 있을 것이고, 업체의 규모에 따라 몇 명의 중간 관리자가 있을 것이다. 그리고 일반 기사들이 있을 것이며, 이제 처음 일을 시작한 여러분은 나이 불문하고 사무실의 가장 막내 기사가 될 것이다. 내 덩치 만한 더플백의 무게보다도 서슬 퍼렇던 고참들의 눈빛에 압도되어 질식할 것 같던 자대 배치 첫날 내무반의 분위기가 연상되지는 않는가? 대표는 직함 그대로 대행업체를 대표하는 사람으로 업체의 전반적인 일을 관리·감독하며 중간관리자는 기사들의 근태관리, 오더 관제, 가맹업소 관리, 영업 등을 하는 사람들이다. 그리고 고참 기사들은 여러분과 마찬가지로 필드에서 실제로 오더를 처리하는 동료기사인데, 이제 막 배달대행업에 첫 발을 디딘 햇병아리 기사인 여러분이 가장 먼저 해야 될 일은 본인의 첫인상을 좋게 심어주는 것이다. 밑천 한 푼 안 들이고 할 수 있는 가장 쉬운 방법이 인사를 잘 하는 것이다. 일반적인 직장에 비해 소속된 구성원들 간에 유대감이 약하거나 등한시되는 것이 이 업의 특성이기도 하지만, 그래도 신입이라고 들어온 기사가 선배를 봐도 소 닭 보듯 무심한 것보다는 먼저 살갑게 다가가 인사하고 아는 척하면 하나라도 더 가르쳐주고 싶은 것이 인지상정이다. 여러분과 같은 유니폼을 입었거나 같은 조끼를 입은 사람이면 어색해 하지 말고 먼저 인사하라! 사무실에서든 신호 대기 중인 교차로에서든, 어디서든 마주치면 볼 때마다 인사하라! 인사하는 데 절대로 돈 한 푼 안 든다.

처음으로 필드에서 일을 시작한 여러분은 짧게는 몇 달, 길게는 몇 년씩 앞서 시작한 선배들과 선의의 경쟁을 펼치며 본인이 원하는 일정 수준의 소득을 올려야 하는 처지인데, 솔직하게 말해서 처음부터 공정한 게임을 기대하는 것 자체가 무리랄 수 있다. 어느 업종이나 마찬가지이겠지만, 이 일은 특히 짬밥이라는 것을 무시할 수가 없기 때문이다. 그런데 비슷한 일을 해 본 경력이 전무한 완전 초짜라면 어떻게 산전수전 공중전까지 다 겪은 선배들과 처음부터 비등한 결과를 낼 수 있겠는가? 시작은 공평할 수 있어도 결과는 하늘과 땅 차이일 수밖에 없는 이유가 거기에 있다.

하지만 배달이라는 일 자체가 아주 고급 스킬을 요구하는 고난이도의 업무는 아니기 때문에 사람에 따라 적응 속도가 다 제각각이다. 빠르면 몇 달 뒤에 여러분도 본인 하기에 따라 오래 한 선배들과 비슷한 수입을 올릴 수 있으니 처음부터 너무 실망하지 않아도 된다. 시간이 지나면 지날수록 수입은 상승곡선을 그리게 된다는 것을 몸소 체험하게 될 것이다.

요컨대 처음 시작하자마자 주워들은 소문대로 높은 소득을 올리고자 조바심내지 않았으면 한다. 뱁새는 뱁새의 보폭대로 움직여야지 처음부터 황새의 넓은 보폭을 부러워하지도, 따라하지도 말아야 한다. 따라해 봤자 여러분들의 가랑이만 찢어질 뿐이다. 제풀에 빨리 지치고 더 빨리 주저앉게 되는 결과만 초래하게 될 것이다. 실제로 그런 신입기사들을 자주 보게 되는데, 제발 부탁드리건대 처음부터 너무 과도한 욕심을 내지 않았으면 좋겠다. 욕심낸다고 욕심대로 단시간에 되는 일이 아니기 때문이며, 더구나 오토바이를 타는 일이기에 과욕은 언제나 사고를 유발할 가능성이 크다. 제발 처음부터 욕심내지 말고, 생각대로 수입이 생기지 않는다 하여 조바심 내지 않기를 거듭 당부드린다.

마지막으로 병아리 기사인 여러분께 남기고 싶은 말은, 신입이면 '신입다운 행동이나 처세'를 하길 바란다는 것이다. 오래 한 기사들일수록 이것 재고 저것 재고 콜을 가려 타면서 주위의 원성도 많이 사지만, 처음 시작한 여러분들은 이것저것 가리지 말고 일을 해야 더 빨리 적응할 수 있다고 말해주고 싶다. 간혹, 일을 시작한 지 얼마 안 되는 신입기사가 뺀질뺀질 하게 일을 하는 것을 보면 뭐 하나 가르쳐 주고 싶다가도 입을 닫게 되는 게 사람 마음이다. 설령, 나중에 똑같이 물이 들지라도 신입일 때는 신입다운 모습을 보여주는 게 여러분들이 더 빨리 배우고 더 빨리 적응할 수 있는 밑거름이 된다고 생각한다.

잊지 말자! 여러분은 이제 막 배달대행 일을 시작한 초짜 중의 초짜란 것을.

업소 응대 요령

가벼운 목례와 함께 "안녕하세요" 인사를 한다. 인사 후에는 반드시 도착지를 업주에게 환기시켜라. OO 동이요! 혹은 OO 아파트요! 도착지 해당 동이나 건물명을 말하는 게 좋다. 더불어, 카드 결제 건인지, 선결제, 후결제인지 결제 방법까지 확인해야 한다. 포장까지 완료해 준비되어 있다면 "수고하세요" 인사말과 함께 음식을 갖고 나오면 되지만, 아직 조리 중이거나 포장 전이라면 조용히 기다려야 한다. 매장장사를 겸하는 곳으로 내방 손님들이 붐비는 곳이라면 최대한 동선이 겹치지 않는 곳에서 조용히 기다려주는 것이 좋다. 매장이 협소하고 손님이 많은 곳이라면 매장 밖에서 기다려 주는 것도 배려있는 행동이다.

※ 주의할 점
① 예상 시간보다 늦다고 업주에게 눈빛으로 레이저를 쏘지 마라. 독촉하거나 늦다고 투덜대지 마라. 첫날부터 성격 급한 기사로 미운털 박힌다.
② 붙어 있는 여러 장의 주문표를 보고 본인 마음대로 엮어가게 해달라고 요구하지 마라. 주고 안 주고는 업주의 마음이지 기사가 판단할 일이 아니다.
③ 가맹업소에서 업주와 불필요한 잡담을 나누지 마라. 특히, 대행업체 사무실의 내부 이야기나 다른 동료 기사의 험담 등은 절대로 하지 말아야 할 사항이다.
④ 반드시 주문표(빌지)에 적힌 도착지 주소를 한 번 더 확인해라. 내가 찍은 콜이 아닌 다른 주소지의 음식을 갖고 나오면 바쁜 시간대에 여러 사람이 고생하고, 그건으로 인해 불필요한 시간 손실은 물론이거니와 일이 꼬여서 피곤하게 되니 반드시 도착지 주소 확인을 한 번 더 하는 습관을 들이는 것이 좋다. 도착지 주소 확인까지 했다면 "수고하세요" 인사말과 함께 매장 문을 나서면 된다.

장점과 단점

배달대행의 장점은 뭐니 뭐니 해도 일반 직장에 비해 구속력이 약한 자유로움과 하루 중 피크타임만 피한다면 중간중간에 비교적 한가한 시간을 개인적으로 활용할 수 있다는 점이다. 서너 시간 동안 학원 강의를 수강할 수도 있고, 운동을 좋아한다면 운동을 해도 되고, 피곤하다면 몇 시간 동안 휴식을 취하다 다시 나와도 되는 것이다. 출퇴근 시간만 정확히 지켜주고, 피크타임만 필드를 무단이탈하지 않으며, 성실하게 오더를 처리해 준다면 어지간해서는 간섭을 받거나 제재를 받지 않는다. 또한, 매일 현금을 만지므로 봉급생활자에 비해 돈에 구애를 덜 받는다는 것이다.

계획을 세우고 짜임새 있게 돈 관리를 한다면 봉급생활자에 비해 아무래도 돈에 구애를 덜 받는다는 장점이 있다.

> **월급님이 로그인했습니다.**
>
> 의료보험: 떠가요~
>
> 전화요금: 떠가요~
>
> 인 터 넷: 떠가요~
>
> 카드대금: 떠가요~
>
> 전기요금: 떠가요~
>
> 수도요금: 떠가요~
>
> 각종보험: 떠가요~
>
> **월급님이 로그아웃했습니다.**
>
> **이번 달에도 월급이 바람에 스치운다.**

이렇듯 봉급생활자의 애환을 담은 재밌는 글도 있지 않은가?

나는 매일 5만 원만 벌면 돼. 10만 원, 혹은 15만 원, 20만 원, 본인이 필요로 한 금액만큼 목표치를 설정할 수 있고, 본인의 의지나 체력에 따라 일을 할 수가 있다. 쉬엄쉬엄 놀면서 고소득을 올릴 수는 없고, 목표 수입을 높게 잡을수록 근무시간이나 노동강도는 올라간다는 것을 알아 야한다. 어쨌거나 본인이 원하는 수입을 어느 정도는 스스로 설계해서 채울 수가 있고, 내가 하는 만큼 더 벌 수 있다는 것은 배달대행의 큰 장점이 아닐 수가 없다.

다음은 단점에 대해 열거를 해보자면, **첫 번째**로는 언제 닥칠지 모르는 위험에 항상 노출된 직업이라고 말할 수 있다. 입이 닳도록 안전운전을 강조하지만, 일의 특성상 사고 위험성은 항상 도사리고 있는 게 사실이다. 하지만 그렇다고 미리 겁부터 먹을 필요는 없다. 사고도 꼭 나는 사람이 나지 안 나는 사람은 한 번도 사고가 나지 않는 것을 볼 수가 있는데, 그런 것을 보면 평소의 운전습관과 안전에 주의하고 큰 욕심을 부리지 않는 사람은 사고 가능성도 낮다고 말할 수 있다.

두 번째로는 확연한 차이를 보이는 비수기와 성수기가 있어 수입의 차이를 극복해야 한다. 비수기를 극복하는 방법에 대해서는 할 얘기가 많으므로 차후에 구체적으로 얘기할까 한다.

세 번째로는 계절과 날씨의 변화를 온몸으로 다 견뎌내야 하는 극한직업이다. 40도에 육박하는 불볕더위도, 영하 십 몇 도를 오르내리는 한파에도 오토바이를 타야 한다. 장마철에 많은 비가 내려도 오토바이를 타야 한다. 이보다 배달일이 더 힘든 진짜 이유는 덥고, 춥고, 비 오는 날에 콜이 더 많다는 것이다. 덥고 추워서 밖에 나가기 싫고 비가 와서 못 나가기 때문에 우리의 사랑스러운 고객님들께서 배달을 더 많이 시키기 때문이다. 봄, 가을로 오토바이 타기 딱 좋은 계절엔 외식이나 나들이가 많아 콜이 적다. 슬픈 일이지만 받아들일 수밖에 없는 배달대행 기사의 숙명이다.

네 번째로는 참 외로운 직업이다. 하루 종일 혼자 돌아다녀야 하는 일이고 모든 것을 혼자 알아서 처리해야 하기에 참 외롭고 쓸쓸한 일이다. 어떤 이는 구속 안 받고 간섭하는 이 없어서 좋다고 하던데, 그런 면도 있지만 감수성 풍부한 필자는 때때로 외롭다는 생각이 들 때가 많다.

다섯 번째로는 주말이나 공휴일이 없다. 물론 특별한 일이 있다면 주말이나 공휴일에 쉴 수도 있지만, 배달대행은 평일보다는 주말이나 공휴일에 배달이 더 많으므로 쉬기가 힘들다. 일이 있어 주말에 쉰다고 하면 사무실에서 좋아하지도 않을뿐더러, 주말에 하루를 쉬게 되면 평일에 하루 쉬는 것보다 최소 1.5배 이상의 수입 손실이 생기는 것을 감수해야 한다. 또한 주변 지인들과의 인간관계를 유지하기가 힘들어진다. 남들이 쉬는 날에 더 바쁜 생활을 해야 하니 친한 친구와 술 약속 잡기도 쉽지 않다. 일과를 마치고 동료 기사들과 술잔 기울이는 횟수만 많아지고 기존의 지인들과는 뜻하지 않게 멀어진다.

여섯 번째로는 예전보다 살이 많이 찐다. 걷는 거리, 계단을 오르내리는 횟수 등 활동량이 적은 편은 아닌데 오래 하다 보면 살이 더 찐다. 실제로 필자도 이 일을 처음 시작했을 때는 처음 3개월 정도는 매달 5kg 이상 살이 쭉쭉 빠지더니 그 이후부터는 예전 몸무게로 회복되었다. 그러더니 어느 순간부터는 살이 더 찌기 시작해서 지금은 비만인 상태다. (따로 운동을 해야 하는데…….) 확실히 노동과 운동은 다르다는 것을 몸소 체험하게 된다.

이 정도로 배달대행의 장점과 단점에 정리해 봤는데, 역시 장점보다는 단점이 많은 일임이 분명하다. 하지만, 남들이 보기에 아무리 좋아 보이는 직업도 그 분야의 종사자들은 만족을 못 한다. 자기 직업에 100% 만족하며 사는 사람이 과연 얼마나 될까 생각해 보면 어떤 일을 하느냐가 중요한 게 아니고 어떤 일을 하더라도 어떤 마음가짐을 가지고 하느냐가 행복을 좌우하지 않을까? 선택과 결정은 여러분의 몫이다. 필자는 단지, 현업 종사자로서 보고 듣고 겪은 바를 가감 없이 들려줄 뿐이지 어떤 권유도, 어떤 부탁도, 어떤 유혹도, 여러분께 하고 싶지는 않다.

일반퀵과 배달대행의 차이

보통 일반퀵(광역퀵)과 배달대행(푸드퀵)으로 다르게 말을 하기도 하는데 가장 큰 차이점에 대해 이야기해보도록 하자. 여러 가지 차이점을 보이지만 가장 큰 차이점만을 얘기하자면 두 가지가 있다고 볼 수 있다.

첫 번째 차이점은 대행사무실마다 조금씩 차이는 있겠으나 정확한 출퇴근 시간이 있고, 그 시간을 준수해 줘야 하는 배달대행에 비해 일반퀵은 그야말로 제 맘대로 일할 수가 있다는 것이다. 일하고 싶으면 나와서 일하고 하기 싫으면 안 나와도 되고, 몸이 안 좋거나 날씨가 안 좋거나 기분이 안 좋거나 늦잠을 잤거나 갖가지 핑계로 불성실하게 일을 해도 누구 하나 제재하는 사람이 없다. 대신, 그만큼 나태해지기 쉬우며 꾸준히 일해서 일정 부분 소득을 올리려면 자기 자신을 잘 관리할 수 있는 사람이어야 한다. 반면, 배달대행은 일정 부분 구속력이 있기 때문에 근태는 물론이거니와 관리자가 오더를 감시·통제하므로 일적인 부분에서도 일반퀵에 비해서는 관리를 받는다. 덕분에 일반퀵에 비해 농땡이 피우기가 조금 어렵다. 그럼에도 불구하고 일반퀵과 마찬가지로 자신을 잘 관리할 줄 아는 사람이 체력관리도 잘하고 높은 소득을 꾸준히 가져가는 것을 보면 자기관리는 일반퀵과 배달대행을 막론하고 가장 큰 덕목이 아닌가 싶다.

두 번째 차이점은 현저하게 차이 나는 건당 배달료와 이동거리라 하겠다. 일반퀵의 배달료가 최저 5,000원부터 몇 만 원도 되는 반면, 배달대행은 최저 2,500원부터 10,000원 미만의 배달료를 받는다. 이렇게 배달료가 차이 나는 이유는 이동거리가 다르기 때문인데, 일반퀵이 보통 짧게는 몇 km부터 길게는 몇십 km까지 이동하는 반면, 배달대행은 짧게는 걸어가도 되는 거리에서부터 멀리 가도 보통 5km를 넘기는 경우가 드물기 때문이다. 주행거리가 길다는 것은 소모되는 연료비의 차이는 당연하거니와 오토바이 소모품의 교체주기와 오토바이의 수명도 짧아짐을 의미한다.

이 외에도 많은 차이점들이 있지만, 필자 생각엔 가장 큰 차이점이라면 위의 두 가지로 요약되지 않나 싶고 간혹 주변에서 일반퀵이 낫나 배달대행이 더 낫나 물어보는 사람들도 있는데, 그것은 "엄마가 더 좋니? 아빠가 더 좋니?"라고 어린 시절 자주 듣던 질문을 받은 것과 비슷하다 말할 수 있겠다. 딱 꼬집어 어느 것이 낫다고 말할 수 있는 성질이 아니기 때문이다.

각자의 처해진 상황과 성향에 따라 일반퀵이 맞을 수도 배달대행이 더 적합할 수도 있는데, 가장 좋은 방법은 두 가지 모두 경험해 보면 본인의 성향을 정확히 알 수 있다. 두 가지 모두 경험해본 결과, 필자는 배달대행이 더 적성에 맞았기 때문에 지금도 이 일을 하고 있는 것이라 자신 있게 말할 수 있다. 또한 달리기에 비유를 하자면 일반퀵은 장거리 달리기이고, 장거리를 잘 달리기 위해서는 지구력이 필요하지만 배달대행은 단거리 달리기에 비유할 수가 있다. 단거리를 잘 달리기 위해서는 지구력보다는 순발력이 더 필요하기도 하다. 본인이 지구력이 좋은 사람인지 순발력이 좋은 사람인지를 생각하면 어떤 일이 본인에게 더 적합한가를 알 수 있다. 같은 듯 다르고 다른 듯 같은 일반퀵과 배달대행은 이런 차이점들이 있고, 배달대행에 비해 장거리 운행을 하는 일반퀵은 오토바이뿐 아니라 운전자의 피로도가 크다. 시간에 덜 쫓겨 마음은 좀 편하더라도 아무래도 육체적 피로도는 더 크고 이에 반해 시간적 여유는 없지만 단거리 위주의 주행인 배달대행은 몸이 수월하다고 생각된다.

오토바이 등록시 필요 서류

1. 이륜차 제작증
2. 보험가입증명서
3. 신분증
4. 취득세납부 영수증, 인지대납부 영수증, 번호판 가격 납부영수증

배달대행 업체의 종류

불과 몇 년 전까지만 해도 동네에서 영업하는 여러 상점들의 정보를 모아놓은 광고책자가 집집마다 배달되었고, 일반 소비자들은 광고 책자를 뒤적이며 "오늘은 뭘 시켜 먹을까"를 고민했었다. 광고책자를 만드는 사람들은 상점에서 광고료 명목으로 한 면당 게재하는 광고료를 받았고 상점에서는 배달음식에 책을 한 권씩 동봉해서 줬기에 여러 상점이 혜택을 보는 시너지 효과도 있었다. 불과 몇 년 전까지는 이런 풍경이었지만 지금은 상황이 거의 180도 달라졌다.

완전히 자취를 감추지는 않았지만 광고책자는 한물 간 퇴물처럼 이용하는 사람들이 줄었고 광고효과도 미미해졌다. 대신 휴대폰에 배달중계 어플을 설치하면 내가 사는 동네의 메뉴별 모든 상점들을 일목요연하게 한 번에 모두 볼 수가 있다. 그런 편리함과 신속성으로 인해 배달중계 어플은 단기간에 눈부신 고속성장을 했고 대표적인 배달중계 어플로는 배달의 민족, 요기요, 배달통 등이 있다. 독일계 회사인 딜리버리히어로가 요기요를 설립하였고, 몇 년 후 시장 점유율 3위 업체였던 배달통을 인수했다. 그리고 2019년 말에는 1위 업체였던 배달의 민족까지 인수하여 국내 배달앱 사용자의 98.7%를 차지하는 독점기업이 되고 말았다. 단순한 배달중계 어플이었던 이들은 더욱더 공격적인 마케팅을 펼치고 있으며 배달의 민족은 자체배달시스템인 배민 라이더스, 배민 커넥터를, 요기요는 요기요플러스 라이더를 채용하여 배달하고 있다.

배민라이더스가 정규직 배달원이라면 배민커넥터는 파트타임 아르바이트쯤 된다고 말할 수가 있다. 배민커넥터는 오토바이뿐 아니라 차량, 자전거, 퀵보드, 심지어 도보 배달원까지 고용하며, 이들은 본인이 근무 가능한 시간에만 일을 할 수 있다는 장점이 있지만, 아무래도 오토바이에 비해 효율성은 떨어지므로 실질적인 고수입을 기대하기는 어렵다. 또한 요기요의 라이더는 배달의 민족과 달리 전국 단위의 네트워크를 아직 구축하지 못한 상태라 서울 지역에만 국한하여 라이더를 모집, 운영하고 있다. 이외에 쿠팡에서 운영하는 쿠팡

이츠의 쿠팡쿠리어라는 것도 있다. 배달의 민족이나 요기요 라이더들에 비해 비교적 자격요건도 간소하고 가입 절차도 복잡하지 않으며 해당 어플만 설치하면 일을 할 수 있다. 하지만 쿠팡쿠리어 역시 전국 단위의 네트워크는 조성되지 않아 서울 및 수도권 일부 지역에서만 서비스를 제공하고 있다.

혹여, 독자분들 중에 위의 언급한 배민라이더스나 요기요 라이더나 쿠팡쿠리어에 관심이 있다면 필자는 이렇게 추천을 해드리고 싶다. 배민라이더스나 요기요라이더는 채용 시 프로모션을 할 때가 종종 있다. 일정 기간 렌트비 무상이라든가 소정의 목표를 달성했을 시 얼마를 지급한다든가 하는 것이다. 만약 독자가 배달대행이라는 일을 처음 하는데 가장 저렴한 초기자본으로 일을 경험하고 싶다면 프로모션 시기를 잘 맞추어 배달의 민족이나 요기요에서 일을 시작해보는 것도 나쁘지 않다. 서울에 거주 중이고 스쿠터가 있고, 본업이 있거나 자투리 시간을 이용하여 용돈벌이 정도를 생각한다면 쿠팡커리어도 아주 좋은 아르바이트가 될 수 있다. 아직까지는 고정적인 오더량이 뒷받침되지 않고 서비스 지역이 서울에만 국한된다는 점에서 쿠팡쿠리어는 전업으로서는 메리트가 없다.

배민라이더스, 배민커넥터, 요기요라이더, 쿠팡쿠리어에 관심이 있다면 해당 홈페이지를 찾아서 더 많은 정보를 찾아보고 지원하면 된다. 필자가 책에서 중점적으로 언급하고 말하고자 하는 내용들은 전국 단위의 메이저이건 로컬 업체이건 배달대행 업체에 관한 이야기이며, 그곳에 소속되어 일하는 내용들이다. 필자가 자세히 다루지 않으려 하지만 배민라이더스나 배민커넥터, 요기요라이더, 쿠팡쿠리어를 하고자 하는 분들이라도 필자의 책이 도움이 될 수는 있다. 하지만 위의 업체 종사자보다는 몇 배, 혹은 수십 배로 더 많을 일반 배달대행 업체를 위주로, 또한 일반 배달대행 업체에서 일하고자 하는 분들에 초점을 맞추어 이 책은 집필되었다.

이 주제에 적합한 전국 단위의 가장 규모가 큰 대행업체로는 부릉, 바로고, 생각대로 등 세 업체를 꼽을 수 있다. 그 외에 이들이 생기기 전부터 영업을 했었던 각 지역의 로컬 업체들이 있지만 수없이 많은 업체명들까지 일일이 거론할 필요도, 이유도 없다. 어떤 이는 부릉이나 바로고나 생각대로나 각 업체의 장단점이나 특성에 대해 궁금해하는 분들도 있지만 솔직하게 말해서 그런 것은 없다. 운영방식이 다르다거나 특화된 자기들만의 무엇이 있다든가, 차별화된 서비스가 있다든가 아니면 소속기사들에 대한 복지정책이나 혜택을 기대했다면, 실망스러울 수 있겠지만 그런 것은 전혀 없다. 물론, 덩치를 많이 키운 업체이다 보니 렌트회사와 맞잡고 일반 로컬 대행업체에 비해 상대적으로 저렴한 렌트비를 제공하기는 하지만, 그 외에는 로컬 업체에 비해 두드러지는 큰 차이점이나 현실상의 차별화된 그 무엇을 필자는 발견하지 못했다.

좀 더 현실적으로 정확하게 말씀드리자면 부릉이라서 좋고, 바로고라서 좋고, 생각대로라서 좋은 것은 하나도 없다. 그보다는 어느 업체이든 업체의 브랜드보다는 그 업체를 운영하는 해당 지점 지점장 (또는 지사장이라고도 불리움)들의 개인적인 인성이나 역량에 따라서 좋은 대행업체인지 그렇지 않은 대행업체인지가 나누어질 수가 있으며, 그들의 영업력에 따라서 어느 지역에서는 부릉이 가장 우수한 대행업체이기도 하고 혹은 어느 지역에서는 바로고가 1위 업체를 선점하고 있기도 하고, 생각대로가 가장 넓은 가맹업소와 오더량을 확보하기도 한다. 그러므로 대행업체의 브랜드보다는 해당 지점을 운영하는 지점장과 관리자들의 역량과 능력, 인성에 따라서 좋은 업체, 나쁜 업체가 좌우되며 근무 여건도 달라질 수 있다. 이러한 세부적인 사항들은 해당 지점에 근무하는 지인이 있거나 본인이 겪어보지 않고서는 알 수 없는 부분이라는 것을 알아야 한다.

배달대행 준비과정

배달대행이라는 게 있다던데, 비교적 자유롭다던데, 자투리 시간을 이용하여 부수적인 수입을 올리고 싶은데…. 개개인의 사정이야 모두 다르겠지만 본격적으로 배달대행이라는 일을 해보고 싶은데 어디서부터 혹은, 뭐부터 준비를 해야 되고 어떻게 시작해야 되는지 몰라서 막막하기 십상이다. 개개인의 경제사정과 여건에 따라 다양한 변수가 있겠으나 필자의 경험을 바탕으로 준비 과정을 제시하니 처음으로 입문하려는 분이나 시작하려는 분에게 이정표가 되었으면 좋겠다.

1. 사전정보수집

조금만 검색을 해보거나 유튜브를 통해서도 배달대행에 관련된 정보들을 쉽게 찾아볼 수가 있으니 온라인을 통해서 정보를 수집하거나 관련 카페나 동호회에 가입하여 현업 종사자들의 가감없는 실질적인 정보들을 알아보길 먼저권유한다. 본인이 할 수 있는 일인지, 한 번 도전해 볼 가치가 있다고 판단이되는 일인지 시작하기 전에 충분한 시간을 두고 되도록 많은 정보를 찾아보고알아보길 바란다. 경솔하게 무턱대고 덤벼들지는 않았으면 좋겠다. 참고로 네이버 최대규모의 종사자 카페인 "배달세상" 이란 곳이 필자가 활동하는 곳으로 많은 정보와 알찬 내용들이 많아서 추천드리고 싶다.

https://cafe.naver.com/nbfo(배달세상)

2.오토바이 구매

오토바이도 수없이 많은 종류가 있으므로 구매하기에 앞서 배달대행에 적합한 오토바이가 어떤 것이 있는지 본인에게 맞는 오토바이가 어떤 것인지에대한 사전조사가 먼저 선행되어야 함은 당연하고 본인의 경제 상황과 가용 가능한 예산을 고려하여 신중히 오토바이를 구매하기를 바란다. 또한 신차를 구입할 것인지, 중고차를 구입할 것인지를 비교, 검토해야 하며 한 번 사면 최소 몇 년은 나와 함께해야 하는 것이므로 오토바이 선택에 신중해야 한다. 당장, 오토바이를 구매할 여력이 안 된다면 대행업체에 일정 금액을 내면 오토바이를 대여해 주는 렌트나 리스라는 제도도 있으니 당장 구입할 처지가 안된다면 그 방법을 고려하는 것도 나쁘지 않다.

3. 최소한의 필수장비 세팅

막상 하나하나 준비를 하다 보면 배달대행이라는 일이 의외로 준비과정에서 만만찮은 비용이 들어간다는 것을 새삼 느끼게 될 것이다. 처음부터 너무 완벽하게 갖추려 하지 않아도 된다. 최소한의 비용으로 꼭 필요한 것만 갖추고 시작하되 일하면서 부족한 것은 채워가도 된다. 가장 기본적인 헬멧과 비옷 정도만 구입하자. 휴대폰 거치대, 피자가방, 카드리더기, 조끼, 배달통 등은 절대로 미리 구입하지 마시라. 일하게 될 대행업체에 따라서 위의 품목들을 지원해주는 곳도 있으니 절대로 미리 구입을 해서 낭비하지 말고, 지원을 하지 않는다 하더라도 대행업체에서 요구하는 일괄된 제품을 사용해야 되는 경우도 있으니 위 품목들은 업체 선정 이후에 준비를 해도 늦지 않다.

4. 대행업체 선정

본인이 일하게 될 대행업체 선정을 해야 한다. 어느 업체에 소속되어 일을 할 것인지 대행업체를 정하고 방문하여 기사 등록을 하고 일을 하면 되지만, 어떤 업체가 좋은 업체인지 나쁜 업체인지 처음 입문자들은 가려낼 수 있는 능력이 없다. 포털사이트에서 본인의 동네로 검색을 해보시라. 예를 들어 서울 동대문구 거주자라면 "동대문구 배달대행"으로 검색을 해보면 동대문구에서 성업 중인 대행업체명과 전화번호까지 상세히 알 수가 있으니 검색되는 모든 업체를 방문해서 면접을 보기를 바란다. 거의 모든 대행업체들이 일 년

365일 내내 기사모집을 하고 있으니 면접을 보고 싶다고 하면 거절할 업체는 거의 없을 것이므로 걱정하지 말고 면접을 보라. 면접을 보면서 아래 사항을 꼭 물어보고 기록하라.

A. 소속된 기사가 몇 명인지?
B. 하루 평균 몇 콜이 발생하는지?
C. 기본 콜비가 얼마인지. 각종 할증은 있는지?
D. 기사들의 일 평균 수입이 어느 정도 수준인지?
E. 출금은 자유롭게 가능한지?
F. 신입 기사에게 지원되는 품목은 있는지, 있다면 무엇인지?

최소 위의 여섯 가지 사항은 꼭 물어보고 기록을 하라. 그리고 여러 군데 면접을 보고 비교를 한 다음 어느 곳이 가장 본인에게 맞는 업체인지를 검토 후 선택하면 된다. '부릉', '바로고', '생각대로' 등 소위 메이저 업체라고 무조건적으로 좋지는 않다. 이름 있는 전국 단위의 메이저 업체라고 해도 빛 좋은 개살구인 경우도 많고 지역 로컬 업체라 하더라도 실속이 있고 알찬 업체도 많으며, 업체명이 중요한 것이 아니라 업체를 운영하는 지사장이나 관리하는 관리자에 따라서 많은 부분 좌우되기 때문에 많이 들어본 업체명이라고 해서 현혹되지 않기를 바란다. 배달대행은 업체명보다는 운영하는 지사장과 관리자의 역량과 인성이 더 큰 부분을 차지하며, 그에 따라서 편하게 일하면서 벌이가 괜찮을 수도 있고, 몸도 마음도 힘들고 벌이도 신통찮은 경우를 많이 겪게 될 수도 있음을 명심하라.

5. 본격 오토바이 세팅

업체까지 결정했다면 업체에서 지원해 주는 품목을 제외하고 필수품목을 구입하면 되고, 지원되는 품목이 전혀 없다면 본인이 모두 구입을 해야 한다. 조끼, 카드리더기, 피자가방은 업체에 문의해서 구입을 하는 게 도움이 된다.

그 외 배달통과 거치대는 본인이 알아서 구입하고 설치를 해야 하는데, 배달통은 본인의 오토바이에 맞는 사이즈를 고려하되 최소한 피자 라지 사이즈는 들어갈 수 있는 용량을 설치해야 된다. 온라인상에서 정보를 구하든 일하게될 업체에 상담을 하든 주변의 조언을 구하는 것이 가장 좋다. 그리고 휴대폰 거치대는 반드시 충전이 되는 충전식 거치대를 설치하는 게 실질적으로 일하는 데 큰 도움이 되니 반드시 충전식 거치대를 설치할 것을 추천한다. 계절에 맞게 구비해야 할 것들도 많이 있으나 겨울철이 아니라 봄, 여름, 가을에 시작한다면 당장 준비할 것은 별로 없으니 걱정 안 해도 된다. 오토바이에 세팅할 것은 배달통과 휴대폰 거치대뿐이다.

6. 당부하는 글

전업기사이든 파트타임 투잡 기사이든 이제 실전에 투입되어 일을 하면 된다. 여러 가지 준비를 하고 조사를 해서 완벽하다고 생각했지만, 실전에서 일을 하다 보면 그래도 부족한 부분들이 분명히 있을 것이다. 부족하거나 모자란 것들은 일을 하면서 얼마든지 채우고 보완하면 된다.

절대로 처음부터 완벽할 수는 없다. 누구나 시행착오를 거치면서 조금씩 완성되어 가는 게 아니겠는가? 마지막으로 처음 시작하는 신입 기사분들에게 당부드리고 싶은 말은, 이 일은 시간이 필요한 일이다. 모든 일이 모두 첫술에 배부를 리 없지만 이 일은 더더욱 그러하다. 절대로 조바심 내고 조급한 마음을 내지 않기를 바란다. 조바심과 조급한 마음은 바로 사고로 직결될 수 있는 가능성이 크다. 최소한 한 달만 인내하라! 한 달만 무료봉사한다는 마음으로 임해 보라! 한 달만 지나면 본인이 느낄수 있을 만큼 달라진 자신을 발견하게 될 것이다. 누구와도 비교하지 말고, 동료기사의 수입을 부러워하지 말고, 하루에 얼마 못 벌었다고 실망하지 말고, 내비에 의존해서 일하지 말고, 처음부터 큰 욕심내지 말고, 배운다 치고 딱 한 달만 일해보라! 한 달 전의 모습과 한 달 후의 모습에 큰 차이점이 있을거라 장담한다. 모쪼록 이 글이 이제 막 시작하려는 이들에게 미약한 불빛이라도 되기를 바란다.

좋은 배달대행 업체를 고르는 법

각종 정보지나 구인, 알바 앱을 통해 알아보면 당신이 살고 있는 지역에서 몇 곳의 배달대행 업체를 찾는 것은 어렵지 않은데, 좋은 배달대행 업체를 찾는 것은 결코 쉽지 않다. 배달대행 업체들이 구직 광고에 사용하는 단골 멘트를 보면 월 300~400, 500, 600 보장. 종일반, 야간반, 주말반, 파트타임 가능(원하는 근무시간 최대한 맞추어드림), 자가 오토바이 소유자 우대(미소유자는 리스, 렌트 가능) 단골 멘트로, 가장 많이 사용하는 위 세 가지를 하나하나 짚어 보면, 월 300에서 최대 600만 원까지 보장.

> "보장:[명사] 어떤 일이 어려움 없이 이루어지도록 조건을 마련하여 보증하거나 보호함."

국어사전에는 "보장"이란 단어의 설명을 이렇게 하고 있다. 사전적 의미처럼 광고대로 월수입을 보증하거나 보호해 주는 대행업체는 단언컨대 우리나라에 한 군데도 없다. 열심히 하면 저 정도 금액을 벌 수 있다는 얘기이지 못 벌었다고 대행업체에서 차액을 채워 준다는 뜻은 아니니 착오 없기를 바란다. 그렇다면 제시된 저 금액은 현실적으로 벌 수 있는 금액인가를 따져봐야 한다. 배달대행 업체의 규모에 따라서, 본인의 노력 여부에 따라서 충분히 가능한 금액이다. 대략 비슷비슷한데 업체마다 지역마다 조금의 차이가 있어 단정짓기는 곤란하지만 분명한 것은 매출금액과 실수입은 다르다. 월 매출 300~600과 실수입 300~600은 다르다는 얘기이다. 기본 한 콜당 3,000원으로 계산했을 때 월 1,000콜의 오더를 수행하면 3백만 원이라는 월 매출이 발생하지만 실수입은 그보다 적기 때문이다. 10%가량의 콜 수수료가 빠지므로 270만 원이 될 터이고 거기서 유류비, 렌트비나 리스비, 보험료, 오토바이 정비, 수리비가 일정 부분 나가고 식대 등등 매달 고정적으로 지출되는 경비가 있기 때문에 매출금액과 실수입은 다른 것이다.

종일반, 야간반, 주말반, 파트타임 가능 (원하는 근무시간 최대한 맞추어드림) 성실하고 꾸준하게 장기간 일하는 사람이 많지 않기에 사람 구하기가 쉽지 않다. 그래서 아주 특별한 케이스가 아니면 형식상 면접을 거쳐 거의 채용되며 근무시간 또한 최대한 맞춰주려 하는 건 사실이다. 자가 오토바이 소유자 우대(미소유자는 리스, 렌트 가능), 리스와 렌트가 가능한 건 맞는데 자가 오토바이 소유자에게 어떤 우대를 해주는지는 5년째 종사 중인 필자도 모르겠다. 타 도시의 몇몇 대행업체에서는 오토바이센터를 같이 운영하여 수리비를 할인해 주고 장기근속자에게 조금의 수당과 만기수당이나 산재가입 등의 혜택을 주는 곳도 있다고 얘기 들었으나, 안타깝게도 필자가 일하는 지역의 대행업체들은 그런 혜택을 주는 곳이 없다. 더군다나 자가 오토바이 소유자에게 어떤 우대를 해주는 곳을 본 적이 없다. 그러고 보니 참 야박한 곳에서 그동안 필자가 일했던 것 같아 다소 씁쓸하기도 한데, 그렇다면 어떤 대행업체가 좋은 업체인가를 알아봐야겠다.

요즘은 큰 기업에서 운영하는 대행업체도 여러 군데 있지만 그들을 포함시켜 말하자면, 입사하려는 당신이 어디에 기준을 두느냐에 따라 얘기가 달라질 수 있다. 단순히 고소득만을 따지자면 콜이 많은 업체가 좋은 업체가 될 수 있을 것이고, 마음 편히 일하고 싶다면 콜이 좀 적더라도 분위기가 좋은 업체가 좋은 업체가 될 수 있다. 콜이 많아 고소득도 올리면서 분위기도 좋은 업체라면 금상첨화겠지만 우뇌와 좌뇌의 역할이 달라 학창 시절에 문과 과목을 잘하는 애들이 수학을 못하고, 수학을 잘하는 애들이 영어에 약해서 이과, 문과로 나누어지듯이, 콜이 많으면서 대행업체의 분위기도 좋은 곳은 흔치 않은 것 같으니 눈 크게 뜨고 찾아보길 바란다. 경험자라면 모를까 배달대행을 처음 하는 사람이라면 좋은 업체 나쁜 업체 선별하는 것조차 쉽지 않은 것이 사실이다. 운 좋게 처음 입사한 곳이 좋이 업체라 오랫동안 일할 수 있다면 더할 나위 없이 좋겠지만, 그게 아니라면 몇 달 일하다 보면 주변 업체에 대한 정보도 접하게 되고, 처음에는 알지 못했던 많은 정보들을 습득할 수 있다. 그때 좋은 업체로 이직을 하는 것이 좋은 방법이다.

끝으로 피해야 할 나쁜 업체에 대해 설명하자면, 소속기사 숫자 대비 콜수가 현저하게 적은 업체는 피하라. 콜을 차지하기 위해 전투적일 수밖에 없으며, 몸만 힘들 뿐 돈이 되질 않는다.

관리자들이 콜 가지고 장난치는 업체는 피하는 것이 좋다. 소위 말하는 꿀콜을 자신이 다 가로채거나 친한 사람들에게만 밀어주는 장난질을 일삼는 업체에서는 스트레스를 많이 받기 때문에 정신건강에 해롭다. 출금이 자유롭지 않은 업체는 피하는 게 좋다. 주 단위, 혹은 월 2회 식으로 정산해서 주는 업체는 여러 가지로 추후에 불미스러운 일을 겪을 소지가 있기 때문이다. 내가 땀 흘려 번 돈을 내 맘대로 필요할 때 인출할 수 없다는 것 자체가 모순이다.

어떤 업체가 좋은 업체이고 나쁜 업체인지에 대해 설명은 했지만 위에서 얘기했듯이 경력자가 아니라면 좋고 나쁨을 한 번에 선별해 내는 것이 쉽지 않으니 일단은 부딪혀봐야 할 것이다. 일을 하면서 교차로에서 신호대기 중에 혹은 같은 엘리베이터 안에서 인접한 여러 사무실의 기사들을 자주 만나게 될 것이다. 먼저 살갑게 인사하고 이것저것 물어보시라. 그들의 입을 통해 얻을 수 있는 정보가 진짜 살아있는 정보고 도움 되는 정보다.

인터넷에 떠도는 정보를 전적으로 믿고 망설이지 말고 과감히 이불 밖으로 나가 경험하시라. 생각만으로는 하루 저녁에도 만리장성을 쌓았다가 허물 수 있다. 생각만으로 하루에도 몇 번씩 쌓는 만리장성보다 실제로 내 손으로 올리는 벽돌 한 장이 의미 있지 않겠는가? 별것 없으니 너무 걱정 말고 당장 내일부터 세상 밖으로 나가보자.

어느 지역에서 시작할 것인가

내가 살고 있는 지역에서 하자니 아는 사람과 자주 부딪힐 것 같고, 생판 모르는 지역에서 하자니 전혀 길을 몰라 자신이 없고 대체 어느 지역에서 시작하는 것이 맞을까라는 고민을 처음 시작하는 입문자들은 한 번쯤 하게 될 것이다. 이 글을 읽는 당신은 어디서 첫 배달대행 일을 시작할 것인지 정하셨는가? 필자의 경우, 한 치의 망설임도 없이 가장 잘 아는 지역에서 처음 일을 시작했다. 오랫동안 살아본 경험이 있어서 동네 구석구석 잘 안다고 생각했던 지역을 선택해서 일을 시작했지만 웬걸, 막상 오토바이를 타고 지도를 보며 찾아가는 것이 생각보다 쉽지 않았다. 평소 걸어 다니며 봐왔던 길이며, 차를 타고 다니며 알고 지나쳐왔던 길과는 전혀 다르다는 것을 며칠 지나지 않아 깨우칠 수 있었으며, 지도를 능숙하게 보기까지도 몇 달의 시간이 걸렸던 것 같다. 가장 잘 안다고 생각했던 지역에서도 이런 시행착오가 많이 있었는데 생판 모르는 낯선 지역에서 시작하면 어떻게 될까? 결과는 뻔하다. 길이 익숙해지기까지 더 많은 시간이 소요될 것이며, 적응하기까지 더 많은 시간이 필요할 것이다.

여러 가지 면에서 자신이 살고 있는 곳이 포함된 우리 동네에서 시작하는 것이 가장 빨리 적응할 수 있고 보다 손쉽게 시작할 수 있는 큰 장점이 된다. 그런데 아는 사람들과 만나게 될까 봐 걱정이 된다고? 그런 걱정을 하는 당신에게 하나 질문해보자. 당신은 길을 걷거나 지나다니면서 오토바이를 타고 배달하는 사람들을 뚫어지게 바라보는가? 지나가는 오토바이 운전자들마다 행여 내가 아는 사람일까 보는가? 당연히 그렇지 않듯이 당신의 걱정 또한 쓸데없는 걱정이었음을 머지 않아 알게 될 것이다. 별나게 본인에게 위험운전을 하지 않는 이상 사람들은 당신에게 관심조차 보이지 않는다. 그러니 쓸데없는 걱정일랑 이제 접어두고 당신이 살고 있고 당신이 가장 잘 알고 있는 동네에서 시작하라. 게다가 마스크나 넥워머를 눈 밑까지 올려 쓰고 선글라스에 헬멧까지 쓰고 다니면 알아보는 사람을 만나기란 로또 당첨되는 것만큼 어려우니 그런 걱정은 안 해도 된다.

반대로 본인의 집이 속한 우리 동네에서 일을 하게 되면 아래와 같은 결정적인 장점들이 몇 가지 있다.

첫째, 출, 퇴근 시간이 짧다.

둘째, 집에서 식사를 할 수 있어 식대 지출을 막을 수 있다.

셋째, 집에서 첫 콜을 찍어 나올 수 있고 집 방향으로 퇴근 콜을 찍어 들어갈 수 있다.

넷째, 피곤하거나 몸이 안 좋을 때 집에 들어가 잠시 쉬었다 나오기가 용이하다.

다섯째, 일교차가 심한 계절에 날씨에 맞는 옷 갈아입고 나오기가 수월하다.

단점으로는 밥 먹으러 잠시 집에 들어가거나 쉬러 들어갔다가 깊게 잠들어서 그날 하루 공치는 경우가 생길 수도 있으니 그 점만 유의한다면 우리 동네이기에 가장 맘 편하고 쉽게 시작할 수 있음을 알려 드린다.

이렇듯, 처음 시작하는 분이라면 여러 가지 면에서 각자의 동네에서 시작하는 것이 유리하고 그 이후 어느 정도 경력이 쌓인 다음에 더 좋은 지역, 콜이 더 많은 지역으로 옮기더라도 초보에 비해 단기간에 적응을 할 수가 있다는 것을 말해주고 싶다.

필수장비와 선택장비

배달대행을 하기 위해서 꼭 필요한 필수장비와 있으면 좋고 없어도 큰 무리는 없는 선택장비에 대해 알아보자. 우선 필수장비로는 오토바이, 헬멧, 휴대폰, 휴대폰 거치대, 카드리더기, 피자 가방, 배달통, 비옷이 반드시 필요하며 위에 열거한 것 중 어느 하나라도 없으면 일을 할 수가 없다. 선택장비로는 블루투스 헤드셋, 블랙박스, 보조배터리 등이 있다.

오토바이와 헬멧, 배달통에 대한 설명은 다음 장에서 구체적으로 이야기하도록 하고 휴대폰과, 휴대폰 거치대의 중요성을 강조하고 싶다. 사실 일반퀵 기사들은 이동거리가 길기 때문에 굳이 충전이 되는 거치대를 설치하지 않아도 보조배터리만으로도 일하는 데 큰 지장이 없다. 하지만 배달대행은 이야기가 다르다. 오토바이 이동거리가 짧고 도보거리나 가맹업소에서 조리 완료를 기다리는 시간, 승강기를 기다리고 타는 시간 등이 길기 때문에 충전이 되는 거치대가 없으면 상당한 불편함을 감수해야 한다. 설치비용이 10만 원 초 중반대로 저렴하지는 않지만 충전이 되는 휴대폰 거치대가 있으면 그만큼 편리하기 때문에 반드시 설치하기를 권한다. 배달대행 초기에는 이런 도구들이 없어서 배터리를 네댓 개씩 지참하고 다녔다.

다음은 휴대폰이다. 일을 함에 있어 오토바이와 더불어 가장 중요한 한 가

지가 휴대폰이라고 할 수 있다. 오토바이가 없어도 일을 할 수 없지만 플랫폼 노동자인 우리들은 휴대폰이 없어도 일을 할 수가 없다. 그만큼 배달대행을 하는 데 있어 아주 중요한 요소이며 휴대폰의 성능 또한 절대적이지는 않더라도 어느 정도는 수입에 연관성이 있다. 온갖 기능이 탑재된 고가의 최신폰이라고 무조건적으로 좋은 것은 아니지만 오래된 낡은 휴대폰에 비해서는 아무래도 처리속도가 빠른 최신폰일수록 유리한 점은 있다. 하지만 지역마다 기지국의 차이가 있고, 통신사의 차이가 있고, 현재 내가 위치한 공간이 승강기 안이거나 지하공간이라면 지상에 있을 때보다는 콜을 수신하는 속도가 늦을 수도 있다. 그러니 무조건 고가의 최신휴대폰이 강력한 아이템이라고 장담하기는 어렵지만 어느 정도는 유리한 면이 있으니, 주변의 동료기사들은 1년에 한 번꼴로 최신 휴대폰으로 기기를 바꾸는 것 같다. 또한, 일반퀵 기사들이 두 개 이상의 휴대폰을 사용하는 반면 배달대행 기사들은 휴대폰 하나만으로 일하는 모습을 많이 볼 수가 있는데, 휴대폰이 두 개이면 하나로 일하는 기사에 비해 그만큼 경쟁력이 있다는 것을 명심하라. 한 대는 콜을 찍는 용도, 한 대는 지도를 보거나 전화를 걸고 받는 용도로 사용하면 된다. 도착지의 위치를 확인하기 위해 지도를 보다가 콜을 놓치고 전화를 걸거나 받다가 놓치는 콜을 크게 줄일 수 있는 아주 큰 장점이 있으니, 휴대폰 하나로 일하는 사람보다는 두 대를 갖고 일하는 사람이 더 많은 콜을 찍을 수 있음을 알아두자. 그리고 실제를 일을 해보면 의외로 통화할 일이 아주 많다. 그러니 요금제는 가급적 무제한 요금제를 사용하는 것이 경제적일 수 있으나 무제한 요금제가 부담스럽다면 알뜰폰을 이용하는 방법도 있다. 하지만 하루 10시간 이상 근무하는 전업기사라면 최소 10G 이상의 데이터가 제공되는 요금제를 사용해야 불편함이 없다는 것도 알아두면 좋겠다.

그 외 필수장비인 카드리더기와 피자 가방 등은 일을 처음 시작할 때 보통 대행업체에서 제공을 하거나 판매를 하기 때문에 개인적으로 구매하지 않아도 되고, 마지막으로 선택 장비인 블루투스 헤드셋이나 블랙박스, 보조 배터리등은 말 그대로 선택사항이다. 일을 하다가 본인이 필요하다 싶으면 구매를 해도 되고 필요성을 못 느끼면 없어도 큰 지장이 없는 것들이다. 실제로 배달대행

5년차인 필자도 아직까지 블루투스 헤드셋이나 블랙박스가 없이 전혀 불편함 없이 일하고 있다. 하지만 혹시나 있을 지도 모를 사고를 대비해서 블랙박스를 설치할까 생각은 몇 번 했는데 지금까지 무사고 운전이다 보니 차일피일 미루었는데 조만간에 설치를 해야겠다. 그 외에 봉지걸이도 있으면 음료나 커피 등 쏟기 쉬운 것들을 운반하는 데 도움이 된다.

이륜차 관련 과태료		
구분	위반내용	과태료 처분
이륜 자동차 관련 과태료	사용신고를 하지 아니하고 이륜자동차를 운행한 때	500,000원
	사용신고필증을 휴대하지 아니하고 이륜차를 운행한 때	20,000원
	이륜자동차 번호판을 붙이지 아니하거나 봉인을 받지 아니하고 이륜자동차를 운행한 때	200,000원
	변경신고 또는 사용폐지 신고를 하지 아니한 때	최고 100,000원
	이륜자동차 의무보험을 가입하지 아니한 때(대인보험)	최고 200,000원
	이륜자동차 의무보험을 가입하지 아니한 때(대물보험)	최고 100,000원
	이륜차동차 의무보험을 가입하지 아니한 때(경찰서부과)	범칙금 100,000원
	이륜자동차 의무보험을 미가입상태로 사고를 일으킨 자 또는 이륜자동차 의무보험 가입을 명받고 2월 이내에 미가입한 자	1년 이하의 징역 또는 500만 원 이하의 벌금

리스? 렌트? 새 차 구입?

배달대행을 결심하고 누구나 첫 번째 고민에 빠지는 것이 이 문제가 아닐까 싶다. 리스를 해야 되나 렌트를 하는 게 나을까? 이참에 과감히 새 차를 질러버릴까? 업계에 처음 입문했거나 입문을 하고자 하는 분들이라면 한 번쯤 고민하게 만드는 문제이며 필자 또한 한동안 망설였던 고민거리였음을 고백한다.

우선 리스와 렌트의 차이점부터 얘기하자면, 리스는 보통 새 차를 최소 1년 기준으로 계약을 하며 유상운송보험을 가입하고 가벼운 소모품 교체와 경정비를 포함하며 계약기간 완료 후 본인의 소유가 되는 것과 리스회사에 반납을 해야 되는 조건으로 나뉘며, 리스비용을 월 단위로 납부할 수도 있고 일 단위로 납부할 수도 있다. 뭐니 뭐니 해도 리스의 가장 큰 장점이라면 계약기간이 지난 후 내 소유가 된다는 점이다. (계약완료 후 본인 소유가 되는 리스 사용 시) 1년 단위로 계약을 해야 되는 리스에 비해 렌트는 한 달, 두 달, 월 단위로 이용할 수 있으며, 새 차를 렌트해 주기도 하지만 굴릴 만큼 굴린 중고차를 렌트해 주는 곳도 많으니 이 점은 유의해야 할 것이다. 리스와 마찬가지로 렌트도 유상운송보험에 가입되어 있고 소모품 교체나 경정비서비스는 제공된다. 렌트의 가장 큰 장점은 짧은 단위로 이용을 할 수 있다는 것이며 최대 단점은 아무리 오래 렌트를 해서 사용하더라도 내 소유가 되지 않는다는 점이다. 리스비용이나 렌트비용은 오토바이 기종별로 모두 다르며 각 지역별, 각 대행업체별로 상이할 수 있으니, 가장 정확한 것은 소속된(혹은 소속될) 배달대행업체에서 상담을 해봐야 안다.

그렇다면 과연 배달대행 일을 처음 시작할 때 리스를 이용하는 게 나은가 렌트로 시작하는 게 현명한 것인가? 이도 저도 아니면 목돈을 들여 새 차를 구입하는 게 나은가를 짚어봐야 하는데, 결론부터 말해서 어떻게 하더라도 장, 단점이 있고 각기 개개인의 상황이나 여건이 같지 않으므로 정답은 없다. 정답이 없는 줄 알면서도 이 주제를 꺼낸 이유는 필자도 그랬었고 처음 입문하는 많은 분들이 공통적으로 하는 큰 고민거리이기에 한 번쯤은 말하고 싶었던 주제이고, 지금도 여전히 많은 입문자들이 궁금해하고 있다.

우선 필자의 사례를 예로 들자면, 몇 번의 연이은 사업 실패로 그동안 모아 놨던 모든 재산을 탕진하고 오히려 얼마의 빚까지 떠안고 있는 상황에서 새 차 구입은 엄두도 안 났다. 배달이라고는 머리털 나고 한 번도 해 본 적이 없던 초짜 중의 생초짜인 필자가 어떻게 어디서 주워들었는지 배달대행이라는 일이 힘들고 위험하기는 해도 쉽게 시작할 수 있고 돈이 된다더라는 얘기를 접하고 썩은 동아줄이라도 잡는 절박한 심정으로 달려들기는 했다. 하지만 과연 내가 오랫동안 해낼 수 있는 일일까 확신도 안 서고 돈이 되기는 되는 걸까도 미심쩍었으며, 얼마 못해 사고라도 나면 어떡하나 등등 모든 것이 불확실하고 자신이 없었다. 당시 필자에게 없는 것은 돈뿐만이 아니었다. 어떤 확신도, 어떤 자신도 없었던 것이다. 설마 죽기야 하겠나 하는 심정으로 우선 한 달만 해보자 싶었다. 그래서 렌트로 오토바이를 구해 시작했고 한 달 하고 두 달 하고 조금씩 일이 익숙해지면서 다시 일어설 수 있는 발판을 마련하기까지는 오래 해야겠다는 확신도 들어 렌트 8개월 차에 렌트 생활을 접고 새 오토바이를 장만했던 걸로 기억한다. 일을 하다 보니 욕심을 조금만 덜 부리고 남들보다 조금 적게 벌더라도 느긋하게 일하면 큰 사고 없이 오랫동안 할 수 있겠다 싶은 자신감이 들었는데, 벌써 배달대행 6년 차에 접어들었다. 감사하게도 지금까지 무사고 운전이다. 비 오는 날 아파트 지하주차장에서 넘어진 적은 여러 차례 있었지만, 내가 박았거나 받힌 적 한 번 없었고, 사람을 친 적도 없다. 참으로 감사한 일이다

경제적으로 여유가 있는 분이라면 선뜻 새 차를 구입해도 무방하겠지만, 배달대행 사무실 문을 처음 두들기는 분 치고 경제적으로 여유 있는 사람을 필자는 한 번도 본 적이 없다. 필자와 같은 상황이거나 몇 달 잠깐 하고 말 사람이라면 리스보다는 렌트를 권하고 싶다. 어떤 일이든 한번 시작하면 쉽게 포기하지 않고 죽이 되든 밥이 되든 끝을 봐야 직성이 풀리는 성향이라면 리스 이용도 나쁘지 않다. 당장 무리해서라도 새 차를 뽑게 되면 동기부여도 될 뿐더러 쉽게 그만두지 못할 테니 처음부터 새 차를 뽑아도 나쁘지 않다. 중요한

것은 당신의 지금 경제 상황, 여건, 그리고 성향 등등은 본인이 가장 잘 아는 것이므로 필자가 어느 게 좋다고 단정적으로 애기할 수 없음을 이해하시라.

모든 것이 그렇듯, 최종 결정은 당신의 몫이다.

자신에게 맞는 오토바이 고르기

이 주제는 사실 필자가 배달대행에 관련된 글을 쓰기로 작정하면서 제일 고민되는 부분이면서 제일 명확히 쓸 수 없는 부분이라서 망설이고 또 망설였다. 하지만 그렇다고 무시하고 모른 체할 수도 없는 부분이라서 필자가 아는 범위 내에서 적으니, 미리 말씀드리지만 필자의 의견에 전적으로 의존하지 말고 어느 정도 검색을 해보시거나 발품을 파시기를…. 한 번 더 당부하지만 필자가 현존하는 모든 오토바이를 실제로 타 본 것도, 아니고 모든 오토바이의 디테일한 장단점을 꿰뚫고 있지 않기 때문에 그 점 참고하여 봐주시길 당부한다. 필자의 경우, 현재까지 5~6종류의 오토바이를 경험해 봤으며 필자와 주변 동료들의 경험을 바탕으로 이 글을 적고 있음을 미리 밝힌다.

오토바이를 선택하기에 앞서 배달대행이라는 일의 특성을 한 번 더 생각해야 한다. 주로 장거리를 운행하는 일반퀵에 비해 배달대행은 구 단위, 동 단위로 소위 말해서 동네 안에서 뱅글뱅글 도는 비교적 단거리 주행이 주를 이루는 일이기에 단거리 주행에 적합해야 하고, 보통 10시간 이상 오토바이 위에서 생활하는 만큼 운전자의 피로도를 최소화해 줄 수 있는 오토바이를 구해야 된다고 생각한다. 때로는 좁은 골목길을 자주 다닐 수도 있고 복잡한 인파를 헤집고 다녀야 하는 경우도 많기에 비교적 오토바이의 크기가 너무 큰 고배기량의 빅스쿠터는 배달대행에 적합하지 않다고 할 수 있다. 일의 효율성에서도 떨어질뿐더러 유지함에 있어서 경제성도 뒤처지기에 배달대행 일과는 맞지 않는데, 그럼에도 불구하고 폼 나게 일하고 싶어 빅스쿠터를 선택한다면 그것은 어디까지나 독자가 선택할 영역이다.

전국 어디 할 것 없이 일반적으로 가장 많이 선택되어 운행 중인 오토바이는 몇 가지 기종이 되지 않는다. 많은 사람들이 이용하고 있다는 것은 이미 여러 사람들을 통해 실제로 배달대행에 사용하기 적합한 기종이라고 검증이 되었다는 말이며, 그러기에 많은 사람들이 이용하는 게 아닐까? 주로 100cc~125c 급의 오토바이를 배달대행 종사자들이 가장 많이 이용하고 있으며 국산으로는 대림의 제품인 시티 시리즈가 있겠다. 가격이 비교적 저렴하고 연비까지 좋아 우리나라의 배달 역사는 곧 시티의 역사라고 봐도 무방할 만큼 오랜 세월 배달시장의 파트너로 자리매김 해 온 모델이라 할 수가 있지만, 단점으로는 장시간 운전 시 운전자의 피로도가 많은 제품이라 하겠다. 그 외 비슷한 배기량과 비슷한 사이즈의 오토바이로는 벤리, 슈퍼커브, SCR100 모델 등이 있는데, 디자인만 다를 뿐 비슷비슷한 연비와 편의성을 제공하는 모델이라고 할 수 있다. 각 모델들 마다의 장단점이 있겠지만 보편적으로 어느 모델을 선택해도 크게 후회하지는 않는 모델들이다.

혼다의 벤리110

대림 시티 오토바이

혼다의 슈퍼커브

다음은 위 모델 등에 비해 조금 더 고가라인인 혼다의 PCX와 야마하의 Nmax가 있는데, 서로 경쟁 모델이라 할 수 있는 두 모델 역시 배달용 오토바이로 인기 있는 모델이며, 디자인까지 예뻐서 비교적 젊은 층의 라이더들에게 인기가 있다고 할 수 있다. 연비 깡패라고 불릴 만큼 PCX는 연비가 탁월하게 좋아 경제성에서 앞서는 모델이고, ABS 브레이크를 채택한 Nmax는 PCX에 비해서 연비는 조금 떨어지지만 안전성 면에서 우월하다. 두 제품 모두 바이크 강국인 일본산이라 내구성도 좋아 꾸준히 사랑받는 모델이며, 리스회사나 렌트회사에서도 많이 보유하고 있는 제품이라 하겠다. 아마도 배달 현장에서 가장 많이 볼 수 있는 두 모델이 아닐까 싶다.

혼다의 PCX   야마하의 Nmax

　같은 125cc급이라고 해도 PCX나 Nmax에 비해 덩치가 큰 빅스쿠터를 살펴보면 SYM사의 베스트셀러인 보이져와 조이맥스, 킴코사의 다운타운, 스즈끼의 버그만125 등이 있는데, 위 모델들은 차체가 큰 만큼 승차감이 좋아 운전자의 피로도가 적다는 점이 가장 큰 장점으로 볼 수 있다. 승용차로 비유하자면 준중형차 쯤 되겠다. 연비적인 측면에서는 부족한 면이 있겠으나 장시간 운전을 하는 배달대행의 특성을 고려하면 피로도 절감이라는 면은 높이 쳐줄 만 하고 필자가 몇 년간 애용 중인 오토바이 역시 빅스쿠터인 보이져125cc이다. 시트고가 낮아 비교적 안정적인 운행이 가능하며 무엇보다도 승차감이 좋아 퇴근 무렵에도 피로가 적다는 게 가장 큰 메리트인 것 같다.

SYM의 조이맥스

SYM의 보이져

스즈끼의 버그만 125

킴코사의 다운타운

    250cc 이상 되는 고배기량의 오토바이를 배달 대용으로 사용하는 젊은 층의 라이더들도 많아지고 있는 추세이기는 한데, 그들의 취향에 대해 왈가왈부할 문제는 아니지만, 적어도 경제적인 측면에서만 보자면 고가의 오토바이 구입비와 연비, 보험료, 유지비 등을 따지면 최소한 배달대행에 처음 입문하는 분들에게는 추천해드리고 싶지 않은 게 필자의 소견이다.

    신차 구입을 앞두고 필자는 PCX와 보이져 사이에서 오랜 시간 고민을 했었던 적이 있다. 경제성이냐 편의성이냐 사이에서 많은 저울질을 하다가 최종적으로 내린 결론은 몸이 편한 보이져를 선택했고, 그 선택에 아직까지 후회가 없으며 현재까지도 편하게 잘 이용하고 있으니 이 글을 읽는 독자분들도 자신에게 맞는 오토바이를 선택할 수 있었으면 좋겠다. 각각 장단점이 있으며 본인이 중점적으로 원하는 게 뭔지, 제일 중요한 게 뭔지를 고려해서 그에 가장 적합한 오토바이를 구입하면 되겠다. 이도 저도 잘 모르겠으면 주변에서 가장 많이 이용하는 오토바이를 선택하는 것도 가장 손쉬운 선택일 수 있으니 참고하시라.

이륜차 보험에 대해서 (1)

배달대행을 하기 위해 오토바이를 구입했다면 이제는 오토바이 번호판을 달기 전에 보험 가입을 해야 한다. 보험가입 증명서가 있어야 번호판 발급이 되기 때문인데, 그렇다면 오토바이 보험에는 어떤 것들이 있는가 알아보자. 출퇴근, 레저용, 비유상운송용, 유상운송용 보험으로 크게 세 가지 종류의 보험이 있다. 각 보험별 성격을 간단히 설명하자면,

출퇴근, 레저용 – 출퇴근에 주로 사용하거나 가까운 투어용으로 사용 시 적합한 보험이며, 비교적 이동거리가 짧거나 사용빈도가 적어 사고 위험이 낮아 보험료가 제일 저렴하다.

비유상운송용 – 배달에 사용하는 용도지만 배달로 인해 돈을 받지 않는다는 취지로 치킨집, 중국집, 등의 주인이나 종사자들에게 해당된다고 쉽게 생각할 수 있다. 보험료는 출퇴근 보험에 비하면 조금 비싸고, 유상운송보험에 비해서는 크게 저렴하며, 필자의 개인적인 생각으로는 이 부분은 크게 잘못됐다고 생각한다.

유상운송용 – 오토바이 운행으로 수익이 발생하는 퀵서비스나, 배달대행 종사자들이 가입해야 하는 보험이다.

오토바이는 통상 이륜의 원동기 장치로써 탑승자가 차체에 의해 보호되지 아니하고 노출되어 있기 때문에 사고 시 많은 위험이 따른다. 차량이나 기타 구조물에 충격 시 손이나 발, 머리 등에 1차 충격을 비롯하여 2차적인 역과사고도 발생할 수 있어 안전운행에 각별히 신경써야 하며, 사고가 나면 의료적인 처치 문제와 더불어 보상에 대한 문제가 발생하게 된다. 본인이 가해자인 경우에는 상대방에 대한 피해 보상 문제가, 피해자인 경우에는 상대방 측의 보험사 혹은 공제, 개인보상의 문제가 생기게 된다. 오토바이(이륜차)의 경우는 자동차보험의 종합보험과 달리 책임보험만 가입하고 있는 경우가 많으며, 사고 발생 시 책임보험 한도액을 초과하는 사고의 경우는 가해자가 개인적으로 배상을 해야 한다. 본인이 다친 부분에 대한 것도 온전히 본인이(상대방의 과실이 없다면) 책임져야 하기 때문에 보험가입에 더 신중을 기해야 하며, 유상운송보험을 가입하는 게 여러모로 맞는데, 손해율을 핑계로 턱없이 높게 책정된 보험료 때문에 많은 대행종사자들이 망설이는 게 사실이다.

현장에서 일을 하다보면 직, 간접적으로 사고 소식을 자주 접하게 되고 위험한 일임에도 불구하고 법적, 보험적으로 안전을 보장받을 수 없는 현실이고, 보험이라고 있는 것도 말 그대로 제대로 된 보험이 아니면서 보험료만 현실성 없게 높은 게 사실이지만 울며 겨자 먹기식으로라도 보험가입을 해야 한다. 그나마도 가입하지 않은 채 일하다가 인사사고라도 발생하게 된다면 그야말로 그동안의 개고생이 한순간에 물거품이 되는 것을 여러 번 목격했기에 유상운송보험을 반드시 가입하길 권유한다.

【책임보험과 종합보험의 차이】

구 분		책 임 보 험	종 합 보 험
대인	사고발생 시	민사 합의금 본인부담	민사합의금 보험사부담 (중과실제외)
	사망/후유장애	630만 원 ~ 1,5억 원	무한보상
	부상치료비	80만 원~2,000만 원 (초과치료비본인부담)	전액보험처리

대물	2천만 원	1사고당 최고 2천만 원 ~ 1억 원
자기신체	보상제외	1500만 원 ~ 1억 원

　유상운송 보험도 유상운송 책임보험과 유상운송 종합보험으로 나뉜다. 위 도표를 통한 보상한도에서도 확연한 차이를 보이듯이, 책임보험보다는 종합보험이 보상범위도 넓으며 조금 더 안전하다. 하지만 처음 가입하는 것이라면 인터넷을 통한 다이렉트 가입이 불가능하며, 반드시 설계사를 통해서만 가능하다. 첫해에는 책임보험만 가입이 되고 가입 1년 후 유상운송종합보험에 가입할 수 있다는 맹점이 있다.

　또한 책임보험만 해도 보험료가 부담스러운 금액이며, 종합보험은 더 비싸니 각오해야 한다. 몇몇 메이저 대행업체에서 비교적 저렴하게 가입할 수 있는 보험은 상해보험으로 오토바이 등록 시 필요한 유상운송보험과는 별개의 성질이니 착오 없기를 바란다. 자해공갈단이 아니고서는 일부러 사고를 내는 사람은 없다. 그리고 사고란 것은 어느 순간에 예고 없이 찾아오는 것이다. 내가 아무리 조심을 한다 해도 얼마든지 사고는 날 수 있으며, 더군다나 우리들처럼 오토바이 타는 일이 생업인 사람들은 그만큼 더 높은 사고 위험에 노출되어 있다. 해서, 보험가입은 선택이 아니라 필수이며 조금 무리가 되더라도 유상운송보험 가입이 필수라고 할 수 있다. 보험회사 안에는 법무팀, 사고처리팀, 사고조사팀이 있다. 적합하지 않은 보험가입을 한 채로 사고발생 시 전문가 집단으로 구성된 보험회사를 상대로 개인이 이겨내기란 계란으로 바위치기이다. 대충 우기면 들어줄 만큼 보험회사가 바보도 아니다. 소 잃고 외양간 고치지 말고 당장은 무리가 되더라도 유상운송보험을 가입하는 게 당연하다.

이륜차 보험에 대해서 (2)

흔히 보험을 우산에 비유한다. 모 손해보험회사에 1년간 근무해 봤던 필자가 아침 조회 때마다 귀에 딱지가 앉도록 들었던 말이다. 제대로 된 우산을 구비하고 있다면 갑작스럽게 내리는 비에도 나를 지킬 수 있지만, 우산을 준비해 놓지 않았거나 내 덩치에 비해 작은 우산을 갖고 있다면 나를 온전히 지킬 수가 없다. 또한 너무 큰 우산을 갖고 있다면 비로부터 나를 지켜줄 수는 있지만, 그 무게가 만만치 않아 소지하기가 힘들다. 바로 이렇게 얘기하면서 보험 리모델링을 권유하며 접근해서 멀쩡히 잘 들어가고 있는 보험을 해약하게 만든다. 새 상품을 팔아먹는 보험회사의 뻔하고도 속 보이는 상술을 필자는 알지만, 반복적이고도 집중적으로 세뇌당하다시피 교육된 설계사의 말빨 앞에서 일반인들은 마지못해 보험 가입을 하게 된다.

보험회사는 이윤을 추구하는 사기업이면서 동시에 일정 부분 공적인 역할도 수행한다는 것이 필자의 생각이며 설계사 시험 때 배우고 공부한 내용이기도 하지만, 실제로 우리나라의 보험회사는 공적인 역할 보다는 이윤추구에만 혈안이 되어 있는 것 같다. 이륜차 보험만 해도 그렇다. 손해율을 핑계로 책임보험만 가입하는데도 보험료가 수백만 원에 육박하기도 한다고 한다. 배달시장이 급속도로 성장함으로 인해 종사자들의 수도 눈에 띄게 증가하고 있다. 없고 어려운 사람들이 손쉽게 접근하는 일이 퀵시장인데 이들을 보호해주기는커녕 손해율을 핑계로 안전사각지대로 내몰고 방관만 하고 있으니 이게 어디 공적인 역할을 수행하고 있다고 말할 수 있겠는가? 보험상품을 개발하고 보험 소비자를 보호한다는 재무부 산하의 보험개발원도 마찬가지이며 이를 관리, 감독하는 금융감독위원회도 똑같이 뒷짐지고 있다고 생각한다. 생활물류산업의 최전선에서 온갖 위험을 감수하면서 성실히 하루하루를 살아가고 있는 이 땅의 수십만 동료 라이더들이 하루빨리 저렴한 보험료로 안전한 보험에 가입할 수 있게 되길 소망하면서 글을 이어나간다.

비싼 보험료를 지불하고 큰마음 먹고 유상운송 보험에 가입했지만 자차나 자손 부분은 보장이 되질 않는다. 내 과실로 인한 사고 시 자차를 보장해 주는 보험은 대한민국 어디에도 없으니, 어쩔 수 없이 파손된 오토바이는 눈물을 머금고 내 돈으로 수리해야 한다. 이 또한 얼마나 모순된 현실인가? 고배기량의 수천만 원짜리 오토바이도 아니고 배달용 오토바이래봐야 대부분이 125cc 이하급의 오토바이이며, 비싸봤자 완파해도 5백만 원 미만이다. 그런데도 이 비용을 보장해 주는 보험이 단 하나도 없다. 이 얼마나 잘못되고 부조리한 보험체계란 말인가? 흥분을 하지 않으려도 안 할 수가 없다.

다시 흥분을 가라앉히고, 내 과실로 발생한 사고 시 자손까지 보장받으려면 유상운송 종합보험에 가입해야 된다. 물론 보험료가 더 비싸다. 나이, 경력, 할인요율에 따라 보험료는 모두 다르므로 구체적인 금액을 거론할 수는 없다. 유상운송종합보험 가입으로 대인, 대물, 자손까지 보장을 받는다 치더라도 또 비는 공간이 있다.

중과실 위반으로 인한 사고 시 형사상 책임이나 벌금, 교통사고처리 비용, 변호사 선임료, 나의 과실로 인해 내가 다친 것에 대한 치료비, 수술비, 입원일당 등 이런 부분을 메꾸어 주는 이륜차 운전자보험이 2017년 7월에 업계 최초로 D모 보험회사에서 출시되었다. 유상운송보험에서 커버되지 못 하는 부분을 운전자보험이 보완해 줄 수 있으니 한 번 고려해보시라 추천드린다.

자, 이렇게 대인, 대물, 자손, 내 과실로 인한 사고시 법적 책임과 내 치료비까지 안전장치를 해놨다. 그래도 뭔가 허전하다. 사고로 다쳐서 일을 못 하게 되면 그 기간 동안 생활비는 어떻게 충당하지? 산재보험에 가입하면 평균임금의 70%에 해당하는 휴업급여를 보장받을 수 있는데, 퀵서비스 종사자의 평균수입이 월 1,454,000원으로 책정되어 있으며, 배달대행 종사자인 우리들의 금액도 그에 상응하며 위 금액의 70%를 휴업급여로 보장 받을 수 있다.

지금까지 배달대행 종사자인 우리들에게 필요한 보험에 대해서 알아봤다. 적고 보니 솔직한 말로 뼈 빠지게 벌어서 보험료로 다 나갈 것 같다는 생각이 든다. 유상운송종합보험+이륜차운전자보험+산재보험. 위 세 가지를 가입해 놓으면 어느 정도 안심은 될 것 같은데, 현실적으로 감당해야 될 보험료가 정말이지 비현실적이다. 고생해서 잘 먹고 잘 살자고 일을 열심히 해야 하는 것인지, 보험회사 배불리기 위해 일을 열심히 해야 하는 것인지 솔직히 필자도 헷갈리므로 섣불리 권유는 못하겠지만, 유상운송종합보험만큼은 꼭 가입하시라 말하고 싶다. 최소한의 안전장치이기 때문이고 조금 더 여유가 생긴다면 운전자 보험과 산재 보험을 하나씩 점차적으로 가입하길 권유한다. 또한 일부 대행업체에서는 산재보험을 지원하거나 가입해주는 곳도 있으니 산재보험은 해당 업체 대표와 상담해서 처음부터 가입하는 것도 좋다.

조금만 희망을 가지고 기다리자. 고맙게도 라이더 협회라는 것이 생겨 세상 밖으로 조금씩 우리들의 목소리도 내어주고 있고, 배달시장이 성장함에 따라 그에 합당한 보험의 필요성도 여러 곳에서 커지고 있다. 지금 당장은 아니더라도 멀지 않아 지금보다는 좀 더 현실성 있는 보험료로 가입할 수 있는 날이 올 것 같다고 필자는 전망한다. 조금만 더 힘내고 오늘도 곳곳에서 정직한 땀을 흘리는 동료 라이더에게 응원의 박수를 보낸다.

필수용품 - 헬멧 편-

어떤 제품이나 잘 모를 때는 많은 사람들이 사용하는 걸 사면 실패 확률이 적다. 많은 사람들이 사용한다는 것은 그만큼 많은 사람들의 사랑을 받는 제품이라는 말과도 같기 때문이다. 오토바이를 처음 타거나 배달대행을 하기 위해 구비해야 되는 필수 용품 중 하나가 헬멧이니만큼 처음 입문하는 초보자에게는 헬멧 하나 고르는 것도 쉽지 않으니 도움이 되었으면 좋겠다.

【사진 제공】
홍진 HJC

HJC 홍진 제품으로 모델명은 CL-33 제품이다.

상품명 : CL-33

색상 : 볼랙 / 무광블랙 / 화이트 / 실버 / 레드

* 제품 특징

* 동양인 헤드폼 적용으로 최적의 피팅!

* 긁힘방지 코팅처리 (동급 최상의 내구성 Thermoplastic alloy 쉘 적용)

* 최상의 통품시스템(4벤트 적용)

* 가볍고 시원한 매쉬 소재

홍진헬멧 CL-33 모델은 홍진헬멧 중 저가형 모델이지만 그만큼 가성비는 인정받은 제품이며 가격은 5~6만 원대이다.

그라비티 G7 모델로 5만 원대의 저가형 제품이지만 1100g의 초경량 제품으로 가성비가 좋아 꾸준히 사랑받는 제품이다. 코미네 HK-169 모델로 5만 원 미만의 가성비 좋은 헬멧가격 대비 좋은 마감과 깔끔한 외형이 장점이나 별로 소용없는 에어벤틸레이션, 풍절음 심하고 바람이 잘 새는 것은 단점이나 가성비가 좋아 부담 없이 사용하기에 좋은 제품이다.

【사진제공】
홍진 HJC

국민헬멧이라고 불리기도 하는 HJC CH-5 모델이다. 10만 원에 조금 못 미치는 가격이며 최고의 헬멧이라고 할 순 없지만, 라이더에겐 꽤 합리적인 헬멧으로 통기성만 제외하면 큰 문제가 없다.

【사진 제공】
홍진 HJC

여름철에 많이 사용하는 반모 스타일의 HJC CL-2 모델이다. 반모인만큼 다른 헬멧에 비해 안전성 면에서는 조금 떨어질 수 있으나 속도를 많이 내지 않거나 차분히 운전하는 라이더에겐 여름 한철용으로 추천할 만하다.

이 외에도 헬멧의 종류는 무수히 많다. 풀페이스, 시스템 헬멧, 투어용으로 사용되는 고가의 헬멧 등 그리고 각 제조사 마다의 수많은 모델 등 많은 종류의 헬멧을 모두 소개한다는 것은 애초부터 무리이고 배달대행이 업인 우리들이 사용하기에 적합한, 그리고 많은 분들이 사용하고 있는 헬멧 위주로 몇 가지만 소개함을 이해하시라.

끝으로 자전거 헬멧은 쓰나마나한 헬멧이다.(사실 헬멧이라고 정의 내리기도 곤란) 의외로 공사장 안전모를 오토바이 헬멧 대용으로 사용하는 분들을 어렵지 않게 볼 수 있는데 이 또한 자전거 헬멧과 마찬가지로 쓰나마나한 것이다.

필수용품 - 배달통 편 -

배달대행을 준비하고자 이것저것 알아보니 생각 외로 참 준비할 게 많다. 손쉽게 시작할 수 있는 일이라서 시작하려는 데 뭐가 이리 복잡한 지 또 돈 들어가는 곳은 뭐가 이리 많은 지 처음 입문하는 분들이 자주 하는 불만인데 어쩌겠는가? 전쟁터에 나가면서 총만 필요한 것은 아니지 않겠는가? 수통도 필요하고 전투식량도 필요한 것 아니겠는가? 오토바이를 장만했으면 이젠 배달통을 달아야 된다. 배달통의 선택 기준은 우선 피자 라지 사이즈(36cm X 36cm)를 실을 수 있는 용량 이상이 되어야 한다. 오토바이 운행상 문제가 안되도록 바이크 크기에 적합한 사이즈야 한다. 방수 기능은 필수이고 튼튼한 소재로 만든 배달통이어야 한다. 위 세 가지 조건을 충족시킨다면 배달대행에 무리가 없다.

저렴하고 튼튼한 데다가 접이식이라 쓰임새가 다양하지만, 흔한 말로 간지와는 거리가 먼 배달통이므로 실용적인 제품을 선호하는 분들에게 추천할만한 제품이다.

다양한 디자인과 사이즈, 제조사의 제품들이 있으니 본인의 오토바이 크기에 맞는 제품을 구매하는 것이 맞겠으나, 비교적 가격이 비싸다는 것이 단점이라 할 수 있는 제품들이다.

치킨집이나 피자집 종사자들이 자주 사용하는 형태의 배달통이며, 이런 유의 배달통 역시 개폐 방식과 사이즈에 따라 여러 종류가 있다. 배달대행하는 분들이 많이 사용하고 있는 배달통이며 반듯한 사각 형태의 모양이라 공간활용도가 높고 내부 공간을 어떻게 효율적으로 사용하느냐에 따라 만족도가 높은 제품이라 할 수 있다.

짐대가 필요 없고, 여타 배달통에 비해 저렴한 가격이며, 탈부착이 용이한 제품이므로 투잡으로 일하는 분들에게 적합한 제품이 아닐까 싶다. 위에 소개한 제품들 외에도 다양하고 더 많은 제품들이 있지만 대체로 많이 사용하는 제품 위주로 몇 가지만 소개함을 이해해 주시길 바라며 배달통은 일하게 될 대행업체를 결정한 이후에 설치하시길 바란다. 몇몇 업체에서는 신입 기사에게 배달통을 무상으로 지원해 주는 곳도 있고, 무상은 아니더라도 회사 로고가 적힌 전용 배달통을 꼭 사용해야 하는 곳도 있으므로 반드시 배달통은 대행업체 선정 이후에 구입하고 부착하시길 바란다.

메인 배달통만으로 수납이 부족하다고 느낄 수가 있다. 요즘처럼 디저트 음식의 수요가 많고 각종 브랜드 커피와 음료 주문이 많고, 대형 패스트푸드의 주문이 많기에 버거와 각종 음료 등을 안전하게 쏟아지지 않게 배달하기 위해서는 위 사진과 같은 보조가방도 꼭 필요하다. 보온, 보냉 기능이 있는 제품이라면 더할 나위 없이 좋다.

다음은 필자의 오토바이 사진이며(오토바이 기종은 SYM사의 GTS125, 일명: 보이져), 필자는 핸들 쪽에 카메라 가방을 장착하여 음료를 세 개까지 수납할 수가 있고, 보온, 보냉가방을 장착하여 각종 버거나 음료가 수납가능하다. 메인 배달통은 플라스틱 접이식 배달통을 장착하여 피자가방을 비롯하여 여러 종류의 음식들을 비교적 많이 수납할 수가 있다.

보온, 보냉

보조가방

메인 배달통

　다음 장에서는 필자의 오토바이에 장착한 필수용품들을 위주로 배달 오토
바이에 어떤 것들을 장착해야 되는지에 대해 보다 구체적으로 설명드리겠다.

배달 오토바이 세팅 예시

자석거치대 2개 장착
보온, 보냉 가방
보조가방
메인 배달통
슬라이드 침대
여름용 토시
여름용 쿨시트

세팅된 필자의 오토바이를 기준으로 배달대행을 준비하는 분들에게 어떤 것들을 설치하고, 장착해야 되는지 알려드리고자 한다. 본문에 들어가기에 앞서 필자의 경우 이렇게 한다는 것이지 모두 이렇게 해야 한다는 것은 결코 아니며 각자 소유한 오토바이의 종류에 맞게끔, 본인이 하고싶은대로 하되, 기본적으로 어떤 것들이 필요하고 장착해야 하는지 참고하셨으면 좋겠다. 우선 필자의 오토바이는 대만 SYM사의 GTS125(일명:보이져)라는 모델이다. 두 대의 휴대폰을 사용하는 필자는 1구짜리 충전식 거치대를 두 개를 설치했다.

핸들에는 여름용 토시를 장착했으며 이 토시는 한여름 뜨거운 자외선으로부터 내 손을 지켜준다. 겨울에는 방한 토시를 장착하지만 지금은 여름용 토시가 장착되어 있다.

여름철 필자가 갖고 다니면서 마실 음료를 보관하기도 하고 각종 커피나 음료를 3잔까지 수납 가능한 카메라가방을 핸들 쪽에 설치하였다.

▶외부 사이즈
290mm(W)×185mm(H)×135mm(D)
내부 사이즈
260mm(W)×150mm(H)×110mm(D)

미끄럼 방지패드

일 년 내내 장착해서 사용하는 쿨시트가 장착되어 있다. 사실 쿨시트라고 하면 여름 한철에만 사용하는 것으로 오해하기가 쉽지만 사계절 내내 사용해도 무방하며, 필자의 경우에는 시트가 닳아 보기 흉해질 때까지 사용한다. 특히 여름에는 쿨시트가 없으면 한낮의 시트 온도는 과히 가열된 프라이팬 같다고 여기면 된다. 땡볕에 오랫동안 주차해 둔 차량을 탔을 때 달궈진 핸들의 뜨거움을 경험해본 적이 있다면 쿨시트가 없는 순정 시트의 온도를 짐작할 수 있으리라.

또한, 카멜레온 바스켓을 보조가방으로 장착하여 버거류, 음료류를 비롯하여 비교적 부피가 작은 음식을 싣는데 용이하게 사용하고 있다.

보온,보냉가방

및 버거가방

메인 배달통으로 사용하는 배달통은 사각의 플라스틱 접이식 배달통이며 배달통 내부에는 피자 가방과 버거 가방 하나가 더 실려있어 어지간한 음식을 모두 수납할 수 있으며 비교적 많은 양의 음식도 소화가 가능하다. 이 사각배달통을 안정적으로 설치하기 위해서는 슬라이드 짐대가 필요하며 외부의

먼지나 오염물질, 비로부터 음식물을 보호하기 위해서는 배달통을 덮어주는 인조가죽 소재의 커버가 필요하다. 그래서 배달통+커버는 반드시 세트로 구매를 하여야 하는데, 음식을 실어 나르는 배달대행업이 아니라면 커버는 없어도 된다.

어떤 걸 설치하고 장착하고 추가하고는 각자의 선택사항이며 취향에 따라서, 소유한 오토바이의 크기나 종류에 따라서 모두 일률적일 수가 없다. 단지, 필자의 오토바이의 소개해드리면서 처음 시작하는 독자들이나 시작한 지 얼마 안 되는 초보 기사들이 참고했으면 한다. 어떤 것들이 필요하며 어떤 것들을 설치해야하는지 참고사항이 되었으면 하는 바람에 필자의 오토바이를 소개한다. 이 정도의 조합으로 배달 오토바이를 세팅했다면 일하는 데 있어 불편함이 없다.

배달통 내부 세팅 방법

현장에서 일을 하는 우리들은 다양한 종류의 음식을 취급하게된다. 전통적인 배달음식인 중식부터 치킨, 족발, 피자에서 부터 최근 몇 년 사이에 디저트 음식이 발달하면서 취급이 쉽지 않은 각종 음료와 커피, 그리고 비교적 조심스럽게 취급해야 하는 초밥과 다양한 국물요리까지…. 요즘은 배달이 안 되는 음식을 찾는 게 더 쉬울 만큼 거의 모든 종류의 음식이 배달된다고 봐도 무방할 것이다. 어떤 종류의 어떤 형태의 음식을 취급하더라도 가맹업소에서 받은 모양 그대로 고객에게 전달해줘야 하는 의무가 우리에게는 있다. 각자 사용하는 오토바이가 다르듯, 각자 장착한 배달통도 그 모양과 사이즈가 일괄적이지는 않겠지만, 초보자일수록 배달통 내부를 어떻게 꾸미느냐에 따라 음식물의 훼손없이 안전하게 배달할 수 있다. 그러니 다음 페이지 현직 종사자들의 배달통 내부를 보고 참고했으면 좋겠다.

필자의 오토바이이며 핸들쪽에 카메라 가방에 음료 세 개를 실을 수 있으며, 운전석 바로 뒤에 보조가방에 크지 않은 부피의 음식 두 개 정도와 음료 두 개를 더 실을 수 있고, 뒷쪽의 메인 배달통에는 부피가 큰 음식과 그 외에

많은 음식을 실을 수가 있다.

메인 배달통의 내부에는 보온을 위하여 방음재를 장착했으며 버거가방을 하나 넣어다니며 이용하니 어지간한 음식은 다 소화가 된다.

위 사진은 다른 종사자분의 배달통 내부이다. 별다른 설치 없이 피자가방과 북엔드, 그리고 에어캡 몇 개를 이용하여 음식물을 고정시키는 것 같은데, 아무래도 버거가방이나 고정장치가 있는 것 보다는 불안정스러울 수 밖에 없다.

가장 이상적인 배달통 내부의 세팅방법이 아닐까 싶은 동료기사의 배달통 내부이다. 버거 가방 두개와 다른 박스 하나가 있다. 빈 공간이 없어서 그만 큼 어지간한 충격에도 음식물이 흔들릴 수 있는 공간이 없으므로 안전하게 배달을 할 수 있다.

이런 식의 굳이 버거가방이 아니더라도 비슷한 사이즈의 통으로 대체를 해도 무방하다. 하지만 접히고 펼 수 있어 보다 더 효율적으로 공간활용을 할 수 있는 것은 이런 류의 플라스틱 박스보다는 버거가방이 더 편리하다.

필자가 보조가방으로 사용하는 "카멜레온 바스켓"이라는 제품이다. 공간을 분할할 수 있는 칸막이가 있어 음식물의 크기에 따라 자유롭게 조절 가능하며, 벨크로테이프가 의외로 강하므로 음식물을 고정하기에 좋으니 이 제품 하나쯤은 꼭 구비했으면 하는 강추제품이다.

　최근에 한 동료종사자분이 공개한 사진인데, 작은 아이디어이지만 훌륭한 아이디어라고 할 수가 있다. 작은 집게 몇 개로 음료를 고정할 수 있으니 별도의 고정장치가 없어도 안전하게 음료가 쏟아지는 것을 방지할 수가 있다. 생활 속의 작지만 위대한 발명이랄 수도 있을 것 같다. 이렇듯 일하면서 본인만의 아이디어를 내어 얼마든지 쓸모있게 활용할 수 있는 방법도 많다. 위에 소개한 방법대로 꼭 이렇게 해야된다는 것은 절대로 아니다. 이런 방법들을 이용하고 있으니 참고 정도로 여기면 되고, 개인의 배달통 크기와 모양에 맞게 개개인이 조금만 신경을 쓰면 음식물 훼손으로 인하여 음식값을 변상하거나 가맹업소에 두 번 세 번 왕복하는 시간적, 금전적 손실을 방지할 수 있을 것이다.

가장 좋은 장비

배달대행을 하기 위해서는 여러 가지 장비들이 필요하다. 가장 기본적인 오토바이와 휴대폰을 비롯해서 배달통과 휴대폰 거치대, 카드리더기 등등 이 외에도 여러 가지 장비들이 많이 필요해서 처음 시작하려는 분들은 의외로 초기자본이 많이 든다고 놀라곤 한다. 더불어 필자가 배달대행을 시작하려는 분들이나 이제 막 시작한 분들에게서 자주 듣는 질문 중에 하나가 어떤 오토바이를 사면 일하기에 가장 적합한가라는 질문이다. 또 휴대폰은 가장 최신 기종으로 교체하면 남들보다 콜을 잘 찍을 수 있냐는 질문도 많이 받는다. 과연 그럴까? 고배기량의 성능 좋은 오토바이를 구입하고 여러 가지 첨단 기술이 집약된 가장 최신 휴대폰을 탑재하면 그렇지 않은 사람에 비해서 월등히 콜을 잘 찍을 수 있을까? 결론부터 말하자면 노후된 오토바이에 구닥다리 휴대폰을 사용하는 사람보다는 확연한 차이가 있겠지만 그게 전부는 아니라고 필자는 말하고 싶다.

그 어떤 고배기량의 성능 좋은 오토바이보다도 어느 제조사의 가장 최신형 휴대폰보다도 배달대행을 함에 있어 가장 좋은 장비는 "성실함"과 "꾸준함"이라는 장비이다. 어린 시절에 우리는 이미 토끼와 거북이라는 동화를 통해 교훈을 얻지 않았는가? 하루에 이십만 원 , 삼십만 원 혹은 그 이상의 수입을 하루에 올리면 뭐하는가? 몸살 나서 다음 날 결근하면 도로아미타불이고 과음하고 하루 빠지면 전날의 고생은 물거품이 되기 마련이지 않겠는가? 매일 십만 원의 수입을 얻더라도 꾸준하게 올리는 게 훨씬 낫다. 개개인의 체력과 능력치, 그리고 숙련도가 모두 같지 않겠지만 자기의 몸은 자기가 가장 잘 아는 법이다. 어느 정도의 일을 했을 때 몸에 무리가 가지 않는지, 딱 기분 좋을 정도의 피곤함인지 밥맛 좋을 정도의 노동강도인지는 누구보다도 본인이 가장 잘 알 수가 있다. 앞으로 여러차례 강조를 하겠지만 배달대행은 시간을 다투는 일이다. 반복되는 긴장감 속에서 시간과 싸우는 일도 버거운데 멘탈관리를 못하고 페이스를 잃게 되면 육체적 피로도 가중될 뿐더러 사고위험성은 몇 곱절이나 더 증가하게 된다. 그래서 '앗차' 하는 순간에 돌이킬 수 없는 사고라도 발생한다면? 일방적으로 내가 잘못한 사고로 누군가라도 다치게 한다면? 혹은 누구의 잘잘못을 따지기 전에 내가 많이 다쳐서 눕게 된다면? 생각하기 싫지만 실제로 현장에서 무수히 많은 사건, 사고를 목격하게 되고 필자의 동료 중에도 크고 작은 사고로 병원 문턱을 자기 집 드나들 듯이 하는 사람도 여러 명 있음을 고백한다.

하루에 얼마를 버는 것은 정말이지 하나도 중요하지 않다. 이 일을 하루만 하고 말 것이라면 모를까, 일정 기간 계획을 세워놓고 장기적인 안목으로 바라본다면 하루의 수입은 아무런 의미가 없다. 연 단위까지는 아니더라도 최소한 한 달 단위로 생각하는 습관을 가져라. 얼마나 꾸준하게 성실히 일해왔는지 한 달 단위로 정리를 해보면 그 안에 당신의 땀과 눈물이 모두 담겨져 있음을 알 수가 있다. 비를 맞으면서 몸도 마음도 다 젖어가며 일한 날이 며칠 있을 테고, 햇살 좋고 날씨도 좋아 기분 좋게 일했지만 좋은 날씨에 비해 수입이 적어 실망스러웠던 날도 여러 날 있을 테고, 바람이 잦아 오토바이도 휘청이고 그만하고 들어갈까 멘탈이 휘청였던 날도 여러 날 있었을 것이다. 궂은 날, 좋은 날 이런저런 일들을 다 참고 견디면서 일한 한 달 수입이 진짜 수입이다. 그래서 성능 좋은 오토바이보다, 최신형의 휴대폰보다 성실함과 꾸준함을 장착한 사람만이 진짜 수입을 얻을 수 있는 것이다.

하루 많이 벌었다고 혹은 평소보다 조금밖에 못 벌었다고 일희일비(一喜一悲)하지 말자. 눈앞에 보이는 현금 몇 푼보다 안 아프고 안 다치는 게 더 큰 재산이다. 누군가의 소중한 아들, 누군가의 사랑하는 남편, 누군가의 듬직한 아버지, 어떠한 타이틀이라도 우리는 내 몸을 허투루 여기지 말아야 할 충분한 명분이 있다. 자, 이제는 반대로 필자가 그대에게 되묻고 싶다. 그대는 성실함과 꾸준함을 장착하고 있는가?

배달대행사 어플 소개

(부릉 화면)

(생각대로 화면)

(바로고 화면)

　　역의 로컬 대행업체 외에 전국구의 대행업체가 여럿 있지만 업체들
　　이 사용하는 프로그램을 모두 소개할 필요도 없고 그럴 이유도 없
으므로 대표적으로 많이 알려졌고 규모가 가장 큰 부릉, 바로고, 생각대로 업
체의 메인화면을 소개해 드린다. 사진에서 보다시피 디자인만 조금 다를 뿐 기
능이나 메뉴구성은 비슷비슷하므로 어느 업체에 소속되어 일을 하게되더라도
별로 걱정할 필요가 없으며, 업체에 기사등록을 하고 근
무를 하기전에 업체에서 어플 사용법과 콜 잡는 법 등 구
체적으로 알려주므로 필자는 필자가 소속된 "부릉"
어플을 중심으로 간략하게 어플에 대해 소개를 해드리
고자 한다.

　가장 먼저 눈에 들어오는 것은 관할, 공유, 배정, 픽
업, 완료, 취소라는 메뉴일 것이다. 관할과 공유라는 메
뉴는 부릉 소속이 아니면 무시해도 되는 메뉴이므로 건
너뛰고 "배정"은 오더를 선택하게 되면 다른 말로 "

배차"라고도 하며 오더 하나를 선택하게 되면 배정메뉴에 카운터가 올라간다. "픽업"은 배정된 오더의 출처인 가맹업소에 가서 음식을 픽업한 다음 픽업을 누르면 배정에서 픽업으로 이동하게 되고 "완료"는 픽업된 음식을 소비자에게 전달을 끝내고 배달완료 버튼을 누르게 되면 내가 완료한 카운팅이 되는 것이다.

가장 넓은 구역인 화면 중앙이 오더가 보이는 공간이다. 오더가 올라오면 본인이 해결할 수 있는 오더다 싶으면 본인이 클릭을 해서 배차가 되면 본인의 오더가 되는 것이다.

배차가 되면 해당가맹업소에 가서 음식을 픽업한 다음 픽업버튼을 누르고, 고객이 있는 곳으로 가서 음식을 전달한 다음 완료버튼을 누르면 오더 하나를 수행한 게 되는 시스템이다. **배차 ⇒ 픽업 ⇒ 완료.** 이 세가지 순서는 기본적으로 어느 대행업체나 동일하므로 단순하고 간단한 순서이니 대행업체가 다르더라도 별로 문제가 되지 않는다.

오더창 아래 보이는 액수는 필자가 보유중인 캐쉬이며, 캐쉬는 현금과 동일한 금액이며 언제든지 내가 원할 때 즉시 출금이 가능한 금액이다. 간혹, 부릉, 바로고, 생각대로 등 메이저급 전국구 대행업체 외 지역의 로컬업체들 중에는 즉시 출금이 안되고 대행업체 대표에게 출금을 의뢰하거나 일정기간 출금을 못하게 돈을 묶어두는 업체도 있는데, 그런 업체일수록 돈관리가 투명하지 않고, 피땀 흘려 번 돈을 착취당할 우려가 있으므로 즉시 출금이 안되는 업체는 피하길 바란다.

배달대행이라는 일은 보시다시피 이렇듯 휴대폰 속의 전용 어플을 통해서 일을 한다. 가맹업소에서 배송신청 오더를 띄우면 기사들의 휴대폰에 오더가 나타나고 그 오더를 잡은 기사는 가맹업소에 가서 음식을 픽업해 와서 고객에게 전달하면 된다. 이야기하자면 아주 간단하다.

물론 직접 해보면 간단하지 않고 간단한 것 같으면서도 아주 복잡하고 판단해야 할 것들이 아주 많지만 우선, 눈에 보이는 시스템과 구성은 간단한 게 맞다. 다시 말하지만 직접 일을 하게되면 소속대행업체에서 어플을 설치해 주고 구체적인 어플 사용법과 일하는 방법은 상세히 알려주므로 필자는 수박 겉핥기 식으로 표면적으로 보이는 사용법과 소개만 하는 것을 이해하시라.

다음 장에서 실제로 어떻게 오더를 수행하는 지 필자가 한 콜만 수행하면서 구체적으로 설명을 할까 한다. 아무리 배달대행 일을 처음 하는 분이라도 필드에서 딱 하루만, 더도 덜도 말고 딱, 하루만 일을 해보면 프로그램이 어떻고 시스템이 어떻게 돌아가는 지 소프트웨어적인 측면에서는 쉽게 이해를 할 수가 있다. 그러니 프로그램 사용법에서는 크게 염려할 부분이 없고, 독자의 이해를 돕기 위해서 필자가 한 콜만 수행하는 과정을 보여드리고자 하니, 이렇게 한콜 한콜 처리하면 되는 것이구나 정도만 이해하시면 되겠다.

오더 수행하기

아무것도 없는 첫 화면에 콜이 하나 발생해서 필자가 초이스하고 다음 상
세페이지에 들어가면 오더에 대한 상세 안내가 나온다. 우선 이 오더에
대한 설명을 하자면 동성로2가에 위치한 예원이라는 상호의 가맹업소이며, 이 업
소는 오더를 찍은뒤 무조건 5분안에는 업소에 도착을 해야 한다. 그리고 음식은
10분 안에 완료가 되는 업소이다. 업소 정보 아래에 음식을 주문한 고객의 주소
가 있고,그 밑으로는 선불결제가 된 음식이며 배달료는 2,700원이며 업소에서 최
종도착지까지 거리(직선거리)가 1.2㎞ 라는 정보가 화면에 보인다. 세 번째 사진의
고객 주소 옆의 화살표를 누르면 지도상으로 도착지를 볼 수가 있다.

지도를 보면 출발지에서 도착지까지 경로가 나오고, 도착지에 도착해서 음식을 전달한 다음, 배송완료 버튼을 누르면 오더를 완료처리하겠냐는 메시지가 나온다. 확인을 누르면 맨 처음 화면으로 돌아가며 상단의 완료메뉴를 보면 숫자 1이 있다. 필자가 오더 한건을 수행했다는 말이다. 맨 하단을 보면 필자의 캐쉬가 598,230원이었던 게 2,700원이 더해져서 600,930원으로 변경된 게 보인다.

 대행업체 어플마다 메뉴나 부가기능은 조금 차이가 있을 수가 있는데, 오늘 필자가 수행한 한 건의 오더에 대해서 조회가 가능하다. 메뉴 하단에 있는 정산조회로 들어가보면 오늘 필자는 1건의 오더를 수행했으며 2,700원을 수입을 올린 것을 알 수가 있다. 그 밑의 메뉴 활동조회로 들어가 보면 수행내역을 알 수가 있으며 픽업까지 4분이 소요됐으며 픽업후 완료까지 걸린 시간은 7분이라는 것이 보인다. 다시 정리하자면 필자는 오더가 뜨고 잡은 시간으로부터 4분 안에 업소에 도착하여 음식을 픽업했고, 그로부터 7분만에 고객에게 전달을 했다. 그로 인해 얻은 수익은 2,700원이다.

 독자들에게 설명을 해드리고자 한 건의 오더 수행과정을 보여드린 것이다. 설마 필자가 하루종일 일해서 2,700원 밖에 못 벌었을것이라 생각하는 분은 안 계시겠지? 이런 순서로 어플을 사용한다는 것을 보여드렸으며 필자는 이 날 총 60여건의 오더를 수행했으며 18만여원의 수익을 얻었다. 10시간 정도 근무했으니 시간당 여섯 건의 오더를 수행했으며 시급으로 따지자면 18,000원 정도 되는 것 같다. 이 수익은 어디까지나 비교적 오더가 많은 일요일에 달성한 성과이며, 이 수치는 지역에 따라서, 대행업체에 따라서, 그리고 결정적으로 기사 개개인의 능력과 숙련도에 따라서 천차만별이니 수입에 신경 쓰지 말고, 이런 식으로 일을 한다는 것을 보여드린 것이니 시스템을 이해하시는 게 제일 중요하다.

다시 말하지만, 독자들이 일을 하기위해서 어느 대행업체에 소속이 되더라도 제일 먼저 프로그램 사용법에 대한 교육을 시켜준다. 필자가 사용하는 프로그램과 다른 것이라도 원리와 구성은 대개 비슷하고 하루만 일해보면 모두 완벽하게 이해가 될 정도로 간단하니 걱정 안 해도 된다. 정작 걱정하고 고심해야 할 것들은 마음가짐과 멘탈관리이다.

CHAPTER. 2
이제 일을 시작해보자

현장에서 실질적으로 부딪히며
어떤 것을 알고 있어야 하며
어떤 상황들이 많이 있으며
상황마다 어떻게 대처해야 하는 지
크고 작은 실질적인 방법들에 대해
지금부터 귀를 귀울이시라

절대로 내비게이션을 켜지 마라

일반퀵과 배달대행은 엄연히 다르다. 비슷한 것 같으면서도 여러 가지 면에서 차이점을 보이는데, 그중 큰 차이점 중 하나가 내비게이션이 필요한가 불필요한가이다. 일반퀵 기사들이 광범위한 지역을 넘나들며 초행길인 장거리도 많이 가기 때문에 내비게이션의 도움 없이 일하기 어렵지만 배달대행은 사정이 다르다. 배달대행은 보통 구 단위, 동 단위의 일정 지역, 동네 안에서만 활동을 하므로 하루라도 빨리 길을 익혀야 하는데 내비게이션을 보고 일하는 습관을 들이면 그렇지 않은 사람에 비해 빨리 길을 익히는 것이 어렵다. 아무리 배달이 처음이고 도착지를 못 찾을까 봐 두렵고 걱정되는 마음이 있더라도 내비게이션에 의지해서 일을 해서는 안 된다.

이 글을 읽고 있는 당신은 외우고 있는 전화번호가 몇 개나 되는가 한 번 생각해보라! 지금처럼 휴대폰에 전화번호가 저장이 되고 단축번호라는 게 없을 때 우리들은 가족이나 친구, 가까운 지인들의 전화번호를 거의 외우고 있지 않았던가? 세월이 흘러 그런 노력을 기울이지 않더라도 편리하게 저장이 되고 단축번호 기능이 생기면서 우리는 더이상 전화번호를 외우지 않아도 되는 시절을 살고 있기에 다들 외우는 전화번호가 몇 개 되지 않을 것이다. 심지어 누가 물어보면 어떤 때는 내 번호도 금방 생각이 나지 않는 때가 있다. 내비게이션도 마찬가지이다.

배달대행을 처음 시작하는 분들일수록 지도를 보는 습관을 들이고 하루라도 빨리 길을 익혀야 실력이 늘고 경력이 쌓일수록 배달시간도 단축이 되는 것이다. 처음부터 내비게이션에 의지해 도착지를 찾아가는 습관을 들이게 되면 절대로 길이 늘지 않는다. 절대로 내비게이션을 사용하지 말아야 한다.

뭐든 처음부터 잘하는 사람은 없다. 하다 보면 익숙해지고 요령이 생기고 경력이 쌓이면서 실력이 느는 것이다. 지도를 보고 한 번 만에 도착지를 찾아가는 것도 실력이고 오래 하다 보면 지도를 안 보고도 찾아갈 수 있는 것이 일반퀵에 비해 좁은 구역 안에서 일하는 배달대행 기사들이 누릴 수 있는 특혜이기도 한 것이다. 그러기 위해서는 절대로 내비게이션에 의지해 찾아가는 습관을 들이면 안 된다. 지도를 보고 지리를 익히는 노력을 하고 길을 익히는 연습이 되어야 한다. 배달대행에는 노련한 배달기사가 되는 길에 내비게이션이 오히려 걸림돌이 된다. 한 가지 예를 들어보겠다. 필자의 경우, 한 지역에서 오래하다 보니 노력한 것도 있지만 경력이 쌓이면서 자연스레 구역의 위치를 훤하게 꿰차게 되었다. 휴대폰에 콜이 올라오고 콜을 보는 순간, 거의 8~90%의 도착지 위치를 지도의 도움없이 찾아갈 수가 있는 경지에 올랐다. 주소를 보면 머릿속에 입력된 지도가 펼쳐진다. 그리고 최단거리, 정체가 덜한 곳의 경로가 그려진다. 그래서 굳이 내비게이션을 사용하거나 지도를 보지 않고도 배달을 할 수 있는 것인데, 이런 필자와 반대로 처음 하는 초보자라면 지도를 봐야 하고, 불안한 마음에 내비게이션을 켜야 한다면, 필자와 같은 시간대에 동일한 수입을 올릴 수가 있겠는가?

필자 역시 처음에는 지도를 봐도 금방 찾아내질 못하고 버벅댄 경우도 많았고, 고객의 집을 못 찾아 헤맨 경우도 수도 없이 많았다. 배달대행이라는 일은 앞서 말했듯이 비교적 단거리를 이동한다. 보통 1~2km 미만의 이동거리가 가장 많다. 그리고 오토바이는 생각 외로 빠르고 민첩하다. 아주 특별한 경우가 아니라면 거의 대부분은 십분 안에 1~2km 거리를 다니는데 큰 무리가 없다. 지도 보기가 서툴고 지리를 잘 몰라도 내비게이션의 도움 없이도 그 정도 거리를 오토바이로 배달하기에는 십분이라는 시간은 턱없이 부족한 시간은 아니다. 그러니 굳이 불안한 마음에 내비게이션의 도움을 받지 않아도 충분히 가능하니 내비게이션을 켜지 않고 찾아가는 연습을 하기를 바란다. 내비게이션에 의존하지 않고 지도를 보고 찾아가는 연습을 해야 지도도 능숙하게 볼 수가 있고, 길이 는다는 것을 명심하고 또 명심하길 바란다. 숙련이 되면 필자처럼 주소만 보면 머릿속에 지도가 펼쳐지고 내비게이션이 켜지는 것을 경험하게 된다.

도로명 주소를 외우자

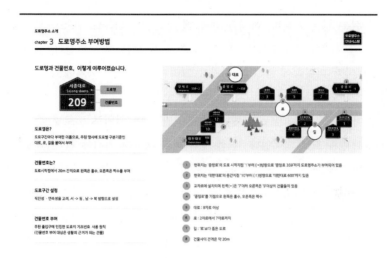

2014 년에 지번 중심의 주소에서 도로명 중심의 주소로 바뀌었다. 앞서 필자가 몇 번 언급한 적이 있지만 주소 하나만 가지고 업소를 찾아야 하고 고객의 집을 찾아가 조금이라도 정확하게, 빨리 음식을 전달해야 하는 일이 주된 업무인 우리는 집 찾는 방법을 빨리 터득하는 게 곧 수입의 증대로 직결되기도 한다. 지금처럼 IT 기술이 발전하여 스마트폰이 보편화되기 전에 배달을 했던 분들은 업소에 걸린 대형지도를 보고 OO슈퍼에서 몇 번째 골목, 몇 번째 집…, 이런 식으로 고객의 위치를 암기하여 배달하던 시절이 있었지만 지금은 시대가 바뀌었다. 종이지도가 없어도 스마트폰만 열면 얼마든지 더 정확하고 더 빠른 지도가 널려 있다. 전혀 모르는 지역을 가더라도 친절히 안내해주는 내비게이션이라는 것도 있다.

하지만 내비게이션을 보고 길을 익히지는 마시라. 절대로! 결단코, 길이 늘지 않는다. 처음부터 내비게이션에 의지해 찾아가는 습관을 들이게 되면 길이 빨리 늘지도 않을뿐더러 금단현상처럼 내비게이션을 작동하지 않으면 불안해하는 자신을 발견하게 될 것이다. 한 번 생각해보라. 고객의 위치 한 곳을 찾아가기 위해 일일이 내비게이션을 켜고, 주소 입력을 하고, 내비게이션이 알려주는 대로 찾아가는 것이 빠르겠는가? 주소를 통째로 머릿속에 넣어 곧바로 찾아갈 수 있는 게 빠르겠는가? 물론, 주소를 통째로 넣는다는 게 처음부터 쉬운 일은 아니다. 하지만, 처음엔 조금 더디더라도 주소를 모두 외우게 되면 그 이후엔 여러분들의 상상 이상으로 집 찾는 게 쉬워진다. 주소를 보는 순간 이미 머릿속에 대충의 위치가 그려지고 코스를 짜기에도 얼마나 수월해지는지 모른다.

위 이미지에도 나와 있듯이 몇 가지 원칙만 알면 의외로 도로명 주소는 외우기가 쉬운 구조로 되어있다. 우선 첫 번째로 대로를 외워야 한다. 대로는 나무로 치면 기둥과 같은 도로이다. 위 이미지에 나와 있는 세종대로를 기준으로 설명하자면 세종대로라는 주소는 나무 자체이다. 그 나무를 중심으로 왼쪽, 오른쪽으로 가지가 뻗어나가는 것이 세종대로1길, 세종대로2길 이런 식으로 큰 가지가 뻗어 나간다. 대로를 외울 때는 대로의 시작점이 어디인가를 반드시 기억해야 한다. 시작점으로부터 왼쪽으로는 1길, 3길, 5길 홀수길이 뻗어나가고 오른쪽으로는 2길, 4길, 6길, 짝수길이 뻗어나간다. 그 다음으로는 도로명의 시작점으로부터 왼쪽으로 건물번호가 부여된다. 왼쪽으로 1, 3, 5, 홀수의 건물명이 부여되고, 오른쪽으로 2, 4, 6, 짝수의 건물명이 부여된다.

이런 공식으로 도로명주소가 생성되어 있으므로 기본적인 원칙 몇 가지만 기억하고, 큰 대로만 기억하면 도로명주소로 고객이나 업소 위치를 찾는 것은 아주 쉽다. 쉬운 것도 쉬운 것이지만, 주소만 봐도 대략적인 위치가 바로 머릿속에 떠오르게 된다. 물론, 처음에 몇 달 정도만 고생을 하고 의도적으로 길을 외우고 도로명을 암기해야 하며 시작점과 끝나는 지점을 모두 기억해야 하는 수고로움은 있지만, 그걸 외우게 된 이후에는 확연하게 배달시간이 단축됨을 체감할 수 있게 된다. 실제로 필자도 필자가 일하고 있는 지역에서 내비게이션은 절대로 사용하지 않는다. 아니, 사용할 필요가 없다. 업소에서 주는 주소가 정확하다면 주소만 봐도 거의 다 알기 때문이다. 좀 복잡한 골목이거나 애매한 골목일 경우에는 근처에 가서 확인 차원에서 지도를 한번 본다. 거의 지도를 보지 않아도 찾아갈 수 있는 곳이 90%는 넘는다고 말할 수 있다.

이런 필자와 주소 하나하나마다 내비게이션에 입력시키고 그걸 보고 집을 찾아가는 사람과 배달속도 차이가 안 날 수가 있겠는가? 필자는 필자의 경험을 바탕으로 보다 더 쉬운 방법을 알려주는 것이다. 물론, 선택하고 취하는 것은 독자의 몫이겠지만 쉽고 좋은 방법을 놔두고 굳이 어렵고 불편한 방법을 고집할 필요는 없지 않겠는가? 행여, 지금까지 내비게이션에 의지해 찾아가는 분이 있다면 당장, 오늘부터라도 내비게이션을 끄고 도로명주소를 외우기 바란다.

코스 엮어가는 법

한콜 두 콜 눈에 보이는 대로 찍어서 하나씩 처리하다 보니 이제 조금씩 알 것 같기도 한데, 선배들은 한꺼번에 여러 개씩 코스 맞춰 엮어간다던데 어떻게 하는 걸까? 궁금해 할 여러분을 위해 오늘은 코스 맞춰 엮어가는 법을 설명하고자 한다. 지금부터 설명하고자 하는 코스 엮어가는 법은 지역마다, 대행업소마다, 기사 개개인의 역량이나 능력과 무관하게 일반적으로 통용되는 보편화된 방법이니 참고하길 바라고, 이걸 바탕으로 더 업그레이드하는 것은 본인의 몫이라 하겠다.

위 그림은 가장 기본적이며 가장 손쉽게 할 수 있는 난이도 제로의 엮어가기이다. 한 업소에서 제공하는 두 콜을 동시에 모두 잡았을 경우, 그림 그대로 A 업소에서 두 개의 음식을 픽업해서 가장 가까운 곳부터 완료하고 그 다음 두 번째 도착지로 가서 배달완료 하면 되는 것이다. 별로 설명할 것도 없는 가장 쉬운 엮어가기이며 실제로 신입이라 하더라도 어렵지 않게 접할 수 있는 경우이다. 단, 주의할 것은, 두 개든, 세 개든, 그 이상이든 업주가 같이 갈 수 있으면 같이 갖고 가라면 문제가 되지 않지만, 절대로 기사가 먼저 놓인 주문표를 보고 같이 갈 수 있으니 뒤의 음식도 같이 달라고 요구해서는 안 된다. 업주의 성향마다 다르겠지만 코스가 맞더라도 먼저 주문 들어온 음식과 그 다음 음식과의 시차가 있다면 꺼려 할 것이고, 기사 임의대로 요구하는 것에 거부감을 가지는 업주도 의외로 많아 크고 작은 다툼의 소지가 생길 수 있으므로 절대로 먼저 요구해서는 안 된다. 또한, 콜이 밀리는 시간대라면 괜찮지만, 비교적 한가한 시간대에는 더더욱 욕심부리지 말고 업주가 주는 대로, 애초에 내가 찍은 콜대로만 군소리 없이 들고 가는 게 별 탈이 없다는 것을 명심하자.

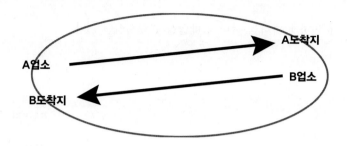

    A 업소와 B 업소에서 동시에 콜이 발생했을 경우, A 업소 음식의 도착지가 B 업소 근처이고, 현재 내 위치가 A 업소 가까이 있거나 B 업소 가까이 있을 경우 두 콜을 모두 잡아도 된다. A 업소 음식을 먼저 픽업하고 최대한 빨리 이동해서 B 업소 음식을 픽업한 다음 A 업소 음식을 배달하고, B 업소 음식을 배달하면 되는 것이다. B 업소 가까이 있다면 반대로 하면 되는데, 이럴 경우 주의할 것은 시간 계산을 잘해야 한다. A 업소와 B 업소 간의 거리가 멀어 이동시간이 길거나, B 업소로 이동하는 시간보다 B 업소의 음식이 더 빨리 나오거나 이미 음식이 완성된 이후 콜을 띄우는 업소라면 한 번 더 생각을 해봐야 하겠다.

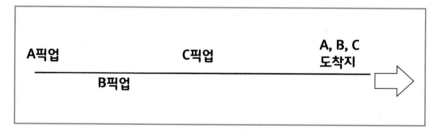

    위 그림은 도착지가 비슷한 곳이고 도착지로 이르는 동선 따라 위치한 업소에서 같은 도착지로 동시에 콜을 띄웠거나 약간을 시차를 두고 띄웠을 경우 잡을 수 있는 엮어가기이다. 그림만 봐도 알 수 있듯이 A 업소 음식을 먼저 픽업하고, B 업소 음식을 픽업하고 C 업소 음식을 픽업해서 도착지로 도착한 다음 픽업한 순서대로 주거나 급한 음식부터 주거나 혹은, 본인이 판단한 대로 배달을 하나 둘 완료시키면 되는 것이다. 도착지가 같거나 모두 근처일 경우에는 어느 순서대로 해도 특별한 변수가 생기지 않는 한 별로 시간이 소요되지 않으니 맘 편하게 하나씩 하나씩 배달을 완료시키면 된다.

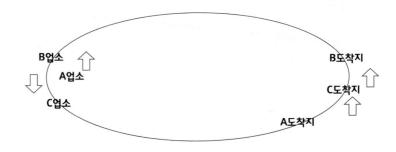

위 그림은 세 번째 그림과 비슷할 수도 있지만 조금 다른 경우라 할 수 있는데, A 업소를 기준으로 A 업소에서 짧은 이동거리 안에 밀집된 업소에서 동시에 콜이 뜨고 도착지 또한 A 업소의 도착지에서 짧은 이동거리 안에 도착지가 있다는 가정 하에서 세 콜 모두 한꺼번에 잡을 수가 있는 경우이다. A 업소 음식을 먼저 픽업하고 시계 반대방향으로 작은 원을 그리듯이 B 업소 음식을 픽업하고 C 업소 음식을 픽업해서 도착지로 이동 후 A 업소 음식부터 배달을 완료하면서 그림의 타원을 따라 C 업소 음식을 완료하고 마지막으로 B 업소 음식을 완료해도 되고 시계방향으로 돌든, 반시계방향으로 돌든 원리만 설명했을 뿐, 그때 그때의 상황에 맞게끔 처리하면 된다.

네 가지 정도 기본적으로 어렵지 않게 필드에서 써먹을 수 있는 방법들을 설명했는데, 지역의 특성에 맞춰, 기사 개개인의 능력이나 노하우에 따라서 얼마나 응용하고 변형시켜 활용할 수 있느냐는 전적으로 여러분들이 하기 나름이다 할 수 있겠다. 수학에서 사칙연산이 있듯이 필자가 경험하고 터득한 바로는 위의 네 가지만 기본적으로 숙지해도 아무것도 모르던 초짜일 때보다는 조금이라도 분명히 개수가 늘어날 거라 확신한다. 그리고, 무엇보다도 코스를 엮어가기에 앞서 제일 중요하고 항상 염두에 둬야 하는 것은 한 개만 픽업해서 완료하든, 두 개, 세 개 혹은 그 이상의 개수를 엮어서 처리하든 픽업하고 완료하는 시간이 늦어서는 안 된다는 것이다. 저 기사는 콜을 찍어놓고 왜 이리 픽업하러 안 오는 거야? 음식이 다 식어 가는데 저 기사는 음식 가져간 지가 언제인데 아직도 완료를 안 하고 뭐 하는 거지? 업주들의 이런 원성이 나오지 않게 끔 빨리 픽업하고 빨리 완료를 해야 하는 것이다. 어쩌면 위의 설명들이 쉽게 한 번에 이해되지 않을 수도 있지만, 여러분의 경력이 하루 이틀 더해지고 이 글을 한 번 두 번 더 반복해서 보다 보면 이해가 될 것이다. 마지막으로 당부드릴 것은 엮어가는 개수가 많아지면 많아질수록 마음은 급해질 수밖에 없다는 것을 각오해야 한다. 마음이 급해질수록 속도를 더 내게 되고, 신호를 한 번이라도 더 어길 수밖에 없어진다. 어느 정도 경력이 쌓이기 전까지는 두 개 이상은 엮어가지 않았으면 하는 우려 섞인 당부를 선배로서 조심스럽게 드린다.

도움되는 인터넷 사이트

배달종사자카페 - https://cafe.naver.com/nbfo

바이크부품판매 - http://www.bike1004.co.kr

바이크공구판매 - http://www.abcbike.co.kr

무인단속확인 - https://www.efine.go.kr

과실비율정보포털 - https://accident.knia.or.kr

라이더유니온 - https://www.facebook.com/riderunionzzang

픽업시간, 완료시간

배달대행을 처음 시작하시는 분들이 자주 하는 질문 중 하나가 음식을 몇 분 안에 픽업하고 몇 분 안에 완료해야 되는 것 인지이다. 지역마다의 다소 차이는 있을지 몰라도 한 시간 혹은 두 시간 안에 배달완료를 요구하는 일반퀵과는 달리 배달대행은 분 단위를 다투는 일이다. 실어 나르는 품목이 100% 사람 입에 들어가는 음식이다 보니 음식이 식거나 불거나 굳거나 또는 고객이나 업소의 항의가 나오지 않는 범위 내에서 픽업을 하고 완료를 해야 된다. 구체적으로 몇 분내 픽업, 몇 분내 배달완료라고 정해진 시간은 없고 배달대행 업체마다 약간의 차이가 있으니 면접을 보는 자리에서 면접관에게 물어보거나 고참 선배들에게 물어보면 당신이 일하게 될 지역에서는 몇 분 안에 픽업하고 완료하면 탈이 없는지 정확히 알 수가 있다.

지역마다, 각 배달대행 업체마다 아주 근소한 차이는 있을지 모르겠으나 일반적으로 가장 좋은 픽업시간과 완료시간은 최대한 빨리 픽업해서 최대한 빨리 소비자에게 가져다주는 것이다. 음식 종류와 상관없이 무조건 하나만 픽업해서 최대한 빨리 배달완료를 하게 되면 아무런 문제도, 클레임도 발생할 리 없지만 쳇바퀴 도는 다람쥐처럼 음식 하나씩만 들고 다니다보면 몸은 더 지치고 수입은 크게 늘지 않아 이 일의 메리트가 없어질 수도 있다. 그러다 보니 경력이 있는 기사들은 방향이 맞는 음식을 몇 개씩 같이 픽업해서 처리를 하는데 개개인의 성향이나 스타일이나 숙련도에 따라 처리속도도 모두 다를 수 있고 한 번에 엮어가는 음식의 개수도 모두 다르지만 어쨌거나 한 개를 들고 가든 열 개를 들고 가든 가장 중요한 것은 업소에서 늦다고 항의가 안 들어올 만큼 일찍 픽업을 해야 하고 소비자의 독촉전화가 안 오게끔 일찍 배달완료를 시켜야 하는 것이다.

필자의 경우, 배달대행을 처음 시작할 때 선배들에게서 무조건 10분 안에 음식을 픽업해서 픽업시간으로부터 10분 안에 배달완료를 하라고 배웠었다. 여러 가지 상황에 따라서는 그 시간에서도 앞뒤로 몇 분을 앞당기거나 늦추어질 수도 있지만 대체로 이 정도 시간을 준수한다면 특별한 경우를 제외하고는 큰 문제는 발생하지 않는다고 볼 수가 있다. 거리가 짧은 단거리콜일 경우 픽업시간과 완료시간을 합해도 10분 안에 끝나는 경우도 많고 반대로 조금 넘어서는 경우도 생길 수 있으나 필자의 경험과 주변의 많은 동료기사들의 조언을 참고해도 10분 안에 픽업완료, 10분 안에 배달완료! 이 시간만 지킬 수 있으면 크게 문제가 되지 않는다고 말할 수 있겠다. 열 개를 픽업하더라도 열 번째 음식이 픽업시간으로부터 10분 안에 배달 완료될 수 있다면 대체로 문제가 발생하지 않는다.

하지만, 실제로 현장에서 일을 해보면 배달일만큼 무궁무진한 변수가 많은 일도 드문 것 같다. 얼마나 변수가 많으면 몇 년을 한 기사들끼리 만나도 매일매일 자기가 겪었던 일들을 늘어놓는다고 귀가 따가워 죽을 지경이다. 그만큼 배달일은 예측 가능한 변수와 상상도 할 수 없는 많은 변수들을 극복하면서 짧은 시간 안에 처리를 해야 하는 일이기도 한데, 욕심을 내어 많은 개수의 음식을 픽업할수록 이런 돌발 상황에 대처할 수 있는 시간적 여유가 없다.

초보일수록 당연히 어느 정도 숙련이 되기 전까지는 절대로 과욕은 금물이다. 숙련이 된 경력자다 하더라도 지나친 욕심은 항상 사건, 사고를 유발하기 십상이니 무리하게 코스를 짜거나 무리하게 많은 개수를 엮어가는 것은 피하는 게 좋다.

한 개만 싣고 도착지로 향하는 거와 두 개를 싣고 가는 거와 세 개, 네 개, 혹은 그 이상을 싣고 가는 것, 개수가 많으면 많을수록 당연히 마음이 급해질 수밖에 없다. 많이 실으면 실을수록 조바심은 커질 수밖에 없으며 자신도 모르게 더 과속을 할 수밖에 없고 한 번이라도 더 신호를 어길 수밖에 없는 상황에 놓이게 된다. 그런 상황에서 예상치 못한 변수라도 생겨 첫 음식부터 꼬이게 된다면 그야말로 머리가 쭈뼛쭈뼛 서고 피가 바짝바짝 마른다는 게 어떤 느낌인지 체험하게 된다. 솔직한 말로 음식이야 잘못되면 사정 얘기하고 변상해 주면 그만이지만

무리하게 일하다가 사고 나고 다치면 누가 손해인가 말이다. 내가 다치는 건 그나마 괜찮지만 내 과실로 애꿎은 남을 다치게 한다면 그야말로 하루아침에

도로아미타불이 되는 일이 생기게 된다. 실제로 필자는 그런 경우를 많이 목격했고, 욕심내다가 사고가 나는 경우를 수도 없이 봤다.

> 콜을 찍은 시간으로부터 10분 내 픽업완료!
> 음식을 픽업한 시간으로부터 10분 내 배달완료!
> 무리하게 많이 엮어가지 않기!

위의 세 가지만 항상 기억하고 실천한다면 매일매일 당신은 수입과 함께 "안전" 이라는 큰 선물을 받게 될 것이다.

깨알
상식

도움되는 유튜브 채널

한문철TV
https://www.youtube.com/channel/UCH5U89kvHrVxxS80xpoOydw
배달민족의 배달방송
https://www.youtube.com/channel/UCXDTJoXUhsXuN1r1oYajfCQ
제이제이의 투잡라이프
https://www.youtube.com/channel/UCgL1PVDxGDkeElnLYwDGXkQ
노프로의 서민이야기
https://www.youtube.com/channel/UCWU3r8TwTEQpOJhiOvzU0QQ
박무혁TV
https://www.youtube.com/channel/UCUygRfanuNoV88Z6gp-mNkqg

고층건물 배달 시 시간 절약하는 법

배달을 하다 보면 고층건물에도 많이 가게 되는 데 저층건물에 비해 배달시간이 많이 걸릴 뿐더러 엘리베이터로 인해 많은 스트레스를 받는 것도 사실이다. 그렇다고 일반 단독주택이나 저층의 빌라나 원룸이나 상가만 배달 갈 수도 없는 노릇이니 꿀팁이랄 것 까진 아니더라도 나름대로 터득한 요령과 팁 몇 가지를 소개하고자 한다. 지금부터 소개하는 방법들은 고층 관공서나 대학병원 등 많은 사람들이 이용하는 다중이용시설에는 사용할 수도 없을 뿐 더러 해서도 안 되는 방법이니 오로지 주거용 시설인 고층 아파트나 고층 오피스텔에서만 써먹도록 하자.

우선 엘리베이터를 타기 전에 현금 결제 고객인지 선결제 고객인지 카드결제 고객인지부터 먼저 머릿속에 생각을 해놔야 한다. '선결제 고객 ⇒ 현금 결제 고객 ⇒ 카드 결제 고객' 순으로 고객에게 뺏기는 시간이 다르기 때문인데 틈날 때 본인의 카드리더기로 한 건 결제할 때 소요되는 시간이 얼마인지 미리 체크해 놓고 그 시간을 기억하고 있는 것도 큰 도움이 된다. 간혹 집에 현금이 있는 줄 알았는데 없다면서 카드 결제하면 안 되냐는 고객이나, 송금할 테니 계좌번호 알려달라는 고객을 만나게 되면 그때는 제시간에 엘리베이터를 탈 생각은 미리 버리는 게 정신건강에 이롭다. 카드결제를 했는데 잔액 부족이나 사용정지 카드 등 카드 여러 개를 내미는 고객을 만나도 일찍 엘리베이터를 탈 생각은 버리도록 하자.

예를 들어, 30층 아파트인데 20층에 사는 2001호 선결제 고객에게 가는 배달건이라고 가정했을 때 엘리베이터에서 2001호까지 가는 시간과 돌아오는 시간을 계산하고 손님이 문을 열어주고 음식을 받는 시간까지 넉넉하게 계산해서 25층 버튼을 한 번 더 누른 뒤에 내리면서 내려가는 버튼을 누르고, 고객에게 음식을 주고 돌아오면 엘리베이터는 친절하게 시간에 맞춰 반갑게 나를 맞이해 줄 것이다. 현금결제라면 음식을 주고 잔돈도 거슬러주고 하는 시간이 추가적으로 더 필요하므로 27층이나 28층 정도의 버튼을 눌러 놓으면 이변이 없는 한 넉넉할 것이고 카드결제고객이라면 필자의 경우는 30층 정도 버튼을 눌러놓거나 21, 22층의 두 개 층을 누르거나 낌새가 수상하면 23층까지 세 개의 층을 눌러놓고 고객에게 달려간다. 낌새라는 것은 현관에서 2001호를 호출했을 때 즉각 반응하고 빨리 문을 열어주는 고객이라면 문 앞에 왔을 때도 빨리 문을 열어주는 고객일 가능성이 크다는 것을 알아채는 눈치다. 호출에서부터 반응이 늦고 한참 뒤에 열어주는 고객이라면 원래 좀 굼뜬 성향이거나 연세 지긋한 어르신일 가능성이 농후하기에 조금 더 여유 있게 엘리베이터를 잡아두는 것이다. 이 공식은 어디까지나 계단식 아파트일 경우에는 해당되는 것이며 한 층에 여러 세대가 있는 복도식 아파트이거나 오피스텔일 경우에는 또 얘기가 달라진다. 2001호부터 2010호까지 한 층에 열 세대가 있는 구조이고 엘리베이터가 건물의 가운데 한 대만 있는지 2001호 쪽과 2010호 쪽에 두 대가 있는지 등 여러 가지 상황에 따라 시간계산을 달리해야할 것이다. 기본적인 방법은 설명했으니 그때그때의 상황에 맞는 계산은 독자들이 알아서 하면 되겠다.

요즘 건축되는 최신 아파트들은 고전적인 직사각형 형태가 아닌 게 많아서 계단식도 아니면서 한 층에 네 세대 혹은 다섯 세대가 살고 있는 아파트도 자주 볼 수가 있는데 그런 곳에 가게 되면 어느 방향에 2001호가 있고 2004호가 있는지 몰라 잠시 헤맨다. 불필요한 시간을 보내는 경우도 많기 때문에 우측 사진처럼 엘리베이터 안에 붙어있는 경고표지판에 필기구로 호수를 적어놓으면 다음에 방문 시에

는 처음보다 시간을 단축할 수 있다. 단, 모든 엘리베이터 안에는 CCTV가 있으니 미관을 해치지 않는 범위 내에서 작지만 본인이 쉽게 알아볼 수 있도록 표시를 해두면 큰 도움이 된다.

그러나 이런 요령들도 통하지 않는 경우가 있으니 주민들의 귀가시간대로 엘

리베이터 이용이 잦은 시간대나 택배기사와 맞닥뜨리게 되면 그때에는 그 어떤 요령도 있을 수 없으니 그저 겸허히 마음 비우고 엘리베이터를 기다리거나 픽업한 음식이 여러 개 있다면 계단을 이용해서라도 뛰어가는 방법 밖에 없다. 오토바이 헬멧을 벗어서 엘리베이터 문이 닫히는 것을 막거나 다른 도구를 이용하여 오랜 시간 잡아놓으면 센서 오작동으로 엘리베이터의 고장을 초래할 수도 있으며 그로 인해 엘리베이터 수리 비용까지 변상할 수도 있으니 억지스럽게 장시간 붙들어놓아서는 안됨을 명심하자.

몇 가지 요령을 설명하기도 했지만 가장 안전하고 좋은 방법은 오더를 선택할 당시부터 고층아파트로 가는 콜은 여러 개를 픽업하지 않는 것이 가장 좋은 방법이다. 아파트 콜만 서너 개 픽업하면 배달완료하는데 아무리 이동거리가 짧더라도 30~40분 잡아먹는 것은 일도 아니고 맨 뒤에 배달되는 음식을 먹는 고객은 아무리 만만한 버거라 하더라도 눅눅해진 감자튀김을 먹거나 김 빠진 콜라를 마셔야 하는 가능성이 크므로 업소나 고객으로부터 클레임을 당할 확률이 크다. 괜히 욕심내서 무리하게 아파트 콜을 여러 개 잡고 오지 않는 엘리베이터 앞에서 똥줄 타면서 허송세월 하지 말고 아파트 콜이라면 최대 두 개 이상 잡지 말고 여유 있게 일하는 게 좋다. 고속 엘리베이터가 있는 곳이 아니라면 두 개 이상 안 잡는 게 가장 안전한 방법이다.

공동현관 비밀번호 완전정복

원룸이나 빌라 등 다세대 건물로 배달을 가게 되면 일반적으로 1층 현관 입구에서 해당 호실을 호출하고 문을 열어주면 들어가 배달을 완료하면 된다. 하지만 실제로 현장에서 일을 하다보면 위의 설명대로 간단하지 않은 경우가 정말 많다는 걸 알게 될 것이다. 예상치 못했던 의외의 문제에 부딪혀 당황하고 많은 시간을 소비하게 되는 경우가 많으니, 이 글이 그런 위급 상황을 헤쳐나갈 수 있는 작은 팁이 됐으면 좋겠다.

우선 가장 흔한 케이스는 공동현관 출입구에서 고장으로 호출이 안되거나 개별 호실에서 현관문을 열 수 없는 경우가 가장 많은데 건물주에게 말해서 제발 좀 고쳐놓고 살지 왜 안 고치고 살까 생각을 해봤는데 배달하는 우리들이 불편하지 실제로 거주하는 당사자들은 하나도 안 불편하기 때문에 그냥 그대로 사는 것 같다. 암튼 가장 흔한 이런 경우 대개의 고객들은 주문 요청 사항에 친절하게 비밀번호를 알려주거나 현관에서 전화달라는 메모를 남겨놓지만 안 그런 경우도 많으니 매번 우리를 당황하게 만든다.

현관에서 호출은 안되고 비밀번호를 모르는데 전화하니 손님은 전화를 안 받지 얼른 주고 다음 코스로 이동해야 되는데 야속한 시간은 흘러가지 머리에서 헬멧을 비집고 슬슬 스팀이 올라오는 것을 경험하게 될 것이다. 현장에서 수도 없이 겪게 되는 가장 흔한 케이스이다. 우선 인터폰을 유심히 보라. 신축 건물이 아니라면 대부분은 비밀번호 버튼에 손때로 인해 닳은 흔적이 있을 것이다. 빙고! 그게 바로 열려라 참깨하고 열릴 그 건물의 비밀번호다.

쉽게 육안으로 확인이 안될 만큼 닳은 흔적이 없다면 인터폰 주변을 잘 살펴보라. 모퉁이나 구석면이나 출입구 한 귀퉁이나 쉽게 시선이 가지 않을 곳을 잘 살펴보라. 우리보다 앞서간 이름 모를 누군가가 친절하게도 깨알같이 작은 글씨로 비밀번호를 적어놓은 것이다. 만약 그마저 없다면 아래 숫자를 눌러보라. 1004, 2580, 7979, 1234, 1111, 0000…. 이걸 비밀번호라고 설정해놨나 싶을 정도로 뻔한 번호로 조합된 비밀번호가 의외로 많다. 간혹 1818,

6969, 8253 등 좀 얄궂은 조합의 숫자들도 있지만 대부분의 비밀번호는 비밀 번호 같지 않은 뻔한 숫자들로 조합되어 있음을 명심하라.

그 외에도 다양한 변수들이 있어 우리를 당황하게 만드는 경우가 많다. 음 식을 시켜놓고 샤워를 하거나, 집안에 아기가 있어 휴대폰을 무음으로 해놓아 서 전화를 못 받거나 배달이 늦게 오는 줄 알고 집 근처 편의점에 가거나 등등 비밀번호는 모르고 연락 안 되는 고객에게 전화를 하느라 허송세월을 하는 경 우가 현장에선 진짜 많이 발생한다. 초보 시절부터 그런 경우를 많이 겪다 보 니 필자는 나름의 방책을 하나 세웠다. 관내의 거의 모든 원룸이나 빌라의 현 관 비밀번호를 수집하기 시작한 것이다. 매번 바쁘고 귀찮은 가운데에서 하나 둘 틈나는 대로 메모를 해놓다 보니 이제는 거의 모든 비밀번호를 보유하고 있 으며 동별로 정리하여 분류를 해놓으니 위와 같은 상황이 발생하더라도 필자 는 곤욕을 치르지 않고 제 시간에 배달을 완료할 수가 있다.

초보기사 여러분! 그대들도 현장에서 이와 같은 일을 많이 겪게 될 테니 지 금부터라도 필자처럼 비밀번호를 메모하고 수집하는 습관을 들이길 바란다. 위급한 상황에서 반드시 큰 도움이 될 때가 많으니 유용하게 쓰일 수가 있 다. 단, 배달현장에서의 용도 이외에 사용하거나 공유할 경우 법적 처벌을 받 을 수도 있다.

포장상태를 점검하라

배달대행을 이용하는 업소들은 하나같이 음식이 식기 전에 빠른 시간 안에 고객의 손에 쥐어지길 바란다. 하지만 엄밀히 따지면 빠른 배달 보다 더 중요한 것은 안전한 배달이 아닐까 싶다. 배달장사를 오래 한 업소일수록 빠른 배달과 더불어 안전하게 배달되어야 한다는 것을 잘 알기에 음식 포장에 각별히 신경을 쓰고 야무지게 포장하는 법도 잘 알고 있지만 배달장사 경력이 짧은 업소나 매장 손님이 많아 배달음식까지 꼼꼼히 챙기지 못하는 업소일수록 포장상태가 불량하거나 어설프게 대충 포장해서 음식물이 훼손될 가능성이 크므로 배탈통에 담기 전에 우리가 일차적으로 한번 점검을 하는 게 뒤탈이 없다. 업소에서 주는 그대로 아무 생각 없이 받아 가서는 안 되는 것이다. 업주들이 잘하는 착각 중의 한 가지가 업소에서 포장해서 주는 그대로 고객에게 전달이 될 것이라고 생각하는데 천만의 말씀! 아무리 배달통 안에 칸막이를 설치하고 완충제를 깔아 충격이 덜 하도록 해놓더라도 도로 노면 상태에 따라 혹은 교통상황에 따라 얼마든지 음식물이 위치를 바꿀 수도 있고 충격을 받을 수 있어 포장이 불량할 시에는 내용물이 이탈하거나 국물이 새어나올 수 있다.

물론, 급정거나 급출발 등 난폭운전으로 인해 음식물이 손상될 수도 있지만 그렇지 않은 경우에도 포장 불량으로 인해 얼마든지 손상될 수 있으며 그 책임은 고스란히 우리에게 전가되니 억울하게 음식값을 변상하지 않으려면 우리가 포장상태까지 점검을 하는 게 좋다. 특히 국물 음식일 경우에는 더 각별히 주의를 기울여야 한다. 일회용 용기에 비닐을 덧대 압착하는 방식의 찜닭이나 국물음식 같은 경우 열이 약해 제대로 붙어있지 않으면 작은 틈으로도 국물이 새어 나와 다른 내용물까지 망가트려 놓기 때문에 그런 점까지 포장 전에 확인해 줄 것을 요구해야 한다. 또 초밥 같은 경우 어설프게 포장하면 초밥이 한쪽으로 쏠리거나 뭉쳐져 초밥이 아니라 주먹밥의 형상으로 고객에게 전달될 수도 있으니 조심해야 한다.

또한 최근 들어 디저트나 커피를 비롯한 음료의 배달도 많이 늘어나 음료가 쏟기거나 흘러나오는 경우도 많은데 커피나 음료는 별도로 봉지걸이에 걸거나 따로 작은 배달박스에 담아 배달하는 게 안전하다. 아무리 시정 요구를 해도 시정되지 않는 몇몇 패스트푸드 콜라도 각별한 주의가 필요하며 또 하나 조심해야 할 것은 주류배달이다.

치킨이나 족발, 혹은 안주류 음식을 시키면서 소주 몇 병 또는 병맥주 몇 병을 같이 시키는 경우도 많은데, 한 병일 때는 문제가 되지 않지만 두 병 이상일 때는 조심해야 한다. 소주나 맥주가 두 병 이상일 때 어떻게 취급해야 되는지를 모르는 곳도 의외로 많다. 그냥 음식과 같이 봉지에 담아 배달하게 되면 십중팔구 병끼리 부딪혀 깨지기 십상이고, 함께 담긴 음식 또한 엉망이 될 수가 있다. 만일의 사태를 대비하여 주류는 반드시 음식과 분리하여 포장을 하는 게 안전하며 랩으로 둘둘 말아 병과 병 사이에 공간이 없게 만들어야 부딪히지 않는다. 만약 랩이 없다면 임시방편으로 고무밴드로 병과 병 사이를 묶어서 공간이 없도록 해야한다. 고무밴드까지 없다면 신문지나 종이를 이용하여 한 병씩 포장해서 종이가 충격을 흡수하게끔 해야 된다. 이런 조치를 취하지 않는다면 배달통 안에서 병끼리 부딪혀 손쉽게 깨어질 수가 있다.

짜장면이나 치킨만 배달되던 시대는 호랑이 담배 피던 시절 얘기가 되어버렸다. 지금은 거의 모든 음식이 배달시장으로 뛰어든 상황이고, 이제는 배달이 안 되는 음식을 찾는 게 더 쉽다고 말할 수 있을 것이다. 그만큼 다양해진 음식들을 뒤탈 없이 안전하게 배달하기 위해서는 주방과 홀만 왔다갔다하는 업주에게 전적으로 맡길 게 아니라 현장에서 배달하는 우리가 참견하고 당부하고 점검해야 우리에게 돌아올 불이익을 사전에 방지할 수가 있다. 늦지 않게 고객에게 전달해주려고 노력하는데, 업소의 부주의로 손상된 음식값마저 우리가 물어줘야 한다면 너무 억울하지 않은가?

시재는 얼마면 적당할까

국립국어원 표준국어대사전에는 시재(時在)를 "당장에 가지고 있는 돈이나 곡식"이라고 정의하고 있다. 카드에 각종 모바일 머니가 발달한 시대라 현금의 비중이 상대적으로 줄어들기는 했다. 따라서 배달대행에서도 시재의 중요성이 예전보다 감소하기는 했지만, 그렇다고 무시했다가는 의외로 곤란한 경우를 겪게 되는 일이 바로 이 '시재'를 준비하지 못한 데에서 발생한다.

필자는 보통 천 원권 오천원 권 섞어 2, 3만 원 정도와 만 원권 7~8만 원을 합해서 십만 원 정도를 항상 준비하는데, 이 정도 시재만으로도 일하는 데 전혀 불편함을 못 느낀다. 5만 원권을 내미는 고객이 있어 잔돈이 모자라면 틈틈이 마트에서 담배 하나 사면서 잔돈을 메꾸어 충당하면 되고, 간혹 천 원권만 수북이 쌓이는 날에는 가맹점에 가서 잔돈이 안 필요한지 물어봐서 다시 만 원권으로 바꿔주고 하며 그때 그때 상황에 맞게 준비해 메꾸고 또 바꾸고 하다 보니 시재로 인해 불편함은 못 느끼게 된다.

이런 요령이 없었던 초보시절에는 필요 이상의 많은 돈을 시재로 갖고 다녔었다. 보통 2~30만 원씩의 시재를 갖고 다녔다. 아파트 고층에 배달 갔다가 잔돈이 부족해 다시 내려와 잔돈을 바꿔 올라가야 하는 일이 생길까 봐, 혹은 배달하는 사람이 잔돈도 안 챙겨다니냐고 핀잔을 들을까 봐 필요 이상의 많은 시재를 들고 다니기도 했었다. 게다가 은행이 문 닫는 연휴이거나 명절에는 시재로 4~50만 원씩 가지고 다니기도 한 걸 돌이켜 보면 융통성이 없기도 했거니와 겁이 많은 소심쟁이였던 것 같다.

무튼, 필자가 생각하는 적당한 시재는 하루 십만 원이면 충분하다. 5만 원 권이 없었던 시절에는 십만 원도 필요없었지만, 지금으로선 십만 원이면 일하는데 아무런 지장이 없다.

업소 위치를 외울 때

낯선 동네이거나 잘 아는 동네이거나 배달대행일을 처음 시작했다면 가장 먼저 해야 하는 일은 관내 가맹업소의 위치를 먼저 파악하는 것이다. 대부분은 하나씩 콜을 타면서 업소의 위치를 파악하고 외워가지만, 빠른 업소 파악은 수입과 직결되는 문제이므로 최대한 빨리 파악하고 기억해 놓는 것이 좋다. 업소 위치를 외우는 데 있어서 한 가지 팁을 말하자면 대로변에 위치한 업소일 경우에는 별로 큰 문제가 되지 않지만, 골목에 위치한 업소이거나 여러 갈래길에 위치한 업소도 많으므로 필자의 팁을 눈여겨 보자.

이해를 돕기 위해 인터넷에서 가져온 사진임을 이해하시라. "신선설농탕"이라는 업소가 우리의 가맹업소라는 가정하에 설명을 하자면, 그림에서 알 수 있듯이 이 업소는 삼거리의 모퉁이에 위치하고 있다. 비교적 대로로 보이는 1방향과 2방향이 있고 아파트 진입로나 골목으로 연결되는 것으로 보이는 3방향이 있다. 일직선으로 연결된 1방향과 2방향은 같은 길이기에 별로 지장이 없지만 여기서 예를 하나 들어보자. 이 지역에서 이제 막 일을 시작한 초보기사가 신선설농탕이라는 업소의 콜을 잡았는데 1방향길과 2방향 길은 알고 있지만 3방향을 통해 업소에 오는 길은 모르고 있다. 근데 현재 위치가 3방향에서 오면 빨리 도착할 수 있는 위치임에도 불구하고 길을 모르기 때문에 돌아서 아는 길로 올 수밖에 없다면 분명히 몇 분이 됐든 몇 초가 됐든 길을 아는 것보다는 조금이라도 줄일 수 있는 시간을 허비하게 된다. 어떤 이는 내비에 의존하면 되지 않느냐 반박할 수도 있지만 앞서 필자가 여러차례 밝혔듯이 내비에 의존해서는 절대로 길을 빨리 익힐 수가 없다. 조금 늦더라도 지도를 보고 찾아가는 연습을 해야 하고, 도로명 주소를 외워야 일이 수월해짐을 다시 한번 강조한다.

이렇듯, 업소의 위치를 외울 때는 위치만 기억할 것이 아니라 업소로 갈 수 있는 여러 길을 모두 외워야 한다. 사진에 있는 업소처럼 세 가지 길이 있다면 세 가지 길을 모두 외워야 하고, 사거리에 위치해 통하는 길이 네 개가 있다면 네 개 모두 외워야 한다. 내가 이동하는 동선을 최소화하는 것이 시간을 단축할 수 있는 방법이며, 픽업시간, 완료시간 단축은 우리의 수입과 바로 직결되는 큰 요인이다. 과속이나 신호위반으로 단축하지 않더라도 이렇듯 업소로 통하는 모든 길을 꿰뚫고 있다면 조금이라도 더 수월하게 일을 할 수 있다는 것을 알려드린다. 휴대폰에 신선설농탕 콜이 떴다. 현재 내가 있는 위치에서 혹은 내가 지금 이동하는 동선에서 어느 쪽으로 가야 최단 거리로, 최단 시간으로 업소에 도착할 수 있는지 콜을 찍는 순간, 바로 머릿속에 지도가 펼쳐지고 시간 계산이 되어야 한다. 그러기 위해서는 필자가 알려주는 대로 모든 가맹업소의 위치뿐 아니라 업소로 향하는 모든 길을 외워야 한다.

글로 적으니 복잡할 것 같고 다소 어려운 일처럼 느껴질지도 모르겠으나, 바쁜 시간에는 곤란하지만 비교적 콜이 적은 한가한 시간에 일부러라도 길을 익히기 위해 업소로 향하는 다른 길을 가보곤 하면 된다. 조용한 시간에 하는 그런 작은 노력들이 쌓여서 시간을 단축해 주고 여러분들을 고수의 길로 인도해 주게 된다는 것을 명심하시라.

업소와 적당한 선을 유지하라

여기서 말하는 업소란 당신이 속한, 혹은 앞으로 속하게 될 배달대행 업체와 계약을 맺고 콜을 띄우는 가맹업소를 말하는 것이다. 다시 한 번 배달대행의 가장 기본적인 시스템을 설명하자면, 배달대행 업체는 배달을 대행해 줄 일정 인원의 기사를 모집함과 동시에 여러 업소들과 계약을 맺는다. 계약한 업소들은 소비자로부터 주문이 들어오면 프로그램을 통해 콜을 띄우고, 그 콜을 찍은 기사들은 음식을 픽업해서 소비자에게 전달해 주며, 일정 금액의 배달료를 받는 방식이 배달대행의 기본 시스템이다. 대행업체와 가맹업소, 그리고 기사가 배달대행을 구성하는 세 가지 구성요소라면, 그 중에서 한 축을 담당하는 업소에 대해서 이야기하고자 하는데, 미리 알아두면 반드시 도움이 될 것이라 생각한다.

　배달전문점이든 매장장사와 병행하여 배달을 하는 곳이든, 고용된 전속 배달직원이 있는 업소든, 혹은 전적으로 배달대행에 의존하는 업소든 어느 경우라 할지라도 한 가지 분명한 사실이 있다. 바로 업소는 저비용으로 배달을 해결할 수 있어 매출증대를 꾀하고, 꾸준히 콜을 띄워주는 업소 덕에 기사들은 안정된 소득을 올릴 수 있으므로 업소와 기사의 관계는 서로 상부상조하고 상생하는 관계라는 점이다. 절대로 상하관계가 아니며 마음대로 부려먹고 업소 말에 껌뻑 죽는 척까지 해야 하는, 갑질 아닌 갑질까지 감당해야 하는 관계는 아니다. 업주들 중에는 배달대행기사를 자기네 직원 부리듯 마음대로 부릴 수 있는 존재라고 여기는 사람들이 생각보다 제법 있다. 이래서 싫고 저래서 싫고, 이 기사는 이래서 마음에 안 들고 저 기사는 저래서 마음에 안 들고, 어떤 기사는 자기 업소에 못 오게 해 달라 요청하고, 배달을 의뢰하는 업주가 무슨 큰 벼슬이나 되는 것처럼 착각하고 있는 업주들도 꽤 있는 것 같다. 그렇게 유별스럽게 대하면 어느 기사가 그 업소에 기분 좋게 가려 하겠는가? 비가 오거나 콜이 밀리게 되면 그런 별난 업소의 콜은 먼저 안 찍고 뒤로 밀려나게 된다는 것을 업주들은 모른다. 까탈스럽게 굴면 굴수록 결국은 그 업소가 손해를 본다는 것을 별난 업주들은 모른다.

물론 모든 업주들이 그렇다는 얘기는 절대로 아니다. 덥거나 춥거나 비 오는 날이거나 돈을 받고 하는 일이지만 자신의 가게 음식을 배달해 주기 위해 애쓰는 기사들에게 고마워하고, 고생하는 모습에 안쓰러워하는 업주들도 많다. 뭐라도 하나 마시고 가라며 음료수를 챙겨주는 업주도 많고, 밥은 먹고 다니냐며 진심으로 염려해 주는 인간미 넘치는 업주들도 많이 있다. 이 글을 읽는 당신이라면 동시에 콜이 떴을 때 어느 쪽 업소의 콜을 먼저 잡고 싶겠는가? 기사들도 감정이 있는 사람인 탓에 일을 하다보면 마음이 가는 업소가 있는 반면, 가기 싫은 업소가 생기기 마련이다. 마음에 드는 업소든 그렇지 않은 업소든 당연히 구별해서도 안 되고 차별을 둬서도 안 되지만, 일을 하다보면 그게 또 말처럼 되지 않는 것도 사실이다. 팔이 안으로 굽듯, 갑질을 하려는 업소보다는 인간적으로 대해주는 업소를 선호하게 되는 게 인지상정 아니겠는가?

어느 업주든 간에 본인 가게의 음식이 식거나 굳기 전에 빨리 소비자에게 전달되길 바란다. 어느 기사든 간에 일부러 늦게 배달해서 소비자와 업소에게서 항의받기를 원치는 않는다. 대행업체의 규모에 따라 계약한 업소의 개수는 상이하겠지만, 기사 개개인이 특정 업소의 전속 배달직원이 아니듯이 한 업소의 음식만을 신속히 배달해 줄 수는 없다. 업주들이 원하는 가장 이상적인 방식은 어느 업소 음식이든 두 개 세 개 엮어가지 말고 한 음식만 픽업해서 배달완료하고 또 새로운 음식을 픽업하는 방식일지 모르겠다. 하지만 그럴 경우, 점심 때나 저녁 피크타임에 한꺼번에 몰리는 콜들을 제 시간에 소화해 낼 수가 없다. 업주와 기사들이 둘 다 한 걸음 물러나서 서로를 이해하려 하고 양보하면 된다. 업주들은 너무 늦지 않게 배달해주리라 기사들을 믿는 마음을 좀 더 가지면 되고 기사들은 조용한 시간까지 무리하게 콜을 잡아 배달이 늦게 하지 않으면 되는 것이다. 의외로 간단한 것을 업주나 기사들 양쪽 모두 조율을 잘 못하고 있는 것도 사실이다. 현장에서 일을 하다보면 필자가 얘기한 이런 부분들에서 분명 크고 작은 잡음이 발생하게 될 것이다. 개개인이 현명하게 대처를 하길 바라며 무엇보다도 누차 강조하고 당부하는 것은 너무 욕심을 부리지 말라는 것이다. 모든 말썽의 밑바닥에는 욕심이란 녀석이 자리하고 있다. 욕심내서 무리하게 콜을 잡거나 제 시간에 처리하기 힘든 코스를 무리하게 소화하려 하면 항상 말썽이 생길 뿐 더러 사고위험성이 커질 수밖에 없다.

　업소와의 관계는 항상 적당한 거리를 두는 게 좋다. 업소와 너무 친하게 지내려 애쓸 필요도 없고 너무 거리를 두고 지낼 필요도 없다. 적당한 거리를 두는 게 무난하고 별탈이 없다. 너무 친하게 지내면 자꾸 어려운 부탁을 하게 되고 부탁을 받는 입장에서는 거절하기 힘들어 일에 지장을 받게 되는 경우가 많다. 모든 업소와 너무 거리를 두고 일을 하게 되면 이 또한 너무 인간미가 없어 이 일이 갈수록 삭막해질 수밖에 없다. 그러니 좋은 업소든 싫은 업소든 적당한 거리를 항상 유지하는 것이 이 일을 오래 할 수 있는 비결이라면 비결 중 한 가지겠다.

이륜차 면허 취득방법

원동기 장치 자전거 면허

운전가능 배기량	125cc 이하의 기종
자격	만 16세 이상(17세 미만자는 학생증이나 등, 초본 지참
학과시험	총 50문제 중 60점 이상
시험장소	125cc 미만 모터사이클 이용. 굴절, 곡선, 좁은길, 장애물 코스 통과. 각 코스 너비는 1미터이며, 협로는 30cm입니다.

2종 소형 면허

운전가능 배기량	125cc 이하의 기종
자격	만 18세 이상
학과시험	총 50문제 중 60점 이상
시험장소	125cc 미만 모터사이클 이용. 굴절, 곡선, 좁은길, 연속진로 전환 코스 통과

업주의 성향까지 파악하라

처음으로 일을 시작하게 되면 가장 먼저 해야 될 일은 업소의 위치를 파악하고 기억하는 일이다. 만약 업소로 향하는 길이 하나 밖에 없는 업소라면 간단하지만, 여러 방향으로 길이 나 있는 곳에 위치한 업소라면 모든 방향을 다 파악하고 기억해야 한다. 현재 내가 있는 위치에서 어느 방향으로 가야 최대한 빨리 갈 수가 있고 시간단축을 할 수 있는지, 업소로 향하는 모든 방향을 파악하고 기억하면 두고두고 일하는 데 큰 도움이 된다. 그러므로 일을 시작하면 제일 먼저 해야 할 일은 업소의 위치를 파악하는 것이다. 구태여 일을 하지 말고 업소 위치부터 파악하라는 얘기는 아니고, 콜을 찍어 해당 업소에 가게 되면 업소의 위치와 함께 업소로 향하는 길이 몇 개나 있는지 유심히 보고 기억하면 된다. 처음부터 이런 방법으로 업소를 외운 후, 어느 정도 경력이 쌓인 다음 기억한 업소를 생각하면 머리 위에 그 업소로 향하는 지도가 자동으로 펼쳐지는 신기한 경험을 하게 될 것이다.

업소의 위치와 함께 또 파악하고 기억해야할 것은 그 업소가 취급하는 음식이 무엇이며 특성이 어떠한지 알아야 한다는 점이다. 배달시간이 조금만 지체되면 불거나 퍼져버리는 면요리 전문점인지, 탄산이나 에이드 같은 음료가 항상 함께 있는 패스트푸드나 디저트 전문점인지. 모든 업소의 취급하는 음식 특성을 정확히 기억하고 있어야 콜을 엮어 가는데 큰 도움이 되고 배달사고로 인한 클레임이나 배상해 줘야 하는 불상사를 최소화할 수 있는 것이다.

또 하나, 음식을 다 만들어 놓고 콜을 띄우는 업소인지, 음식완성 5분 전, 10분 전, 15분 전, 20분 전에 콜을 띄우는 업소인지, 예고한 시간을 잘 지키는 업소인지 아닌지 등등도 파악해야 한다. 대체로 배달장사 경력이 오래된 업소일수록 조리시간을 잘 지키고, 처음이거나 경력이 짧을수록 조리시간이 들쑥날쑥하기 마련이어서 기사들을 곤란하게 만드는 경우가 많다.

끝으로 업주의 성향까지 파악하고 숙지하라. 배달대행기사를 자신의 배달직원쯤으로 만만하게 여기는 사람인지, 성격이 급하고 덜렁거리는 성격이어서 잦은 실수를 하는 사람인지, 고객관리를 한답시고 배달시간을 일일이 체크하는 깐깐한 사람인지, 대체로 이해심이 넓고 인간미가 있는 사람인지 등등 업주의 성향까지 파악하고 숙지하고 있으면 일하는 데 큰 도움이 된다.

필자가 대행일을 시작하고 얼마 되지 않았을 때 한 번은 이런 일이 있었다. 도착지 코앞까지 거의 다 왔는데 업소에서 전화가 와서 콜라를 빼먹었으니 업소로 다시 와 줄 수 없냐는 것이다. 그 때는 초보시절이라 대처요령이 없어서 짜증이 났지만 다시 업소로 다시 돌아갔었다. 이건 뭐 땅콩회항도 아니고, 도착지에 다 왔는데 콜라 하나 빼먹었다고 다시 오라는 치킨가게 업주도 있었다. 소비자에게 전화해서 사실을 이야기하고 콜라값을 빼주거나 근처 마트에서 콜라 하나 사서 전해주라면 될 것을 다시 오라는 것이다. 픽업 후 업소에서 전화가 오면 십중팔구 뭔가를 빠트렸다고 다시 와달라는 전화이다. 업소를 출발한 지 얼마 안 된다면 얼마든지 되돌아갈 수 있고, 또 업주의 다급한 요구를 들어주는 게 인지상정이지만, 도착지에 다 왔는데 다시 오라는 건 좀 아니지 않는가? 서로 배려해주는 게 좋은데, 배달대행 기사의 사정 따위는 아랑곳없는 막무가내의 업주들도 생각보다 제법 있으니 참고하길 바란다.

이렇게 적고 보니 참 기억할 것도 많은 것 같다. 단순히 음식을 받아서 소비자에게 전달하면 끝나는 아주 단순한 일인 줄 알았는데 뭐가 이리 복잡하냐고 벌써부터 독자의 원성이 저 멀리서 들리는 것 같다. 하지만 너무 걱정마시라! 한꺼번에 모든 것을 다 알려고 하지 말고, 하다보면 다 파악이 되고 숙지가 되는 것이다. 몇 년에 걸쳐 이런 사실들을 파악하고 숙지하게 된 필자에 비해 조금이라도 빨리 조금이라도 수월하게 현장에서 일할 수 있기를 바라는 마음으로 말하는 것일 뿐, 처음부터 이 모든 것들을 한번에 알려고 할 필요는 없으니 걱정말라 말하고 싶다.

꿀도 빨고, 똥도 치우고

배달대행 현장에서 일하는 종사자라면 어렵지 않게 이 제목의 뜻을 눈치채리라 짐작한다. 필자가 무슨 말을 하려 하는지 쉽사리 알 것이다. 필자의 주변에도 그런 동료기사들이 있다. 내 오토바이에 기름 넣어가며, 대행업체에 수수료 바치면서 돈벌러 나왔는데, 내가 왜 돈 안 되는 똥콜을 빼야돼? 난 돈을 벌기 위해서 꿀콜만 골라서 찍고 누가 뭐라 하든 내 방식대로 일할거야! 나는 엄연히 개인사업자 신분이라고, 월급쟁이가 아니므로 이래라저래라 간섭도 하지 말고 일절 터치 받기도 싫어! 기사들이 기피하는 똥콜이야 지사장이나 관리자가 처리해야지, 왜 돈벌이가 목적인 일반 기사에게 강요하고 강제배차를 넣느냐고?

필자는 배달대행 일을 하면서 경력이 쌓일수록 느끼는 게 참 많음을 고백한다. 누구의 눈치도 안 보고 할 일만 그저 묵묵히 하면 되는 것인데, 주변 사람들의 행태나 소위 '유아독존' 격으로 일하는 이들을 보면 '저건 아닌데…' 라는 생각이 들곤 한다. 배달대행이 완벽하게 자유로운 일이라고만 오해를 하고 있는 이들이 의외로 많은 것 같아 초보 기사들을 위해 이 글을 적는다. 배달대행 기사라는 신분은 참 애매모호하다. 매월 급여를 받는 근로자가 아니라 각각 개인사업자 신분이면서도 대행업체의 지시와 관제, 근태를 비롯하여 각종 규칙에서 자유로울 수 없는 게 사실이다. 법적으로 저촉이 되고 안 되고를 떠나서 대부분의 대행업체들이 그러한 방식으로 운영되고 있으며, 기사에 대한 복지는 거의 전무하고, 사고가 발생하면 그 책임은 오롯이 본인의 몫으로 남는다. 최소한 도의적인 책임이라도 느낀다면 사고 발생 시 얼마의 치료비나 위로금이라도 주머니에서 꺼내야 하는 게 인지상정이 아닐까 여기지만, 안타깝게도 필자는 그런 사례를 들어본 적이 없다.

대행업체를 운영하는 사람들은 오로지 오더가 밀리는 것만 걱정을 한다. 가맹업체의 불만이 나오지 않도록 빠른 시간에 픽업과 완료가 이루어지는 것을 최상의 미덕으로 여기고 있는 것 같다. 그 중심에서 각종 사고위험과 예상하기 힘든 돌발상황들을 온몸으로 버티고 일하는 기사들에 대한 생각은 솔직히 눈곱만큼도 없는 듯하다. 그러면서 근태를 강조하고 강제배차를 넣고 성실성과 꾸준할 것을 요구한다. 모순도 이런 모순이 또 있을까 싶다. 배달대행 업체, 가맹업소, 그리고 기사는 서로 삐걱거리지 않고 잘 돌아가야 하는 톱니바퀴 같은 관계라고 생각한다. 이 셋 중에서 어느 한쪽이 갑일 수도 없고 을의 위치일 수도 없다. 우선순위를 매기는 게 의미 없을 만큼 셋 중 어느 한 부분만 없어도 우리는 제대로 일을 할 수가 없기 때문이다. 이렇게 평등하고 동일한 존재이면서 우리는 그에 합당한 대우를 받고 있는가? 조금이라도 실수하게 되면 고객에게 욕먹고 가맹업소에서 욕먹고 또 대행업체에서 따따따블로 욕을 먹고 있지는 않는가 말이다. 대행업체의 역사가 십 년이 넘었음에도 불구하고 아직까지 이런 작태로 운영이 되다 보니 몇 년 정도 한 기사들의 안하무인 식의 근무형태도 어쩌면 이해 못할 바 아니긴 하다.

물론, 대행업체를 운영하는 대표나 기사를 관리하는 관리자의 얘기를 들어보면 그들도 할 말은 있다. 항상 잡음 없이 오더수행이 이루어져야 하는데, 근태가 엉망인 사람들이 너무 많아 애를 먹고, 성실하고 꾸준한 사람 보기기 힘들다 한다. 식사를 제공하고 각종 비품을 제공하고 할 수 있는 차원에서 여러 면으로 지원을 해봐도 너무 많은 사람들이 제멋대로 결근하고 말 한마디 없이 대책 없이 며칠씩 잠수를 했다가 돈이 궁하면 슬금슬금 기어 나오는 경우가 많아 인해 정상적인 운영이 이만저만 힘든 게 아니라고 한다. 한 마디로 이 바닥에 종사하는 사람들의 의식수준이 그것밖에 안 된다고 한탄을 한다. 그런 이들을 많이 봐왔고, 수도 없이 겪었기에 이제 기사들에 대한 기대치도 없을 뿐더러 지원책도 생각을 안 하는 게 아닐까 하는 게 필자의 생각이다.

대기업 거대자본이 투입되고 있고, 앞으로 어떻게 배달 생태계가 바뀔지 전망할 수는 없지만, 최소한 지금까지 유지되어 온 방식은 크게 변화하지 않을 것으로 짐작한다. 덩치 큰 거대공룡들이 진출해서 배달료를 엿가락처럼 주무르며 우리들을 농락하겠지만, 처우나 배달 환경은 크게 달라지지 않을 것으로 필자는 전망한다. 하루아침에 대행업체 대표들의 인식이 달라져서 소속 기사들을 극진히 대접할 리도 만무하고, 그 안에서 일하는 종사자들이 모두 모범생이 되어 출퇴근을 칼같이 준수하며 열심히 일만 하는 개미가 되지도 않을 것이다.

기대치를 줄이면 실망도 줄어드는 법. 그저 내 할 일만 묵묵히 하자. 아무리 비합리적이고 모순덩어리인 이 체계 속에 놓여있지만, 내가 나서서 그것들을 송두리째 뜯어 고칠 수 없다면 잡음을 내지 말고 할 일만 묵묵히 하는 게 상책이다. 몇 천 원, 몇 만 원 더 벌겠다고 뻔히 속 보이게 얌체짓만 일삼지 말고, 남들 뭐라 하든 말든 주변 시선을 완벽히 차단한 채 '독고다이'로 일하지 말고, 보상이 있든 없든 최소한 손가락질을 받지는 않을 만큼 눈치껏, 양심껏 하면 그게 가장 좋은 방법이다.

마지막으로 필자는 이 일을 하면서 가장 중요하게 여기는 덕목이 '마음 편하게 일하는 것'이다. 열심히 하면 그에 따른 소득은 자연스레 따라오는 것이고, 소득 이전에 내 마음이 편한 것을 가장 우선가치로 여기며 지금까지 일해왔으며, 앞으로도 그렇게 일하길 원한다. 내 능력치를 넘어서 무리하게 한 콜이라도 더 잡는 순간부터 내 마음은 불편해지기 시작한다. 저긴 진짜 가기 싫은 곳인데 저걸 찍을까 말까 망설이고 눈치보고 있는 순간에는 불편하지만, '내가 가고 말지'하며 그 콜을 찍는 순간부터 내 마음은 편해진다. 이 글을 보는 초보 기사나 입문하고자 하는 분들에게 일러주고 싶다. 각자 처한 환경에서 추구하는 것과 목표로 하는 것이 모두 같지는 않겠지만, 배달대행 현장 또한 사람 사는 작은 세상의 한 부분이다. 온전히 혼자 하는 일인 것처럼 보이지만 혼자만이 하는 일이 아니라는 것을 생각하면, 최소한 손가락질을 받지 않도록 주변도 좀 둘러보며 일을 했으면 좋겠다. 한 콜이라도 더 찍어보겠다고 눈에 핏대를 세우지 말고, 아무리 여유가 없더라도 주변을 좀 둘러보며 일했으면 하는 바람이다. 주변의 신호체계만 볼 게 아니라, 차가 오는지 안 오는지, 횡단하는 보행자가 있는지 없는지만 볼게 아니라, 나를 둘러싼 내 주변을 둘러보며 일을 하도록 하자. 그게 이 바닥에서 가장 잘하는 처세가 아닐까 필자는 생각한다.

꿀도 빨고,
똥도 치워가면서…

차계부를 적자

배달대행을 하는데 있어 가장 중요한 두 가지 도구는 스마트폰과 오 토바이이다. 오더 프로그램을 통해 콜을 수행하는 플랫폼 노동자인 우리들은 스마트폰이 없이는 배달대행 일을 할 수가 없다. 또한 중요한 이동수 단인 오토바이가 없이도 배달대행을 할 수가 없다. 물론 요즘은 배달의 민족 에서 자전거나 퀵보드, 혹은 도보배달원으로 일을 할 수도 있으나, 상식적으 로 효율성은 오토바이와 비교할 수가 없다. 남들보다 더 편하게 일하려고, 혹 은 더 빨리 더 많이 일하고자 고배기량의 오토바이를 구입하는 분들도 어렵지 않게 볼 수 있는데, 그만큼 오토바이는 우리의 수입과 직결되는 중요한 생계 수단이며 평소에 잘 관리할수록 불필요한 지출을 막을 수가 있다.

한참 콜이 밀려드는 피크타임에 예상치 못한 고장으로 장시간 일을 할 수 없 다면 그 날은 공치는 날이라고 봐도 무방하다. 스페어 오토바이를 몇 대 구비 하고 있어 즉각적으로 대체가 가능한 사무실이라면 위기를 모면할 수 있지만, 그렇지 않은 경우라면 대개의 경우는 닭 쫓던 개 지붕 쳐다보는 심정으로 내 콜이 되지 못하는 숱한 콜들을 하염없이 쳐다보며 쓰린 속을 부여잡고 오토바 이 수리를 지켜봐야 한다. 그것도 평일 낮 시간대라면 그나마 덜하지만 오토 바이 센터가 문 닫았을 야간이나 영업을 하지 않는 주말, 공휴일에 고장이 난 다면 하루 이상 공치는 경우도 생긴다. 정기적으로 오일교환이나 소모품을 교 체하고 점검을 하는 것은 기본이거니와 이 글을 보는 오늘부터라도 당장 차계 부를 작성할 것을 필자는 권유한다.

주행습관이나 평균적인 주행거리는 개개인에 따라 모두 다르고, 그에 따라 소모품의 교체 주기도 일괄적이지 않겠지만, 차계부를 적게 되면 여러 가지로 불필요한 지출을 막을 수 있고 보다 효율적으로 관리할 수 있다는 장점과 예 상치 못한 고장을 사전에 방지할 수 있는 효과가 있다. 소모품 교환 시기를 파 악할 수가 있고, 이중 정비를 방지할 수 있으며, 예상치 못한 고장으로 인한 과잉정비를 예방할 수 있다. 간단한 경정비 정도는 직접 할 수 있는 정비상식이 어느 정도 있다면 다행이겠지만, 그렇지 않을 경우 가벼운 마음으로 방문한 오토바이 센터에서 예상치 못한 바가지를 쓰는 경우도 왕왕 있다. 합당한 공임을 청구하지 않고 수명이 남아있는 부품을 교체하거나, 하지도 않은 수리를 한 걸로 속여대고 사제품을 정품값으로 받는 등 아직도 우리 주위엔 비양심적이고 못된 오토바이센터가 많아서 필자도 여러 차례 덤터기를 썼던 경험이 있다.

필자가 평소 좋아하는 시인 중 한 명인 류시화 시인의 "지금 알고 있는 걸 그때도 알았더라면" 이라는 시처럼 그때도 알았더라면 진작 처음부터 차계부를 적기 시작해서 바가지를 쓰지는 않았을 것이다.

깨알상식

엔진오일 교환 주기

자신의 바이크 사용설명서를 살펴보면 엔진오일 교환주기가 나와 있고, 오일회사에서도 권장하는 교환주기가 있다. 하지만 그 주기가 꼭 일정한 것은 아니다. 사용하는 오일과 바이크의 종류에 따라, 또 사용환경에 따라 이상적인 교환주기는 제각각 다를 수밖에 없기 때문이다. 바이크 장르와 상관없이 엔진오일을 가장 오래 사용할 수 있는 환경은 정차 횟수가 적은 장거리 주행이 빈번하고 자주 운행하는 경우이다. 반대로 한참 방치했다가 가끔 운행하거나 정차 횟수가 많은 근거리 주행을 주로 한다면 엔진오일의 교환시기를 짧게 가져가야 한다.

엔진오일을 자주 교환해서 나쁠 건 없지만 현실적으로 비용문제도 있고, 기능상 전혀 문제없는 오일을 빼버리는 것은 낭비이니 라이더가 적절한 시점을 판단하여 교환하는 것이 좋다. 보통 바이크 제조사에서 권장하는 엔진오일의 교환주기는 무척 짧게 잡혀 있는데, 이는 평균 이상의 열악한 환경에서 주행한 바이크라도 문제가 생기지 않도록 가혹한 환경을 기준으로 교환주기를 앞당겨 놓았기 때문이다.

-자료출처 : 이완수, "달려라 오토바이", 연두m&b, 2014.

매일 기록을 하자

2020-01-01 ~ 2020-01-31	
총 완료 건수	1240건
총 배송수수료	3,833,050원

필자는 매일 매일 노트에 일한 기록과 수입 내역 및 지출 내역을 꼭 기록한다. 이번 달 같은 경우 필자는 휴일을 제외하고 26일을 근무했다. 일 평균 47개 정도의 콜을 수행했으며, 15만 원 가까운 수입을 얻었다. 100% 합성유 오일을 세 번 교체했으며, 뒷패드 교체 비용, 에어필터 교체, 뒷타이어 교체 비용 포함해서 오토바이 정비 비용으로 15만 원을 썼다. 한 달 유류비로 23만 원을 지출했으니 이번달 필자의 순수입은 340만 원 정도가 될 것 같다. 복잡하게 보험료나 오토바이 감가삼각은 빼고 단순하게 이 정도 수입이라고 볼 수 있다.

매일 매일 그날 수행한 콜의 개수와 수입·지출내역, 정비내역 등을 꼼꼼히 5년 동안 기록해 오다 보니 차계부를 따로 적지 않아도 필자의 주행습관에 따라서 소모성 부품들의 교체주기를 알 수 있고, 정비내역을 기록해 놓으니 정비금액을 알 수 있어 급작스럽게 단골센터가 아닌 처음 가는 센터를 가더라도 바가지요금을 피할 수 있는 장점이 있다. 그리고 무엇보다 좋은 점은 지난 기록들을 들추어보면 매월 오더의 변화를 통계적으로 알 수가 있고 예측을 할 수 있다는 점이다. 또한, 내가 얼마나 성실하게, 꾸준하게 해왔는지 일기장을 보는 듯 해서 나름대로는 뿌듯하고 대견하다는 생각도 든다.

어떤 이는 이렇게 말하기도 한다. 고작 그 정도 돈 벌려고 한여름 땡볕과 한겨울 칼바람을 견뎌가며 위험한 일을 하느냐고, 모든 위험요소들을 감수하고 하루에 열 시간 이상 오토바이를 타는 일이라면 최소한 이보다는 더 벌어야 하지 않느냐고 말하는 이들도 있다.

하지만 필자의 생각은 다르다. 그건 그네들의 기준이고, 적어도 필자의 기준에서는 이 정도면 충분히 만족한다. 내가 불행하다고 느끼는 가장 큰 이유는 누군가와 비교에서 비롯된다고 생각한다. 적어도 하루에도 몇 차례나 아찔한 순간을 경험하고 언제라도 응급차에 실려갈 수 있는 가능성이 일반인에 비해 몇 배나 많은 일이라고 볼 때, 지금까지 무사고 운전을 꾸준히 할 수 있었던 데에는 무리하지 않는 업무 태도가 크게 작용했다고 생각한다. 무리하게 콜을 잡거나 코스를 짜거나 주행하지 않았기 때문이다. 필자가 하루에 십 만 원을 벌었을 때 필자의 수입보다 1.5배, 혹은 2배, 그 이상을 벌어가는 동료기사들이 많다. 하지만 필자는 마냥 부러워하지는 않는다. 필자보다 더 높은 수입을 올리는 이들은 필자보다 더 쉬지 않고 일을 했으며, 더 긴 시간을 일하고, 더 뛰어다니며, 더 속도를 내고, 한 번이라도 신호위반을 더 한 덕이다. 한 콜이라도 더 찍어보겠다고 주행 중에도 휴대폰에 시선을 고정시키고 다니거나 한 손에 휴대폰을 쥐고 한 손으로 주행하는 동료기사들도 있으며, 그들은 그것도 기술이고 숙련되어서 자신만만해하지만, 필자는 그들을 부러워하지 않는다. 죽기살기로 미친 듯이 오토바이 타서 하루에 2~3십만 원 벌어서 노름방을 전전하거나 과음하고 다음날 일을 못하면 필자보다 나을 게 없다.

필자보다 몇 배의 수입을 올리고도 계획적인 지출을 하지 못하고 고정적으로 저축을 하지 못하면 필자보다 나을 게 없다. 배달대행이란 일은 변수가 참 많다. 똑같은 시간을 일해도 지역에 따라서, 대행업체에 따라서, 개개인의 숙련도에 따라서 그 외의 여러 변수에 의해서 결과치는 천차만별일 수밖에 없다. 그런 속성들을 알고 나면 본인이 소화가능한 노동강도와 스스로 만족스러운 수입을 설정할 수가 있다. 자신의 만족지수와 행복지수를 일치시킬 수 있도록 하는 게 중요하지 않을까? 그러려면 필자처럼 매일 기록하고 매월 정산하는 습관을 들이기를 추천한다. 이렇게 기록하는 습관을 들이다보면 당장 콜이 적거나 없다고 일희일비 하기보다 사소한 것 앞에서 담담하게 대처할 수 있는 여유도 생긴다. 누구나 초행길은 낯설고 두렵기 마련이다. 하지만 내가 걸어온 그

길들을 일일이 기록해놓는다면, 그 길은 더 이상 낯선 초행길이 아니다. 기록들을 들추어 보면 앞으로 가야할 길의 친절한 이정표가 되고 어떻게 해야 하는지를 알려주는 좋은 지침서가 될 수 있다. 타인은 얼마든지 속일 수가 있지만 자신은 속일 수가 없다. 타인에게서 받는 칭찬보다 내가 나를 인정하고 믿을 수 있을 때 더 큰 힘이 생긴다. 얼마 벌었다고 남들앞에 자랑하기보다 이만큼 벌기 위해 꾸준히 노력한 자신에게 진심으로 칭찬해줄 수 있기 위해서 꾸준히 모든 것을 기록하는 습관을 들이도록 하자.

　필자의 동료 기사분 중에 매월 이 정도 수입을 올리는 분이 있는데, 그분의 숙련도가 필자보다 뛰어난 것도 있겠지만, 지역이 다르고, 대행업체가 다르고, 놓여진 배달환경이 다른 등의 여러 가지 변수가 있기에 막연히 그분의 소득만을 보고 부러워하거나 무턱대고 따라하려 하지는 않는다. 내가 할 수 있는 정도의 수준에서 몸에 크게 무리가 가지 않으면서 안전하게 일할 수 있는 수준이 이 정도인 것을 필자는 잘 알기 때문이다.

건강하게 여름나기

필자 역시 누군가의 눈에는 안쓰럽게 보일지 모르지만 정말이지 한여름 뙤약볕 아래 이글거리는 아스팔트 열기를 온몸으로 받으며 신호대기 중인 배달직 종사자들을 보면 여간 마음 아픈 게 아니다. 가로수 밑 혹은 골목 모퉁이 조그만 그늘 아래 오토바이를 세워놓고 한 콜이라도 더 찍어보겠다고 손가락을 올려놓고 뚫어져라 휴대폰을 응시하는 모습이라도 보면 마음 아프다 못해 우리는 왜 이렇게 힘들게 살아야 하나 싶은 마음마저 들기도 한다. 이렇듯 팍팍한 삶이지만 다들 누군가의 사랑스런 아들이고, 듬직한 가장이고 의지하는 남편의 위치에 있는 우리들이 고작 폭염 따위에 쓰러질 수는 없지 않은가?

건강하게 여름을 나기 위한 방법을 얘기해 보자. 체질에 따라 더위에 잘 견디는 사람이라고 해도 한 여름에는 체력소모가 크다. 조금만 무리해도 진이 빠지고 쉽게 지치기 쉬운데, 분초를 다투며 서둘러야 하고 수없이 많은 계단을 오르락내리락 하다 보면 입에서 단내가 나고 눈앞이 핑 도는 어지러움까지 경험할 수 있으니 건강한 여름을 나기 위해선 각별한 주의가 필요하다.

게다가 설상가상으로 폭염이 기승을 부리는 한여름에는 초·중·고의 방학과 맞물려 배달주문까지 더 많아지니 스스로 체력 안배를 하고 건강관리를 하지 않으면 큰 낭패를 볼 수도 있다. 모쪼록 이 글을 보는 신입이나 초보 기사 분들은 주의를 하시길 바란다.

첫째, 무조건 물을 많이 마셔라!

덥다고 찬물만 마실 게 아니라 가능하다면 미온수를 많이 마셔주는 게 더 좋다. 찬물과 차가운 탄산음료, 빙과류를 많이 먹다보면 장염이나 설사로 고생하기 쉬우니 가급적 미온수를 많이 섭취할 것을 권장한다. 항상 가지고 다니기 불편하다면 수도 없이 드나드는 업소나 고객들에게 요구하라! 더워서 그러는데 물 한 잔만 달라 당당히 요구해도 된다. 구슬땀을 흘리면서 물 한 잔

달라 그랬다고 배달어플 리뷰에 쓰잘데기 없는 악플을 다는 사람을 필자는 한 번도 본 적이 없으니 당당하게 요구해도 된다.

둘째, 충분한 휴식을 취하라!

1차적으로 콜이 폭주하는 점심시간을 넘기면 아무래도 조금 쉴 수 있는 시간이 주어진다. 몇 콜 덜 한다고 생각하고 잠깐이라도 꿀같은 낮잠에 잠시 빠져보는 것도 좋다. 이렇게 말하면 어떤 이는 남들 쉴 때 같이 쉬고 남들 먹을 때 같이 먹고 그래서 남들보다 어떻게 더 벌 수 있냐고 반박하는 이도 있을 것 같은데 그런 분들은 쉬지 말고 계속해도 된다. 자신의 건강보다 돈이 더 중요하다면 그렇게 해도 상관없다. 특별한 일이 없으면 점심식사 후 필자는 한 시간 정도 낮잠을 청하는데, 그렇게 개운할 수가 없다. 아침에 출근할 때의 몸상태로 리셋되는 것 같아 저녁시간에 일하기가 한결 수월하다.

셋째, 개인위생에 더 신경 써라!

식중독의 원인균인 살모넬라균이나 포도상구균이나 굳이 발음도 잘 안 되는 어려운 균이름들을 거론하지 않더라도 땀을 많이 흘리는 여름철에는 특히 자주 씻고 위생관리에 신경써야 함은 초등학생도 다 아는 상식이다. 아무리 피곤해도 깨끗이 씻고 잠자리에 들어야 잡다한 탈이 나지 않는다. 하루 종일 오토바이 헬멧을 착용한 채로 땀을 흘리는 일이라 안 씻고 자고 일어나면 아침부터 머리에서 발 냄새가 나는 신묘한 현상을 경험할 수도 있으니 반드시 씻고 자자.

넷째, 식사를 거르지 말자!

날씨가 더워질수록 입맛이 없다고 대충 먹거나 식사를 건너뛰지 말자. 입맛이 없더라도 든든하게 식사를 해야 움직일 수가 있지 않겠는가? 한국 사람은 밥심이라던데 당신도 한국 사람이 맞다면 빵 쪼가리 따위로 한 끼 때우지 말고 든든하게 밥으로 배를 채우고 일해야 무더위를 이길 수 있을 것이다. 자기 몸을 위해 쓰는 돈은 아끼지 말자.

적다 보니 굳이 배달대행 종사자가 아니더라도 적용되는 일반적인 건강수칙인 것 같아 조금 머쓱해지기도 하는데, 사실 위에 열거한 것 외에 특별한 것은 없는 것 같다. 아참, 한 가지 비결이 더 있다면, 개인의 건강상태나 체력 등여러 가지 조건에 따라 다르겠지만, 필자는 일 년에 한 번씩은 녹용을 복용하는데, 플라세보 효과(위약 효과)인 줄은 모르겠지만 덕분에 여름, 겨울도 큰탈 없이 넘기는 것 같으니 건강보조식품 하나쯤 복용하는 것도 나쁘지 않겠다. 배달대행업의 극성수기가 연말이라면, 그 다음 성수기는 한 여름이다. 아무런 준비도 대책도 없이 미련하게 맞이해서 시행착오를 겪기 보다는 위에 열거한 것들부터 실천해서 생활화한다면, 아무 것도 하지 않는 것보다는 조금이라도 낫지 않을까 싶다. 사계절을 몇 번 겪다보면 나름대로의 요령과 터득하는것들이 있겠지만, 이번 여름이 오토바이 위에서 보내는 첫 여름이라면 선배의말을 한 번 쯤 귀담아 들어도 나쁘지 않을 것이다.

> 저게 저절로 붉어질 리는 없다
> 저 안에 태풍 몇 개
> 저 안에 천둥 몇 개
> 저 안에 벼락 몇 개
>
> 저게 혼자서 둥그러질 리는 없다
> 저 안에 무서리 내리는 몇 밤
> 저 안에 땡볕 두어 달
> 저 안에 초승달 몇 날

필자가 평소에 좋아하는 시인인 장석주님의 "대추 한 알" 이라는 시다. 대추 한 알이 영글기까지도 저만큼의 감내해야 하는 것들이 있는데, 하물며 사람인 우리는 더 말해서 뭐 하겠는가?
에어컨 바람 아래서 볼펜 굴리는 사람들에 비하면 육체적으로 힘든 것은 맞지만, 그래도 우리는 상사 눈치 보며 동공 굴리는 일은 없지 않은가? 누구보다도 치열한 삶의 현장에서 정직한 땀을 흘리고 있는 그대들을 위해 진심어린 격려와 응원의 박수를 보낸다.

갑작스런 생리현상에 대처하기 위해서

1. 항상 여행용 티슈를 소지할 것
2. 친분 있는 가맹업소를 확보할 것
3. 평소 개방되어 있는 공용 화장실을 몇 군데는 알고 있을 것
4. 비밀번호가 있는 화장실의 비밀번호 몇 개는 파악할 것

출근 전에 체크해야 할 것들

1. 오토바이열쇠, 지갑, 시제, 카드리더기, 휴대폰, 각종 필요용품 및 보호장구
2. 날씨 확인
3. 면도, 두발, 손톱 등 위생상태
4. 감기, 몸살, 소화불량 등 건강상태
5. 즐겁게 일할 준비가 됐는지 마음상태

비 오는 날 안전하게 배달하는 요령

본격적인 장마철에 접어들지 않더라도 보통 한 달에 몇 번씩은 비 오는 날을 맞이하게 된다. 좋거나 싫거나 피할 수 없는 것이 우천 시 배달이다. 공교롭게도 비 오는 날은 맑은 날보다 배달이 많으며, 어느 지역 없이 오더창에 콜이 밀리는 것을 어렵지 않게 경험하게 된다. 아무리 경력이 쌓여도 도무지 이 놈의 비라는 녀석은 적응이 되질 않고, 맑은 날과 같은 기분으로 일을 할 수가 없다. 달라진 것이 있다면 초보시절의 두렵고 무서웠던 마음이 줄어든 반면, 눅눅하고 축축한 몸과 확보되지 않는 시야 때문에 짜증이 증가한 점이다. 안경에 습기가 차고, 헬멧쉴드에 습기가 차고, 길은 미끄럽고 앞은 안 보이고…, 이만저만 불편한 게 아니다. 게다가 야간 운전에는 맞은편 차량의 불빛으로 인해 보행자가 사라졌다가 나타나는 현상도 어렵지 않게 겪게 되니, 그럴 때는 머리가 쭈뼛쭈뼛 서는 것을 경험하고 순간적으로 간담이 서늘해진다. 여러모로 비 오는 날은 우리들의 안전을 위협하는 요소들이 많으니 각별한 주의와 준비를 해야 함은 두 말할 나위가 없다.

우선 비 오는 날을 대비한 준비물들을 알아보자. 상식적인 선에서 누구나 알 만한 비옷, 장화, 방수 케이스, 지퍼락 정도가 필수품이라 할 수 있다.

첫 번째, 비옷을 구매시 유의할 점은 야간에도 식별이 가능한 형광색 계통의 밝은 색상을 구매해야 하고, 꼭 맞는 옷보다는 자신의 사이즈보다 조금 헐렁한 사이즈를 구매하는 것이 좋다. 여름용과 겨울용 두 벌 정도는 소유하고 있어야 일년 내내 일하는 데 불편함이 없다. 발수 능력은 뛰어나지만 너무 두꺼운 비옷으로 여름에 일을 하다보면 사고로 다치기보다 쪄죽을 수도 있으니 가급적 여름용 비옷은 가볍고 얇은 원단을 사용한 것으로 구매하길 바라고, 반대로 겨울철 비옷은 비로 인한 체온 저하를 막아줄 수 있는, 조금 더 두꺼운 비옷을 사용하는 것이 좋다.

비옷은 평소에 항상 소지하고 다니는 곳이 좋으며 국산 제품 중에서는 제비표 비옷이 품질이 우수하다. 참고로 필자는 상하의가 구별되는 투피스 형태의 비옷 두벌과 판초우의 형식의 사계절용 비옷을 소유하고 있으며 강수량에 따라 적절하게 사용하고 있다.

두 번째, 장화를 구매할 때는 가장 중요한 점이 바닥면이다. 비 오는 날 미끄러운 것은 도로만 있는 것이 아니다. 빌라나 원룸 등 다세대주택의 계단도 물기가 묻으면 미끄러운 곳이 많고, 코팅된 아파트 지하주차장은 두 말 하면 잔소리이다. 게다가 신발 밑창까지 미끄러운 장화를 신고 있다면 작정하고 몸개그를 선보이겠다는 것과 다를 바가 없으니 바닥면이 투박스러울만큼 홈이 파여진 장화를 선택하길 추천한다.

세 번째, 방수 케이스는 본인이 사용하는 휴대폰 기종에 맞는 방수 케이스를 사용하면 되는 것이기에 별다른 요령 같은 것은 있을 수가 없지만 깨알같은 팁을 하나 알려드리자면, 적은 양의 비에는 상관이 없지만 하루종일 내리는 장대비나 장맛비에는 사실 방수 케이스도 백퍼센트 제 기능을 장담하기가 어렵다. 어느 틈으로 빗물이 들어가는 지 신기할만큼 빗물이 스며들어간다. 빗물이 들어가서 터치가 되지 않는가 하면 빗물이 원치 않는 콜을 찍어주기도 한다. 요즘 비에는 AI 기능이 첨가되어 있는가 보다. 잠깐 우스개 소리했고, 이런 부작용을 조금이라도 막아주는 작은 팁이 있다면 검정색 전기테이프로 휴대폰 모서리를 돌아가며 테이핑을 해주는 것이다. 이 또한 백퍼센트 완벽 차단은 아니지만, 안 하는 것보다는 효과적이니 작은 비용으로 하기엔 좋다.

네 번째, 마트에서 판매하는 작은 지퍼락을 하나 구비해 놓으면 여러 가지로 요긴하게 사용이 된다. 갖고 다니는 시재를 젖지 않게 할 수 있고, 카드리더기를 비로부터 보호할 수가 있다. 예전에 초창기때 카드리더기는 지금의 블루투스 형식이 아닌 휴대폰에 장착해서 사용하는 제품이다 보니 비 오는 날에는 카드결제가 이만저만 불편한 게 아니었다. 방수 케이스도 없던 시절, 랩으로 휴대폰을 둘둘 말거나 비닐에 넣어서 갖고 다니다가 랩이나 비닐을 벗겨내고 카드리더기를 장착해 결제완료하고 다시 랩이나 비닐을 씌우고…. 그런 시절에 비하면 지금은 정말 많이 편해졌다. 물론 지금 시작하는 초보 기사분들은 모르시겠지만….

이상은 비 오는 날 필수용품에 대해 필자가 아는 범위 내에서 비교적 상세히 서술을 한 것이고, 지금부터는 운행하면서 주의할 것들에 대해 이야기할까 한다. 서두에서 말했듯이 비 오는 날에는 우리의 시야를 방해하는 것들이 아주 많다. 쉴드 안쪽면에 김서림방지제를 바르고, 바깥면에 발수코팅제를 바르고 온갖 짓을 해봐도 맑은 날과 비교할 수는 없다. 임시방편이고 잠깐 덜할 수는 있으나 결과적으로 맑은 날과 같은 시야 확보는 되지 않는다. 어떤 선배가 좋다 해서 가정용 세제도 발라보고, 샴푸도 발라보고 별의별 짓을 다 해봤지만 사실상 획기적인 방법은 아직까지는 없다는 결과에 이르렀다. 차라리 평소 대비 속도를 줄이는 것이 더 실질적인 방법이라는 생각이 들고, 필자는 그렇게 하고 있다.

차량도 그렇지만 비 오는 날은 맑은 날 대비 감속이 필수이다. 바퀴 네 개짜리 차량도 감속이 필수인데, 바퀴 두 개짜리 오토바이는 더 말할 필요가 없지 않겠는가? 그럼에도 불구하고 무슨 배짱인지 목숨이 몇 개씩 되는 지는 몰라도 간혹 감속없이 무서운 속도로 빗길을 누비는 종사자들도 종종 보게 되는데 절대 따라하지 않기를 바란다. 그냥 스스로에게 세뇌를 하라. 비 오는 날은 무조건 감속이다.

서행으로 다니더라도 미끄럽고 넘어지기 쉬운 것들이 또 있다. 도로 곳곳에 설치되어 있는 맨홀 뚜껑이나 배수시설 덮개, 공사현장에 설치되어 있는 복공판과 같은 철제 시설물들과 과속방지턱이나 방향지시표시등의 도료가 칠해진 바닥과 가을철 낙엽 쌓인 도로도 주의해야 할 대상들이다. 이런 곳을 지날 때는 서행으로 통과하되 절대로 브레이크를 사용해서는 안된다. 많은 위험요소들이 있지만 단언컨대 최고는 아파트 지하주차장이다. 아무리 서행을 하고 브레이크를 사용하지 않아도 물기가 있는 아파트 지하주차장은 빙판과 다름없으니 한 번이라도 넘어져 본 적이 있는 사람은 그 위력 앞에 혀를 내두르게 된다. 아파트에 따라서 지상출입이 안 되고 지하주차장을 통해서만 통행이 허용되는 곳이 많은데, 비 오는 날에는 무조건 지상으로 진입하라. 제지하는 경비아저씨가 따라오거나 진입을 방해하는 안내판이 있더라도 비 오는 날만큼은 지상으로 다니는 수밖에 없다. 그도저도 안 된다면 경비실에서 고객에게 전화를 하는 게 현명한 방법이다. 아무리 서비스 정신이 투철해야 하고 중요함이 강조

되지만 종사자의 생명과 안전보다 더 우선순위에 둘 수는 없다.

지금까지 수도 없이 많은 비 오는 날을 겪었다. 심지어 장맛비와 태풍 속에서도 일을 했던 적이 여러 번 있었다. 초보 시절이나 경험이 많은 지금이나 비 오는 날 힘든 것은 매한가지이다. 경력이 많다고 해서 초보 기사들보다 시야가 더 확보되는 것도 아니고, 빗길을 요리조리 잘 헤치고 다니는 능력 따위는 없다. 그러나 초보 기사들에 비해 몸으로 체득한 많은 경험이 있기에 준비해야 할 것과 주의해야 할 것들을 알고 있으며, 수입보다 크든 작든 사고없이 하루를 보내는 것의 중요성을 절실히 알고 있다. 계절과 상관없이, 지역과 상관없이, 비 오는 날은 콜이 쌓인다. 크게 욕심내고 서두르지 않아도 대기시간이 없거나 적어서 2배차, 3배차만 꾸준히 해도 안전하게 다닐 수 있고, 맑은 날 대비 수입이 자연스럽게 많아진다. 그러니 비 오는 날은 더더욱 욕심을 부려 무리하게 배차하지 말기를 바라며, 급하게 다니지 않는 것이 가장 안전하게 일하는 가장 큰 요령이다. 단순하지만 가장 좋은 방법이며 욕심 내지 않아도 비 오는 날은 수입이 늘어난다.

설령, 수입이 늘지 않더라도 한 번도 넘어지지 않고 퇴근한다면 그게 가장 큰 수입이다. 한 번이라도 넘어져서 음식값 물어주고, 오토바이 수리하고, 다치기라도 한다면 그 비용이 얼마나 되겠는가? 아무리 못해도 하루 일당 이상은 될 것이다. 그러니 사고 없이 하루를 보내는 것이 가장 돈 버는 것이다. 그런 마음가짐으로 일하는 것이 비 오는 날 안전하게 배달하는 가장 큰 요령이다.

뾰족한 요령이나 특별한 비책이라도 있는 줄 알고 읽었다가 실망하는 독자는 한 명도 없었으면 좋겠다. 6년차에 접어드는 필자도 이것보다 더 좋고 확실한 노하우는 알지 못한다. 10년 경력을 넘어서고 있는 아는 지사장분도 비 오는 날을 두려워하는 것을 보면, 어쩌면 영원히 특별한 비책 따위는 없는 지도 모르겠다. 필자가 알려준 대로 조심하고 또 조심하는 것 외에는….

비수기와 성수기

일년 중 장마철에 접어드는 6월부터 여름방학이 있는 7~8월까지, 그리고 연말인 12월, 새해 1~2월 정도까지가 배달의 성수기이다. 한마디로 덥고, 춥고, 방학으로 야외활동보다 집(직장)에 머무르는 시간이 많은 시기가 배달성수기인 것이다. 그렇다면, 비수기는 언제인가? 앞에 말한 성수기를 제외한 기간은 모두 비수기이며, 3~4월부터 9~11월 정도로 날씨가 좋아 야외활동하기가 용이하고, 졸업이나 입학, 명절로 인해 가계지출이 많으며 사람들이 지출을 줄이는 시기가 배달을 덜 시키는 일반적인 비수기인 것이다. 일년의 절반은 성수기이고 나머지 절반은 비수기라고 볼 수 있다.

각 도시마다, 각 배달대행 업체 지역마다 근소한 차이는 있을지 모르겠으나 대체적으로 대동소이한 게 비수기와 성수기의 시점이다. 이 일을 업으로 삼고 살아가고자 한다면 비수기와 성수기의 시점을 정확히 알 필요가 있고, 현명하게 대처해 나가는 방법 또한 알아두는 것이 필요하기에 말을 꺼낸다.

보통, 비수기일 때는 성수기 대비 오더수가 적게는 2~30% 이상 감소하며, 심하게는 절반 이상으로 배달 주문이 뚝 떨어지기도 한다. 오더수 감소는 이 일에 종사하는 우리들의 수입 급감을 의미 한다. 현업에 종사하는 동료기사들의 말을 빌리자면 비수기일 때는 "마음 비우고 일한다." 라는 표현을 많이 쓰는데, 그도 그럴 수밖에 없는 것이 인원 변동은 없는데 오더수가 줄게 되면 그만큼 오더를 잡기 위한 경쟁은 더 심할 수밖에 없다. 오더를 잡고 운행하는 시간보다 오더를 잡기 위해 대기하는 시간이 길어지므로 더 지치고 사기가 떨어지기 때문이다.

특별한 묘책이나 비법 따위는 없다. 아무리 비수기이고 오더가 없는 시즌이라고 해도 성수기처럼 꾸준히 일정 수입을 가져가는 사람들은 있다. 그들의 공통점은 딱 한가지이다. 오더가 많거나 적거나 필드를 벗어나지 않고 꾸준히 오더를 수행하는 것이다. 뜻대로 좀 되지 않는다 해서 정해진 근무시간을 채우지 않고 조기 퇴근을 해버리거나, 짜증난다고 해서 스스로 포기해버리지 않는 것이다. 끈질기고 꾸준한 사람만이 비수기를 슬기롭게 헤쳐나갈 수 있다. 사실, 고백하자면 이 글을 쓰는 필자 또한 그렇게 끈질긴 타입은 못 돼서 갖가지 핑계를 만들어 내고 오늘은 안 되는 날이구나 하고 일찍 포기를 해 본 적이 많다. 하지만 어느 순간 이 사실을 깨닫고부터는 끈질겨지려 노력을 해 본 결과 최소한 성수기 같지는 않더라도 들쭉날쭉하던 수입의 격차는 확연히 줄일 수 있었음을 고백한다.

매달 1,000콜을 목표로 잡는 사람이 있고, 1,500콜을 목표로 잡는 사람이 있으며, 그 이상을 매달 수행해야 되는 사람들이 있다. 각자의 가정 상황과 지출 상황, 그리고 이를 해낼 수 있는 체력과 숙련도가 모두 다르기에 정확한 모범답안 따위는 없다. 분명한 것은 필자의 경험에 비추면 하루 40~50콜 정도의 오더수를 수행하면 체력에 큰 무리도 없고, 그만큼 사고 가능성도 낮아지며, 적당히 휴식시간도 가지면서 장기간 일하기에 무리가 적은 것 같다.

좀 모순된 얘기가 될 지도 모르지만, 사고 나지 않고 꾸준히 롱런하는 비결은 욕심을 조금 버리는 것이다. 실제로 필자는 5년 넘게 무사고 운전을 하고 있는 반면, 주변 동료기사들 중에는 욕심내어 무리하게 오더를 수행하다가 사고로 하루아침에 물거품이 되는 경우를 왕왕 볼 수 있었다. 물론 사고라는 것이 내가 아무리 조심을 해도 어쩔 수 없이 날 수밖에 없기도 하다. 하지만 내가 조금 덜 무리하고, 콜을 무리하게 엮어가려 하지 않으면 그만큼 사고 가능성을 줄일 수 있는 것은 분명하다. 잠깐 얘기가 갓길로 새긴 했는데 다시 한번 말씀드리지만, 배달일엔 분명 성수기와 비수기가 있으며 비수기를 극복하는 방법은 별다른 것이 없음을 강조한다. 스스로 지치지 않고 마인드컨트롤 해가며 꾸준히 버티는 사람만이 극복할 수 있다. 더불어 성수기에 비해 조금만 욕심을 내려놓고 꾸준히 일하다 보면 비수기 속에서도 성수기 같은 날들도 따문따문 찾아오기도 한다. 예를 들어 월드컵이나 올림픽 같은 국제대회가 있거나 한일전 축구라던지 프로야구 코리안시리즈 같은 것들이 있는 날에는 그야말로 극성수기처럼 배달주문이 넘쳐나는 것을 경험하게 될 것이다.

비수기에 시작한 분들께

설렘 반, 걱정 반으로 힘들게 결정 내리고 첫발을 떼셨으리라 생각된다. 필자 역시 처음에는 그랬었고 개개인의 깊은 사정은 모두 같지 않겠지만 전업이든, 투잡이든 조금이라도 경제적인 압박에서 벗어나고자 시작하셨으리라. 준비과정에서 생각했던 것보다 이것저것 돈 들어가는 일도 많고 얼마나 하게 될지도 모르는데 막상 시작하려니 사야 할 것도 많고 갖추어야 할 것도 많아서 어쩌면 배보다 배꼽이 더 크다는 생각도 들었으리라. 한꺼번에 전부 장만하려고 하지는 마시길. 일하면서 하나하나 갖추고 부족한 것들을 채워나가는 것도 괜찮으니 가장 기본적인 것만 가지고 시작하셔도 충분하다. 어쨌건 숱한 망설임과 걱정을 뒤로하고 첫발을 내디딘 용기에 진심 어린 박수를 보낸다. 그리고 앞으로 겪게 될 숱한 좌절과 시련에 미리 격려를 보낸다.

이 글을 쓰는 필자는 현업에 종사한 지 6년차를 코앞에 둔 나름 고참급의 기사이며, 배달대행이라는 일은 일 년 중 뚜렷하게 비수기와 성수기가 있음을 명심하시라. 지역에 따라, 대행업체에 따라 그 편차는 다를 수 있으나 전반적으로 공통된 비수기와 성수기는 분명히 존재하고

그리고 경력이 많은 기사들은 나름대로 비수기와 성수기에 맞춰 생존하는 방법도 알고, 시기적절하게 대응하는 요령도 가지고 있지만, 이제 막 시작하시는 초보기사님들은 그렇지 않기 때문에 이 글을 적는다. 1년 중 2월부터 여름방학이 시작되는 7월까지 ,추석 지나서 겨울방학이 시작되는 12월까지 가장 콜이 적은 시기라고 해도 무방하다.

가장 힘든 시기인 이 시점에 일을 시작하신 초보기사님들은 한 두달이라도 먼저 시작하신 분들 보다 더 마음가짐을 단단히 하셔야 견뎌낼 수가 있다. 일이나 지리도 익숙하지 않아 서툴고 힘든데다가 생각보다 콜까지 없으니 처음부터 이중고를 감당해야 된다고 생각한다. 특별한 방법이나 요령 따위는 없으며 일을 시작하기 전에 본인이 목표로 생각했던 월 소득보다 무조건 하향조정해야 한다. 한두 달은 최저시급 보다도 더 적을 수도 있다는 각오를 가지고 일

을 해야 그나마 처음부터 덜 지치고 견뎌낼 수가 있을 것이다. 어찌보면 현실과 동떨어진 얘기로 들릴 수도 있겠으나 지금은 메이저 대행업체든, 그렇지 않은 업체든 어느 업체에 소속되어 일을 하더라도 무조건 돈욕심은 내려놓고 일을 하셨으면 한다. 하루에 십만 원을 벌든, 그 보다 더 적은 돈을 벌든 하루 하루 번 수입에 의미를 부여하기 보다는 내가 또 하루를 버텨냈구나

오늘도 포기하지않고 견뎌냈구나 라고 여기시는 마음가짐이 필요한 시기가 바로 비수기에 임하는 마음가짐이다. 그렇지 않고 처음부터 단순히 수입에만 신경을 쓴다면 오래 하기 힘들거라 감히 말한다.

비수기는 정말 힘든 시기이다. 나름 경력이 쌓인 필자 역시 올해 비수기는 역대급 비수기인 것 같으며 경력자인 필자도 힘이 든다고 느끼는데 처음 하는 초보기사들은 얼마나 힘들까 ?

그 마음 충분히 알고 헤아릴 수 있다. 물론 그 와중에도 주변에서는 오늘 20만 원을 찍었네,

30만 원을 찍었네 하는 분들은 있겠지만 그런 분들은 딴 나라, 딴 세계 사람들이라 생각하고 눈여겨보지 마시라. 언젠가 그 정도의 수익을 올릴 수 있는 날이 오겠지만 적어도 지금은 분명히 안된다. 어림도 없는 수치이고, 그저 꿈같은 먼나라 얘기일 뿐이다. 그런 동료나 타 사무실 기사분의 수익자랑에 마음 뺏기면 자괴감 들고 상대적 박탈감에 자신만 초라하게 느껴질 뿐,절대 이 일을 오래 할 수 없다. 그저 없는 콜 속에서도 한 콜 한 콜 찍히는 콜을 묵묵히 수행하는 것에 집중하고 그러면서 자신도 모르게 조금씩 일이 늘고 낯설었던 길이 차차 익숙하게 느껴짐에 만족하는 것이 현명한 처사다. 그런 과정속에서 숙련자가 되기 때문이다.

시작한 지 며칠 되지도 않아 벌써 낙심하고 좌절하고 계신 분이 있다면 이 글이 조금이라도 위안이 되길 바란다. 무슨 일이든 다 그렇지만 이 일도 하루 아침에 배부를 수는 결단코 없다.

명절연휴 일당하기

일년 중 구정이나 추석연휴에 시간이 되는 분이라면 명절연휴에 일당으로 제법 쏠쏠한 수입을 얻을 수가 있다. 보통 대행업체마다 명절연휴를 정하는 건 전적으로 지사장의 재량이므로 대행업체마다 휴일은 모두 상이하겠지만 필자가 살고 있는 지역을 예로 들면 대체로 인근 지사장끼리 서로 합의하여 명절 당일과 그 다음날까지 이틀을 사무실 공식 휴무일로 정하고 업무를 하지 않는다. 하지만 가맹업소들은 명절특수를 보기 위해 명절 연휴 기간 내내 정상영업을 하는 곳도 적지 않으니 배달직원이 없는 곳은 이 기간동안 대행업체의 공백을 메워줄 도움의 손길을 요청하는 곳이 있다. 평소 마음에 들어했던 기사나 친분이 있는 기사들에게 명절에 일 좀 해주며 안되겠냐고 SOS를 요청하는 곳이 제법 있다. 명절 연휴에 시간이 되는 분들은 짧은 연휴기간을 잘 이용하면 생각보다 짭짤한 부수입을 올릴 수도 있다.

배달이 많은 특정 업소에서 두둑한 일당을 받고 전속기사로 일해주는 방법이 있고, 마음 맞는 몇몇 동료와 영업하는 업소 몇 군데만 잡아 평일 보다 많은 콜비를 받고 콜을 처리해주는 방법이 있다. 어느 것을 선택하느냐는 개인의 선택이겠고 일당을 받는다면 아무래도 명절 인만큼 평소보다는 더 많이 요구해야 되지 않겠는가? 명절이 다가올수록 배달직원이 없는 업소에서 SOS를 요청하는 곳이 있을 것이다. 몇 시부터 몇 시까지 일해야 하며 일당을 얼마나 생각하는지 넌지시 물어보라. 생각해보겠다고 말하고 제안하는 몇 몇 업소 중에서 가장 좋은 조건의 업소에서 일당을 해주면 된다. 아니면 넉살이 좋다면 먼저 물어봐도 된다. 평일날 본인의 하루 일당보다 1,5~ 2배 정도의 수입은 돼야 명절까지 일하는 보람이 있을 터, 명절에 특별한 볼일이 없어 일을 하고자 하는 분들이 있다면 명절연휴를 잘 활용하면 의외로 짭짤한 수입을 얻을 수 있을 것이다.

명절 뒤에 찾아올 기나긴 비수기를 생각하면 그것도 나쁘지 않은 방법이라 할 수 있다. 그 외 개인적으로 일당일을 하지 않더라도 보통 명절에는 평소 요금보다 할증요금을 적용하여 일하는 경우가 많으니 할증만 생각하더라도 평소의 수입보다는 실질적으로 더 높은 수입을 올릴 수 있으니 시간이 가능하다면 명절특수를 노려보는 것도 나쁘지는 않다.

깨알
상식

	배달대행 보험 비교			
	부 릉		바 로 고	생각대로
보험 종류	– 라이더 운전자 보험 – 라이더 상해 보험 – 미래에셋캐피탈 바이크리스 프로그램(예정)		더 바로고 안심케어	생각대로 단체 상해보험
보험료	– 월 4만 원대(라이더 운전자보험) – 월 5천 원대(라이더 상해 보험)		월 2만 원	월 9천 500원
보장 범위	운전자보험	상해보험	–교통상해 사망 5천만 원 –상해후유장해 5천만 원 –상해입원비(4일째부터 일 2만) –교통사고처리 3천만 원 –변호사 선임비 500만 원 – 벌금 2천만 원	*교통상해 사망 3천만 원 *상해후유증 장해 3천만 원 *상해 입원 일당 2만 원 *변호사 선임비 500만 원 *벌금 2천만 원
보장 범위	– 교통상해 사망 8천만 원 – 후유장해 8천만 원 – 벌금 2천만 원 – 교통사고 처리 3천만 원 – 방어비용 500만 원 – 적재물 손해 1천만 원	– 교통상해 사망 6천만 원 – 후유장해 6천만 원		
특이 사항 및 건의	– 바이크리스 프로그램 : 바이크리스 시 보험료 지원 – 이륜차 관련법이 퀵 서비스 중심으로 짜여 손해율 높게 측정 → 보험료 비싸 – 이륜차 일반용과 화물용 구분 필요		*직종 특성에 따른 손해율 적용 필요 *보험사, 과학적 근거 없이 보험 가입 꺼려 *배달대행사 데[이터 활용해 보험료 인하 가능성	*영업용이란 이유로 종합보험 가입이 어려워 *4륜차와 같이 보호받을 수 있는 제도 있어야

건강하게 겨울나기

숨 이 꽉꽉 막히던 한여름을 보내고 비교적 오토바이 타기 좋지만 혹독한 비수기인 가을을 지나 이제 12월에 접어들었다. 본격적인 겨울로 들어서는 달이기도 하지만 한 해의 마지막 달이기도 한 12월을 어떻게 보내야 할까? 혹시라도 아직까지 방한용품을 준비하지 않았다면 지금부터라도 서둘러 방한용품을 준비해야 한다. 가장 기본적인 것들은 내복, 방한토시, 열선그립을 준비해야 하고 12월 중순 이후 로는 방한화와 겨울용 양말도 준비해놓는 게 좋다. 한낮의 따사한 햇살도 잠시, 아침저녁으로 제법 춥다. 동장군의 칼바람이 잔뜩 날서지는 않았지만 방심했다간 감기 걸리기 딱 좋은 계절이니 더 늦기 전에 아직 준비를 못했거나 이제 시작하는 분이라면 서둘러 방한용품을 구비해야한다.

12월과 1월은 전통적인 극성수기이다. 학생들의 겨울방학이 있고 크리스마스가 있고 연말과 연초라는 호재가 있지만 무엇보다도 가장 큰 호재는 "추위"라는 녀석이다. 현장에서 일하는 우리들에겐 가장 큰 걸림돌이면서 동시에 무시할 수 없는 호재임은 분명하다. 혹독한 비수기를 인내하며 버텨온 분들이라면 이제 쉼 없이 수면 위로 올라오는 오더들을 구경하는 재미가 있을 것이다. 콜 하나를 찍기 위해 긴 시간을 인내하며 하루에도 몇 번씩 조기 퇴근의 유혹과 싸웠더라면 멀지 않아 두세 개씩 혹은 그 이상을 싣고 도로를 달리게 될 것이다. 주말 저녁이라도 되면 마르지 않는 화수분처럼 쳐내도 쳐내도 꾸역꾸역 밀고 올라오는 오더들의 향연을 맞이하게 될 것이다.

비수기를 견뎌낸 결과 극성수기가 이제 코앞으로 바짝 다가오고 있다. 방한용품 준비 못지 않게 혹한의 겨울을 이겨내기 명심해야 할 것은 여느 때 보다 더 규칙적인 생활이라고 필자는 몇 년간의 경험으로 생각하고 있다. 충분한 수면과 더불어 규칙적인 식사는 물론이거니와 과음은 특별히 경계를 해야한다. 또한, 감기가 걸리지 않도록 체온유지와 더불어 따뜻한 물을 자주 먹어주는 것도 도움이 된다. 필자는 이미 며칠 전부터 출근길에 보온병에 생강차를 가득 채워서 들고 나온다. 일하는 틈틈이 마시다 보면 체온유지도 되지만 생강차는 감기예방과 기관지에도 좋아 매연을 많이 마시는 우리에게 아주 좋다. 그리고 무엇보다도 감기에 걸리지 않도록 각별히 유의를 해야한다. 감기가 한 번 걸리게 되면 하루종일 찬바람을 맞는 일의 특성상 일반인들 보다 잘 낫지 않는다. 아무리 약을 먹어도 잘 치료가 되지 않고 오랫동안 고생하기가 쉬우니 몸관리를 잘해서 감기 한번 걸리지 않고 건강하게 겨울을 나시길 바란다.

겨울로 접어들면서 필자는 크게 세가지 정도를 말씀드리고 싶은데, **첫 번째**는 앞서 말한 개개인의 건강유지가 제일 우선이고, **두 번째**로는 혹한의 추위뿐 아니라 겨울철 곳곳에 산재한 위험요소에 더 각별히 조심운전을 하는 것이라 할 수 있겠다. 여느 계절에 비해 평소보다 10분 정도만 출근시간을 앞당기시라 권장하고 싶다. 더도 말고 덜도 말고 평소보다 딱 10분만 일찍 대문을 박차고 나오시라. 평소보다 일, 이분이라도 오토바이 예열도 더 하고 출근길에 서행하면서 노면상태를 미리 체크하는 시간을 가졌으면 좋겠다. 그늘진 곳이나 갓길의 블랙아이스 뿐 아니라 조금만 일찍 나와서 서행하면서 전반적인 노면상태를 점검하는 것도 소소하지만 안전운전을 할 수 있는 좋은 방법이랄 수 있다. 샷을 치기 전에 바람의 방향과 세기를 점검하는 프로골퍼처럼 출근길에 노면상태를 반드시 점검하자.

세 번째로는 배달하는 음식의 보온에 각별한 주의를 기울여야 한다. 영하권으로 떨어지는 날씨거나 영상권이라도 바람이 많아 체감온도가 낮은 날에는 아무래도 음식이 빨리 식는다. 무리하게 콜을 찍어 여러 개 싣고 다니다 보면 분명히 차갑게 식은 음식을 받게 되는 고객이 발생하고 클레임이 생길 가능성이 크다. 클레임 한 건만 발생해도 여기저기 통화하고 사정 설명하고 사과해야 하고 심지어 다시 재방문을 해서 갖다줘야 되는 경우도 생기기 쉬우니 시간적, 경제적 손실이며 정신적 스트레스가 생기기 전에 조금만 더 욕심을 줄여서 클레임이 발생하지 않도록 하는 게 더 현명한 처사라고 생각한다.

따뜻한 봄과 함께 또 반갑지 않은 비수기를 맞이할 수 밖에 없겠지만, 어쨌거나 지금 우리는 일 년 중 가장 주문이 많은 극성수기의 문 앞에 와 있다. 사계절을 몇 번 겪은 경력자들은 각 계절에 맞는 나름대로의 노하우와 대처방법들이 있지만 겨울을 처음 맞이하는 초보자나 입문자들은 사실 충분히 두렵고 걱정스러운 계절이 될 수도 있다. 미끄러운 길을 어떻게 다닐까? 눈이라도 내리면 어떻게 하나? 옷은 어떻게 입어야 하나? 추위를 어떻게 견딜 수 있을까?

필자도 그랬지만 처음에는 다들 두렵고 걱정이 된다. 다행스러운 것은 배달 대행이라는 일은 혼자서 하는 일이지만 내가 물어보면 언제든지 답변해주는 선배기사가 주변엔 수두룩 하다. 모르는 것은 무조건 물어보시라. 혼자 해결하려하지 말고 궁금하고 걱정되는 게 있으면 주변의 선배기사에게 물어보면 답을 구할 수 있다. 그래서 선배가 좋은 게 아닌가? 모쪼록 이 글을 보는 모든 분들이 올겨울도 모두 탈 없이 건강하게 사고 없이 많은 소득을 올리는 겨울이 되기를 진심으로 소망한다.

깨알 상식

오늘은 뭐 먹지?

집밥이 최고이기는 하지만 시간에 쫓기다보면 배달대행 종사자들은 한 끼 이상은 사먹을 수 밖에 없는 상황이 아주 많다. 그러므로 근무하는 지역의 메뉴별로 맛있고 가성비 좋은 식당을 미리 숙지해 놓는다면 메뉴 선택으로 걸리는 불필요한 시간낭비나 에너지 소비를 막을 수도 있다. 가성비가 좋은 식당, 전반적으로 반찬이 정갈한 식당, 저렴한 식당, 빠른 시간 안에 식사를 해결하기 좋은 식당, 최단 거리에 위치한 식당 등등 자주 갈 수 있는 식당 몇 곳을 알고 있으면 이 또한 유용하게 활용할 수가 있다.

단, 아무리 바쁘고 시간이 없더라도 편의점 한 구석에서 컵라면이나 김밥 한 줄로 해결하는 초라한 식사는 하지말자. 다 먹고 살자고 하는 짓인데……

아무리 강조해도 지나치지 않는 방어운전

실제로 현장에서 배달대행일을 하다 보면 주변에서 크고 작은 사고를 자주 목격하게 된다. 빗길에 혼자 미끄러져 가벼운 타박상이나 찰과상을 입는 사고에서부터 목숨을 잃게 되는 끔찍한 사망사고까지 현업에서의 경력이 많을수록 사고 소식을 많이 접하게 된다. 비단 오토바이라서 사고가 더 쉽게 나고, 더 자주 나는 것은 결단코 아닐 것이다. 단지 우리가 하는 일이 시간을 다투는 일이고 대다수의 종사자들이 마음의 여유 없이 무리한 코스엮음과 그에 따른 무리한 주행과 잦은 법규위반으로 인해 사고위험성이 더 클 수밖에 없으며 차량에 비해 작은 충격에도 운전자의 신체에 손상이 쉬운 오토바이의 구조상 경미한 사고도 크게 부각되기 때문이 아닌가 생각되지만 그렇다 하더라도 방어운전은 아무리 강조해도 지나치지 않는다. 사고란 한순간에 아차 하는 찰나의 순간에 일어나는 것이며, 내가 아무리 조심을 하더라도 얼마든지 사고는 발생할 수 있겠지만 아무래도 보다 더 조심하고 방어운전을 평소에 습관화한다면 최소한 사고확률은 현저히 줄어들 것이다.

1. 전방주시

아무리 오더가 울리는 알림음이 나더라도 전방주시를 태만해서는 안된다. 보통의 종사자들이 오더음이 울리면 본능적으로 시선이 휴대폰으로 향하고 짧은 시간이지만 내가 잡아야 되는 오더인지 무시해도 되는 오더인지를 판단하고 손가락이 휴대폰으로 향하기 일쑤지만 얼마나 위험한 행동인지 모른다. 주행중에는 오더음 소리를 철저히 무시하자. 한 콜 더 찍으려다가 앞차와 추돌하는 경우가 너무나 많고 위험한 행동이니 3,000원에 목숨걸지말자.

2. 안전거리확보

안전거리란 앞차의 돌발행동에도 추돌 없이 대처할 수 있는 거리임을 운전면허를 취득한 사람이라면 누구나 다 아는 상식일텐데, 실제로는 과속을 하면서도 앞차에 바짝 붙어서 운행하는 동료기사들을 어렵지 않게 목격할 수 있으니 "왜 저렇게 붙어갈까" 의구심 반, 걱정 반 필자의 마음을 조마조마하게 하는 이들이 실제로 많으니 제발 앞차와 너무 붙어 따라가지마시라 당부드리고 싶다. 특히, 택시나 버스, 과적차량 등은 안전거리를 더 확보해야한다. 도로에서는 얼마든지 내가 예상치도 못했던 변수들이 많으니 안전거리확보는 곧, 나의 무사안녕과 직결되는 바로미터이기 때문이다.

3.진행신호에도 한 템포뒤에 출발하라

실제로 얼마 전에 필자가 목격한 사고중에 교차로에서 진행신호로 바뀌자마자 급하게 출발한 스쿠터가 신호위반을 하고 좌회전하던 차량과 충돌해 크게 다친 사고가 있었다. 차량운전자나 오토바이 운전자나 마찬가지이다. 속도를 줄이지 않고 교차로 부근에 오면 저 신호를 받을 수 있을까 신호에 걸릴까를 생각한다. 교차로 근처에 와서 황색신호로 바뀌면 대부분의 운전자들은 감속하기 보다는 더 과속을 해서 신호를 통과하려하기 때문에 교차로에서 진행신호가 들어오더라도 바로 출발하기 보다는 과속으로 진입하는 차량이 없는지부터 살펴야한다. 한 템포 늦게 출발하면 되는데 그걸 못해서 크고 작은 사고를 자주 목격하게 된다.

4. 예측운전

항상 예측운전을 습관화해야 한다. 골목의 좁은 사거리를 지나갈 때는 무조건 감속을 해야한다. 아무 일도 없겠지가 아니라 무슨 일이라도 있겠지라고 생각해야한다. 자전거를 탄 꼬맹이가 튀어나올 수도 있고, 골목에서 공놀이를 하던 아이들이 공만 쫓아 달려들 수도 있고 여러 가지의 변수들이 생길 수 있으니 절대로 아무일도 없겠지 라며 안일한 생각으로 감속을 하지 않다가는 사고를 당하기 십상이니 100% 시야가 확보되지 않는 골목의 작은 사거리나 정차한 버스옆을 지날때는 무슨 일이 있겠지라고 생각하고 감속운전을 해야한다.

5. 갓길 주행시에는 더 주의하라

주행중인 차량과 혹은 정차중인 차량과 인도 사이의 갓길 주행을 하다가 갑작스럽게 차량문을 열어 사고가 나는 개문사고도 흔한 오토바이 사고중의 하나이다. 갓길 주행을 할 때는 경적을 울려 내가 지나가고 있다는 것을 주변 차량에게 알리거나 갑작스럽게 차량문을 열더라도 부딪히지 않을 정도의 폭이 확보될 때에만 갓길 주행을 한다면 사고를 방지할 수 있다. 그런 예방조치 없이 안일하게 감속도 하지 않고 갓길을 통과하다가는 사고를 당할 확률이 높다는 것을 명심하자.

6. 무리하게 콜을 잡지 말자

배달대행일을 하는 우리들에게 가장 확실하고 안전한 방어운전은 뭐니뭐니 해도 무리하게 콜을 잡지 않는 것이다. 각 업소마다 음식이 완성되는 시간이 모두 다르고, 업소의 위치 또한 모두 다르고 배달해야할 음식의 우선순위도 모두 다르고 짧은 시간에 계산해야할 것이 한 두가지가 아니다. 그럼에도 불구하고 욕심내어 무리하게 콜을 잡아 제 시간 안에 탈 없이 완료할려니 당연히 상황판단능력이 현저히 떨어질 수 밖에 없고 머릿속엔 어쨌거나 빨리 가야한다는 생각 밖에 가득 찰 수 밖에 없다. 몸과 마음이 조급해질 수 밖에 없는데 어떻게 느긋하게 주변상황을 예의주시하고 방어운전과 안전한 예측운전을 할 수가 있겠는가 말이다. 위에 열거한 것들도 사고확률을 줄일 수 있는 좋은 방법들이지만 무리하게 콜을 잡지 않는 것이야말로 가장 큰 방어운전이라고 필자는 생각한다. 물론, 앞서 말했다시피 사고란 것이 나 자신의 자 잘못과 상관없이 발생할 수도 있지만 꼭 사고가 나는 사람들이 주기적으로 사고가 난다. 몇 달을 하고 몇 년을 하더라도 사고가 안 나는 사람들은 사고가 나지 않는다. 그것은 무엇을 의미하는가? 평소의 운전습관도 크게 좌우하지만 사고가 잘 나지 않는 이들의 공통점은 방어운전을 잘 하거나 무리하게 콜을 잡아 눈썹 휘날리며 달리지 않는다는 것을 다년간의 경험에서 필자는 결론 내리고 있으니 초보기사들이여! 당장 몇 푼 더 버는 것 보다 사고 없이 안 다치고 몸 상하지 않으며 꾸준히 일할 수 있는 것이 더 소중하다는 것을 기억하시길 바란다. 크든 작든 사고소식을 전해 듣는다면 가족들의 심장은 얼마나 철컥 내려앉겠는가?

부디, 소탐대실로 판단력 흐려져서 사고 당하지 말고 항상 내가 소화해낼 수 있는 만큼만 콜을 잡아 사고없이, 욕 먹지 않게 일하도록 하자. 그 방법이 가장 최선의 방어운전이다.

아무나 할 수 있지만 아무나 하지 못하는 일

아무나 할 수 있지만 아무나 하지 못하는 일이 배달대행이 아닐까? 말 그대로 아무나 할 수 있다. 진입장벽이 전혀 없다고 해도 무방하다고 할 만큼 아무나 손쉽게 시작할 수가 있다. 당장 오토바이가 없어도 된다. 렌트나 리스를 해준다고 대행업체들은 기사모집 광고를 내고 있고, 학력, 경력, 성별, 나이 거의 제한이 없으며 사지 멀쩡하고 오토바이만 운전할 줄 안다면 모두 땡큐다.

그만큼 대행업체는 사람 구하기가 쉽지 않다는 반증이기도 하지만 이렇게 진입하기 쉬운 배달대행 시장에 왜 항상 인력난이 심할까? 그 답은 단 하루라도 해 본 사람들은 쉽게 알 수 있으니 아무나 쉽게 시작할 수는 있지만 아무나 오랫동안 정착하기는 쉽지 않은 일이기 때문이 아닐까 필자는 생각한다. 들어오기가 쉬운 만큼 그만두기도 쉬운 게 이 업계의 특성이다. 처음에 면접을 볼 때는 다들 열심히 하겠다고들 말을 하지만 막상 직접 해보면 생각했던 것과 다르다는 걸 알게 되고 생각보다 위험하다. 생각보다 돈이 안 된다. 더워서 못 하겠다 추워서 못 하겠다. 비 오는 날은 위험해서 못 하겠다. 갖가지 핑계를 들며 얼마 못 가 두손 두발을 들고 마는 것이다.

사실 그들이 핑계로 내세우는 것들이 틀린 것은 아니다. 모두 맞는 말이다. 오롯이 야외에서 하루종일 오토바이를 타는 일이니 춥고 덥고 비 맞고 위험한 것도 맞거니와 그 외에도 동료기사끼리 매일 벌이는 콜전쟁에서 초보 기사가 살아남기는 쉽지 않은 일이다. 게다가 업소에서 받는 스트레스와 고객들에게서 받는 스트레스까지 더해지니 어지간한 멘탈을 갖지 않고서는 몇 달 버티는 것도 쉽지 않다. 아무리 조심한다고 해도 하루에도 몇 번씩 아찔한 순간을 경험하면서 시간에 쫓기고 그렇게 바삐 움직이다가 배달 사고로 음식값 몇만 원 물어주거나 교통경찰에 단속돼 몇만 원짜리 스티커라도 받게 되는 날은 그야말로 기운 빠지고 일할 맛이 안 나기도 한다. 콜이 많은 날이나 적은 날이나 그저 묵묵하게 필드를 꾸준하게 지켜줄 줄 아는 인내력도 필요하고 예상치 못

한 갖가지 변수에도 의연하게 대처할 수 있는 담대함도 겸비해야하고 비가 오나 눈이 오나 근무시간을 펑크내지 않는 성실함도 갖추어야 한다.

말하다 보니 정말 무슨 대단한 일이라도 하는 것처럼 느껴지기도 하는데, 사실 누구나 다 알다시피 배달대행일이라는 게 결코 복잡한 일은 아니다. 손님이 주문한 음식을 제시간에 고객에게 전달해주면 되는 간단명료한 일이다. 하지만, 단 하루만이라도 실제로 현장에서 일을 해보면 그렇게 간단한 일만은 아니라는 걸 금세 느낄 수가 있다. 그 수 많은 변수와 여러 가지를 몇 문장만으로 쉽게 설명할 능력이 필자에게는 없다. 설령, 그런 능력이 있어 이해가 쉽게 적는다 하더라도 글로 보는 것과 직접 체험해서 느끼는 것과는 하늘과 땅 차이다. 해서, 설명하기를 포기하고 필자는 한 가지만 당부하고자 한다.

배달대행이라는 일이 돈이 된다더라. 요즘 배달시장의 성장과 맞물려 배달수요는 갈수록 늘어나고 게다가 이따금씩 대기업의 거대자본도 투입된다는 뉴스도 심심찮게 들리고 여차저차해서 마땅히 할 것도 없는데 나도 이 참에 배달대행이나 한번 해볼까? 라는 가벼운 마음으로 절대로 시작하지 않았으면 좋겠다.제대로 알아보지도 않고 오토바이 구입부터 해서 각종 장비구입까지 기백만 원을 투자해서 쉽게 덤벼들지 말라는 당부를 드리고 싶은 것이다. 어떤 일이나 밖에서 보는 것과 그 중심에서 직접 해 보는 것과는 절대로 같지 않다. 배달대행이라는 일, 아무나 할 수는 있지만 아무나 하지 못하는 일이다

사무실을 멀리 하라

옛말에 여자 셋이 모이면 접시가 깨진다는 말이 있다. 그나마 접시는 양호하다. 대행기사 셋이 모이면 김장용 항아리도 충분히 깨트리고 남을 것 같다. 적장의 목이라도 따고 돌아온 것처럼 온갖 신호 다 어겨가며 짧은 시간에 배달완료한 걸 뭐 그리 대단한 자랑거리라고 입에 거품을 물며 이야기하는 사람들을 어렵지 않게 볼 수 있다. 말도 안 되는 무용담은 그래도 애교로 봐줄 수 있다. 어쩌다 똥콜이라도 하나 빼게 되면 또 생색은 얼마나 내는지 세상 똥콜은 혼자 다 빼는 것처럼 말한다. 착각에는 커트라인이 없다는 말이 딱 들어맞는다. 실제로 궂은 일 마다 않고 하는 사람들은 좀처럼 입을 떼지 않는다. 누가 알아주거나 말거나 그저 묵묵히 하기 때문이 아닐까? 대체로 빈 깡통이 요란하기 마련이다. 누가 알아주지 않기 때문에 혼자서라도 잘난 체를 하면서 자기만족을 하는 모양인데 수다스럽거나 지나치게 자기애가 강한 사람들은 그냥 그런갑다 넘어가주겠는데 유독 남얘기 하기를 좋아하는 사람들이 있다. 이야기 부풀리기는 취미이고, 과장하거나 없는 얘기 지어내는 건 특기인 사람들이 있다. 경계를 해야 하는 사람들이다.

그보다 더 거리를 둬야 하는 부류는 네편 내편 편 가르기 좋아하는 사람들이 있고, 사소한 거라도 빈틈이 보이면 놓치지 않고 흠집내기를 즐겨하는 사람들이 꼭 있다. 유독 배달대행 이 계통에 그런 사람들이 더 많다는 걸 필자는 자주 느끼곤 한다. 사람 사는 게 다 비슷하고, 많이 배운 사람들이나 그렇지 않은 사람들이나 여러 사람 모인 곳에는 언제나 잡음이 있고 크고 작은 부딪힘이 있는 것도 당연하다 여기지만 지금까지 살면서 겪어본 집단과는 확실히 다른 무언가가 이 바닥엔 있는 것 같다. 사람 좋아하고 어울리는 것 좋아하고 사람 냄새나는 것을 좋아하는 필자지만 실망스러운 모습을 보게 되고 원인을 알 수는 없지만 유독 이 계통의 사람들이 뒷통수를 잘 치고 뒷담화를 잘 한다는 것을 알고부터는 필자도 어느 순간부터 선뜻 가슴을 열어보이지는 않게 되었다. 입 밖으로 내는 말 보다는 속으로 삼키는 말들이 더 많아졌다.

유독 시기와 질투가 난무하고 남 탓하기를 좋아하는 사람들 속에서 필자 혼자 고고한 한 마리 학처럼 살 수는 없는 터 이런저런 신경 안 쓰고 쓸데없는 스트레스 안 받는 방법은 누가 뭐라하든간에 내 할 일만 묵묵히 하자란 생각을 가지게 되었다. 이런 깨달음을 얻기까지 몇 년의 시간이 걸렸음을 고백한다.

앞서 고백했듯이 필자는 사람 냄새나는 것을 좋아한다. 사람이 꽃보다 더 아름답기는 어렵다 하더라도 최소한 사람이라서 느낄 수 있는 따뜻한 마음 씀씀이, 인간미 넘치는 언행, 나이에 걸맞는 생각과 행동과 처신. 모든 것을 뒤로 다 물리더라도 혼자일 때 보다 최소한 함께 있으면 낫다는 생각이 드는 사람을 원했지만 여기는 그렇지 않다. 차라리 혼자인 게 낫다. 괜히 불필요한 곳에 육체적, 정신적 에너지를 낭비를 필요 없이 혼자인 것이 낫다. 약속한 근무 시간을 성실히 이행하면서 그 시간 동안 묵묵히 내 할 일만 하는 것이 가장 현명한 처신이다. 그러기 위해서는 집에서 오토바이를 타고 나와서 다시 귀가하는 시간까지 가급적 사무실에는 들어가지 않는 게 좋다. 특별한 용무가 없는 이상 사무실에 들어가지 않는 것이 좋다.

이 글을 보는 독자들도 현장에서 직접 해보면 알 수 있겠지만, 이 일도 흐름이 있고, 리듬이라는 게 있다. 경력이 얼마 안 되는 초보 기사들은 언뜻 이해가 안 될 수도 있겠으나 흐름과 리듬이 끊어지지 않게 콜을 타야 오히려 몸의 피로도도 적고 시간이 지루하지 않게 하루를 보낼 수가 있는데 마른 국수 가닥처럼 일하는 중간 중간에 흐름이 자꾸 뚝뚝 끊어진다면 피로가 더 크다는 걸 느끼게 된다. 자연스럽게 흐름이 이어지지 않는 가장 큰 원인으로는 지속적이지 않은 오더량이 가장 큰 이유이겠지만 두 번째로 큰 원인은 잦은 휴식과 사무실 방문이다. 사무실에 앉아 쉬다 보면 한두 시간이 금방 간다. 그러다 식사 시간 되어 어울려 밥 먹고 커피 한 잔 마시고 담배 몇 개피 피다 보면 하루의 절반 정도는 그냥 날려버리기 일쑤이다. 사실 그런 날은 아침 일찍 나온 의미를 상실한 날이라고 봐도 무방하다. 게다가 결코 생산적인 대화가 아닌 부질없고 불필요한 이야기 속에 동참하게 된다면 그 보다 더 아까운 시간 낭비는 없을 것이다. 하루에 몇 콜을 하고, 어느 정도의 수입을 벌지는 개개인의 목표치에 따라 모두 다르다. 많은 콜을 수행하고 높은 소득을 올리는 것도 중요하지만 그보다 더 중요한 것은 자신만의 흐름과 리듬을 잃지 않고 본인만의 페이스를 유지하는 것이다. 체력적 페이스 뿐 아니라 정신적 페이스도 유지할 수 있어야 한다. 그러기 위해선 사무실을 멀리하라. 김장용 항아리도 깨트릴 수 있는 무모한 수다에 동참하지 마라.

배달종사자로서 가져야 할 마인드

1. 내 가족의 입에 들어갈 음식을 배달한다고 생각하자. 절대 식거나 불어터진 음식을 배달하지는 않을 것이다.
2. 내가 운영하는 매장의 음식을 배달한다고 생각하자. 고객클레임이 걸릴만큼 늑장배달을 하지 않을 것이다.
3. 내가 지사장인 대행업체의 일을 한다고 생각하자. 갖가지 불만으로 가맹업소가 이탈하는 빌미를 제공하지는 않을 것이다.
4. 최고는 아니더라도 최하는 되지말자고 생각하자. 주변의 차가운 시선을 덥힐 수 있는 뜨거운 가슴을 소유할 수 있을 것이다.

CHAPTER. 3
마음가짐, 그 외 여러 가지

현장에서 일을 해보면
알아야 할 게 많다.
배달대행의 특성,
동료기사, 사무실, 그리고 업소,
그 외의 여러 가지 것들.
미리 알아두면 도움이 되는 것들…

꿀콜과 똥콜

필자가 배달대행에 관련된 글을 쓰기로 마음먹고 제일 경계하고자 하는 것이 한 가지가 있다. 전국 여러 도시에서 배달대행 일을 해보지 않았고, 많은 수의 대행업체를 경험해 본 것이 아니기에 필자의 경험만을 바탕으로 쓰는 이 글이 자칫하면 전부인 양 포장되지 않도록 스스로 경계를 하고 항상 주의를 기울이고 있음을 고백한다. 여러 가지 면에서 각 대행업체마다의 차이점이 있고, 각 지역 마다의 특성이 분명 존재할 것이나 어느 업체나 어느 지역이라도 공통적인 면이 있다. 해서, 필자는 이견이 있을 수 있는 면보다 최대한 공통된 사항만을 언급하려 할 것이며 그런 점만을 숙고하여 얘기하려 하니 배달대행 일을 처음 대하는 분들도 그런 점을 참조해 주시길 바란다.

어느 지역이나 꿀콜과 똥콜은 존재한다. 꿀콜과 똥콜의 기준 또한 개인적인 차이도 있을 수 있겠으나, 일반적으로 누가 봐도 꿀콜이고 누가 보더라도 똥콜인 콜이 반드시 있다는 얘기이다. 업소에서 음식을 픽업해서 소비자에게 전달되기까지 소요되는 시간이 아주 짧거나 쉬운 콜을 꿀콜이라고 하고, 그 반대인 콜을 똥콜이라고 정의 내릴 수 있다.

구체적인 똥콜은 **첫째로** 업소에서 소비자가 있는 지역까지의 거리가 장거리인 경우이다. (물론, 배달비는 조금 더 받겠지만) 배달비가 차이나 봤자 얼마 안 되는 장거리콜을 하나 처리하는 것보다 단거리콜을 두 개 처리하는 게 훨씬 효율적이며, 다음 콜을 배차 받기 위한 지점으로 복귀도 빠르기에 대체로 장거리콜을 선호하는 사람은 많지 않다. **둘째로** 배달시간이 많이 소요되는 다중이용시설에 들어가는 콜이 있으며, 이에 해당되는 대표적인 똥콜은 대학병원을 비롯한 규모가 큰 개인병원 및 시청, 구청을 비롯한 관공서와 재래시장 등에 도착하는 콜이 대체로 배달시간이 많이 소요된다. 미로와 같은 대학병원이나 관공서, 재래시장은 도착지를 찾아가는데 시간이 많이 걸린다.

셋째로 몸이 힘든 콜이 있다. 승강기가 없는 5층짜리 빌라나 아파트를 비롯하며 시장상가 아파트 꼭대기 층이 대표적으로 몸이 힘든 콜인데, 한 번 올라갔다 내려오면 다리가 후들거려 다시는 또 오고 싶지 않다는 생각이 드는 게 사실이다.

그렇다면 위에 열거한 똥콜과 반대로 빠른 시간에 배달을 완료할 수 있고 힘들지 않아 꿀콜이라고 할 수 있는 것들은 어떤 것이 있을까? **첫째로** 업소에서 도착지까지의 거리가 몇 백 미터 안되는 짧은 거리에 위치한 배달. 이런 콜만 할 수 있다면 한 시간에 10콜도 가능하다. **둘째로** 찾기 쉬워 배달시간이 짧은 콜이 있는데, 대표적으로는 대도로변에 위치한 간판이 있는 상가, 혹은 단독주택이나 원룸 등이 짧은 시간 안에 배달을 완료할 수 있어 좋다. **셋째로** 몸이 힘들지 않은 위치에 배달가는 콜이 있다. 계단을 오르내릴 필요가 없는 단층주택이나 단층 상가, 또는 오토바이에서 내려서 많이 걷지 않아도 되는 위치에 전달하는 경우 등이 육체적으로 피로도가 적다. 이 정도면 배달대행 일을 아직 해보지 않은 독자라도 대충은 어떤 게 꿀콜이고 어떤 게 똥콜인지 정도는 구별하실 수 있으리라 생각한다. 하지만 필자가 꿀콜과 똥콜에 대해 설명한 것은 똥콜을 피해 꿀콜만을 선택해서 일을 하라는 게 아니라 실제로 현장에서 일을 해보니 이런 게 있더라는 것을 설명한 것일 뿐이고 정작 하고 싶은 얘기는 따로 있으니 끝까지 잘 읽어보시길 바란다.

필자가 소속된 대행업체 사무실에도 그런 사람이 있다. 누가 보더라도 얍삽하게 꿀콜만을 찍어대고 남들보다 편하게 많은 소득을 올리는 사람이 있는데 어느 사무실, 어느 지역에라도 그런 위인 하나 둘쯤은 있을 것이다. 일을 하다보면 하기 싫어도 내가 처리해 줘야 전체적으로 원활하게 일이 돌아가는 경우가 많기에 선뜻 내키지는 않더라도 쿨하게 똥콜도 처리해 줄 줄 알아야 하는 것이다. 내가 힘든 일은 남들도 힘들고, 내가 하기 싫은 일은 남들도 하기 싫어한다는 사실을 명심하고 일한다면 당장 편하고 쉽다고 해서 꿀콜만을 처리하면서 원성을 사고 왕따를 당하게 되는 일은 생기지 않을 것임을 알려 드린다. 이건 이래서 싫고, 저건 저래서 싫고 이것저것 가리고 따지며 일하다 보면 하루에 처리할 수 있는 오더가 몇 개 되지 않을 수도 있고 그것은 바로 수입의 하락으로 이어지기 때문에 꿀콜이든 똥콜이든 가리지 않고 일을 해야 고소득을 올릴 수 있으며, 실제로 필자 주변의 상위 10%에 드는 고소득 기사들의 공통점은 꿀콜, 똥콜 가리지 않고 성실하고 꾸준하게 콜을 처리한다는 게 그들의 공통점이다.

배달대행일을 시작하는 데 도움을 받고자 이 책을 읽고 계시는 입문자들이여! 명심하시라! 고소득을 올리고자 한다면 이것저것 가리지 않고 덤벼들어야 한다는 것을, 돈 벌고자 일하러 와서까지 편한 것만을 쫓을 바엔 차라리 아무것도 안 하고 집에서 쉬는 것만큼 더 편한 것은 세상에 없다는 것을 아시라! 앞서 말한 바 있지만 일을 하면서 필자가 가지는 마음가짐은 "꿀도 빨고, 똥도 치운다"라는 자세이다. 가장 바람직한 자세라고 생각하므로 독자들도 따라했으면 좋겠다. 한결 마음이 편해질 것이다

깨알
상식

공유주방이 뭐예요?

여러 사람이 공유할 수 있도록 조성된 주방을 뜻한다. 예컨대 설비를 갖춘 주방을 원하는 시간만큼 임대해 주거나, 대형 주방을 여러 사용자가 동시에 공유할 수 있도록 한 것이 이에 속한다. 공유주방 사업모델은 1980년대 미국에서 처음 등장한 것으로, 최근 음식 배달 앱의 보편화로 홀 영업을 하지 않고 배달을 전문으로 하는 영업자가 증가하면서 한국에서도 관심이 높아지고 있다. 특히 공유주방 도입 시 임대료나 인테리어 비용 등 창업자들의 초기 투자비용 부담을 줄이고, 창업 진입장벽을 낮출 수 있어 일자리 창출 효과를 기대할 수 있다.

한편, 식품의약품안전처는 2019년 4월 29일 '제1호 공유주방(한국도로공사 신청, 고속도로 휴게소)'을 규제 샌드박스 대상으로 확정한 데 이어, 7월 11일에는 '제2호 공유주방(위쿡 신청)'에 대한 최종 심의를 통과시켰다. 제1호 공유주방이 1개의 주방을 2명의 영업자가 시간을 달리해 주방 및 관련 시설을 공유하는 방식이이라면, 제2호 공유주방은 1개의 주방을 여러 명의 영업자가 동시에 사용해 다양한 종류의 제품이 한 공간에서 생산될 수 있도록 한 형태다.

출처 [네이버 지식백과] 시사상식사전, pmg 지식엔진연구소

개인플레이면서 팀플레이가 되어야 한다

이게 무슨 말인가? 한 번이라도 배달대행(푸드퀵) 일을 경험해 본 사람이라면 이해가 빠르겠지만, 그렇지 않다면 이해가 안 될 수도 있는 말일 것 같다. 일반퀵(광역퀵)도 경험해 본 필자가 보기에는 일반퀵 서비스 일과 여러 차이점 중 가장 큰 차이점이 바로 이 점이 아닐까 생각한다. 일반퀵은 백 퍼센트 개인플레이다. 알아서 출근하고 알아서 퇴근하고 알아서 밥을 먹고 일하고 싶으면 나오고 볼일이 있거나 하기 싫을 때는 출근하지 않아도 제재하는 사람이 아무도 없다. 그야말로 자유롭고 속 편한 직업이 아닐 수가 없다. 하지만 배달대행은 이야기가 다르다. 정해진 출, 퇴근 시간을 가급적 지켜줘야 하며 각자가 정한 휴일 외에 무단결근을 하거나 통보 없이 근무지를 이탈할 경우에는 불이익이 따른다. 기사 수가 적은 업체일 경우에는 심지어 식사시간마저 서로 조율하여야 한다. 이게 바로 배달대행이 개인플레이면서 팀플레이가 되어야 하는 이유인 것이다.

배달대행업체마다 소속된 인원수는 모두 다르겠지만, 업체에서 일정 인원을 유지해야 하는 가장 큰 이유는 매일 발생하는 평균 오더를 차질 없이 수행해야 하기 때문이다. 예를 들어 하루에 평균 천 콜이 발생되는 업체라면 최소 30명 이상의 기사가 있어야 무리 없이 오더들을 처리해 낼 수가 있는데, 일반퀵 기사들처럼 자유롭게 근태관리를 하지 않아 몇 명이 무단결근을 해 버리면 원활하게 사무실이 돌아가지 않게 되는 것이다. 남은 인원으로 그 오더들을 처리하려면 평소보다 오더수행 시간이 지연되는 것은 당연하며 그로 인해 계약된 업소들의 불만과 배달이 늦어짐으로 인한 소비자 클레임이 폭주한다. 이런 일들이 반복될 경우, 계약을 파기하고 소리소문 없이 다른 대행업체로 옮겨가는 이탈업소까지 발생하게 된다. 그러므로 배달대행 업체들은 일반퀵 사무실과는 달리 소속된 기사들의 근태를 관리할 수 밖에 없으며, 소속된 기사들은 일반퀵 기사들과는 달리 조금 더 소속감과 책임감을 가져야 하는 이유가 여기에 있다.

또한, 오더를 수행하는 방법에 있어서도 팀플레이가 반드시 필요하다. 어느 지역이라도 꿀콜(단거리 배달 혹은 배달이 용이한 콜)과 똥콜(장거리 배달이거나 배달시간이 많이 소요되어 기피하는 콜)은 존재하기 나름이다. 꿀콜과 똥콜에 대해서는 앞서 구체적으로 언급했듯이 어느 기사라라도 꿀콜을 좋아하지 똥콜을 좋아하는 사람은 없을 것이다. 하지만 얄밉게도 오랜 시간 배차되지 않고 있는 콜을 놔두고 꿀콜만 찍어대는 사람도 꼭 있다. 밑장빼기를 아무렇지도 않게 잘 하는 것이다. 독불장군마냥 자기밖에 모르는 이기적인 사람들이 어딜 가도 있는데, 그런 사람들은 사무실에서 제재를 받기 마련이며 기사들 사이에서도 왕따를 당하는 경우가 허다하다. 누구나 쉽고 편한 콜만을 수행하고 싶은 것은 이해가 되지만 경우에 따라서는 기피콜이라도 내가 해결해주지 않으면 전체적으로 원활하게 일이 되지 않는 경우가 있는데, 그럴 때는 외면하지 말고 내가 처리를 해주는 것이 팀플레이를 위한 희생인 것이다. 특히 비가 오는 날은 오더 수가 증가하고 오더 정체가 심하기 마련인데 그런 날에 팀워크가 좋은 업체와 팀워크가 좋지 않은 업체 간의 오더 수행능력은 확연한 차이를 보인다.

배달대행 일을 처음으로 시작하는 분들에게 이 말씀을 드리고 싶다. 배달대행은 엄연히 개인플레이지만 경우에 따라서는 팀플레이를 위해서 조금은 희생하고 조금은 양보할 줄도 알아야 원만한 인간관계를 유지할 수 있고, 어느 업체를 가더라도 대우받을 수 있는 것임을 명심하시길 바란다. 이런 마인드를 가지고 일한다면, 일은 비록 고되고 노동 강도가 심해 몸은 피곤할지언정 동료 기사들과 담소를 나누며 편하게 지낼 수 있고 웃으며 하루하루 생활할 수 있을 것이다. 같이 밥 한 그릇 함께 나눌 사람이 없어 점심 때마다 홀로 편의점 구석에서 컵라면으로 끼니를 때우거나 김밥 한 줄로 대신하는 처량한 신세는 되지 않을 것이라 장담한다.

기억하자! 배달대행은 개인플레이면서 팀플레이가 되어야 한다.

경쟁자면서 동료인 그들

필자도 직장생활 경험이 있지만 어딜 가나 얄미운 사람 한 명쯤은 꼭 있다. 하는 짓마다 밉상이어서 딱 꼴 보기 싫은 사람 한 명쯤은 꼭 있는 것이다. 배달대행에서도 예외는 아니다. 어느 업체나 어느 지역에서나 꿀콜과 똥콜은 존재하며 단거리콜과 장거리콜은 있기 마련이며 누구나 가기 싫어하는 기피콜이 있는데 똥콜은 외면하고 꿀콜만 쏙쏙 빼먹는 부류가 있다. 관리를 엄격하게 하는 업체라면 그런 기사가 설 자리가 없겠지만, 기사가 부족하거나 관리가 느슨한 업체일수록 그런 사람들이 꼭 존재하게 된다.

앞서 말했듯이 배달대행은 개인플레이면서 동시에 철저한 팀플레이가 이루어져야 한다. 콜이 밀릴 때 오랫동안 배차되지 않는 콜이 있다면 그 콜부터 처리함이 순리인데, 순리를 어기고 꿀콜만 쏙쏙 밑장빼기 하듯 빼먹는 얄미운 족속들이 꼭 있다. 관리자가 몇 명이든 관리자만으로 해결이 안 될 때는 평기사들도 하나둘 거들어 줘야 전체적으로 원활하게 일이 돌아가며 그게 팀플레이인데, 그런 것에는 관심 없이 오로지 자기 몸 하나 편하자고, 자기 혼자 더 많이 벌겠다고 삐딱선을 타는 사람들이 꼭 있다. 대개 그런 사람들은 나이 불문, 경력 불문하고 왕따를 당하게 되는데, 그런 왕따들의 더 심각한 공통점은 왕따를 당하고 있는 것조차 신경 쓰지 않는다는 것이다. 한 마디로 답이 없다. 해고시키는 방법 외엔….

그렇게 살지 말자. 기사 개개인이 콜경쟁을 하는 경쟁자이기도 하지만 동시에 희로애락을 함께 나누는 동료이지 않은가? 현장에서 무슨 일이 생기면 가장 먼저 달려올 수 있는 사람이 동료기사고, 크고 작은 사고라도 나게 되면 가족보다도 먼저 사고 현장에 올 수 있는 사람도 콜 경쟁을 하던 동료기사이다. 오토바이 위에서 사계절을 보내며, 덥고 춥고 온몸으로 눈비를 다 맞으며 힘겨운 일을 똑같이 하면서 왜 동료들 사이에서 따돌림을 당하게 처신하는가? 안 그래도 외로운 직업인데 인간관계마저 등한시하는가? 고단한 하루를 마치고 소주 한 잔 나누는 자리에도 불러주지 않는 왕따는 되지 말자. 때로는 좀 손해 보고 사는 게 마음 편하고 하기 싫어도 해야 되는 게 조직생활이다.

누구나 제각각 밥벌이를 하기 위해 각자의 노력을 다하는 것을 탓할 수는 없으나 세상에는 분명 돈으로 살 수 없는 것도 존재하고 돈보다 더 중요한 것도 많다. 그 중에서 가장 중요한 게 인간관계이다. 우리는 얼마든지 다른 곳에서 다른 모습으로 또 마주칠 수도 있는 것이다. 다소 현실과 동떨어져 감성적으로 느낄 수도 있을지 모르겠으나 몇 년째 배달대행 일을 하다 보니 필자는 그런 사람들을 보면 안타까운 마음이 많이 든다. 칭찬은 못 듣더라도 최소한 욕은 안 먹도록 하자. 빛과 소금 같은 존재는 못 되더라도 암적인 존재로 인식되지는 말자. 비수기일수록 콜 경쟁이 더 심할 수밖에 없고, 남들보다 빨리 찍어야 내 것이 되는 일의 특성상 동료기사들과의 사소한 시비는 비일비재 하지만 인간관계마저 틀어지게 지내지는 말았으면 한다. 누군가는 사람이 꽃보다 아름답다고 말했지만 최소한 쓰레기보다 더 더러워지지는 말자. 콜 치는 것을 보면 그 사람의 인격이 보이며 인간성을 알 수 있다. 경쟁자이면서 동료인 그들과 두루뭉실하게 잘 지내자.

내가 가는 길이 곧 길이다

초보시절에는 내게 찍히는 콜 하나하나가 참으로 소중하게 여겨진다. 갑질하는 업주도 많다던데 만나는 업주들마다 들리던 소문과는 다르게 호의적으로 느껴지고 인간미가 철철 흐르는 것 같은 생각이 들기도 한다. 아직은 서툴고 어색한 응대지만, 그래도 만나는 손님들도 생각보다 친절한 것 같다. 시작한 지 얼마 안 돼 비록 실적은 성에 차지 않는 미미한 수준이지만 선배들의 말과는 달리 스트레스 받는 일도 별로 없는 것 같고 이 정도면 일할만하다는 생각이 든다. 누구나 초보시절에는 그런 마음을 갖고 시작하지만, 그런 환상이 깨어지는 데는 결코 오랜 시간이 걸리지 않는다.

순진했던 초보 시절을 지나고 나면 누구한테 콜 타는 방법을 이상하게 배웠는지, 아니면 따로 배우지 않아도 잠재돼 있던 이기심이 모습을 드러내서 그런건지 참 이상하게 콜을 타는 사람들이 있다. 누가 보더라도 이해가 안 되고 납득이 안 될만큼 찍히는 대로 다 코스를 잡는 사람들이 있다. 한 마디로 정해진 코스가 있는 것이 아니라 내가 찍는 것이 바로 코스인 사람들이다. 특출나게 뛰어난 천부적인 능력이 있어 그렇게 대책 없이 찍어도 제 시간 안에 욕먹지 않으면서 처리를 한다면 그나마 다행이겠지만, 무턱대고 콜 찍는 사람 치고 사람들 입방아에 안 오르내리는 사람을 필자는 아직까지 한 번도 본 적이 없다. "저 기사만 찍었다 하면 당최 제 시간에 오질 않아요. 항상 픽업이 늦어요", "저 기사가 우리 가게 콜 좀 안 찍었으면 좋겠는데…."라는 업주의 불만이 자연스럽게 나오게 되고, "저 기사 때문에 도무지 콜을 찍을 수가 없고 코스를 잡을 수가 없어.", "눈에 보이는 족족 찍히는 족족 다 낚아채 버리니 성질나서 같이 일을 못하겠다 "라는 동료기사들의 불만이 터져나오게 된다.

배달대행이라는 일이 아무리 개개인의 능력에 따라 소득 차이가 나는 일이고, 코스든 아니든 콜 자체를 남들보다 잘 찍는 것도 또 다른 능력일 수 있다. 하지만 그래도 어느 정도껏 해야지 무엇이든 지나치면 안 되는 것이다. 정상적으로 코스를 잡아 콜을 처리하는 동료 기사들에게 피해가 가는 길이며 업주의 원성이 높아져 다른 대행업체로 이탈하게 되면 그 또한 여러 사람에게 결과적으로는 피해를 주는 일이다. 주위를 한 번 둘러보라! 이 일은 절대로 나 혼자만 하는 일이 아니다. 내가 찍은 콜에 대한 책임은 나 혼자만의 몫이지만 전체적으로 보면 경쟁자이면서 함께 같은 구역 내에서 생계를 이어나가는 동료들이 있다. 오로지 내 욕심 하나만을 위해 어느 누구도 안중에 없이 무모하게 콜을 타지는 말자. 설령 그렇게 막무가내로 콜을 찍어서 무난하게 처리해 낼 수 있는 능력이 있다 하더라도 같은 일을 하는 동료 생각도 최소한 눈곱만큼은 하면서 살자. 얼마나 떼돈을 벌거라고 뒤통수 따가운 것까지 외면하면서 그렇게 악착같이 막무가내로 콜을 찍어대는가? 동료들한테 미움 사고 업주들에게 원성 사고, 알게 모르게 사무실에 피해 주면서까지 콜을 타지는 말자!

이 글을 읽는 초보기사들이여! 당부드리나니 나중에 아무리 실력이 늘어도 자기밖에 모르는 독불장군은 되지 마라! 한 콜 한 콜을 진심으로 소중하게 여기던 초심은 변색 되고 때가 묻더라도 최소한 내가 가는 길이 곧 길이라는 썩어빠진 오만에는 절대로 빠지지 말자!

마음가짐, 그 외 여러가지 CHAPTER. 3   143 —

내가 하면 로맨스 남이 하면 불륜

사람은 누구나 양면성이 있다고 한다. 하지만 유난히 자신에게 관대하고 타인을 비난하길 좋아하는 이중잣대를 가진 사람들을 배달대행 업계에서도 어렵지 않게 볼 수가 있다. 자신이 무리하게 콜을 잡는 것은 실력이 좋아서 그런거고, 남이 무리하게 잡는 것은 그저 욕심이 많아서란다. 자신이 쉬면 컨디션 조절을 위한 휴식이고 남들이 쉬면 일 안 하는 농땡이란다.

자신이 완료가 늦는 것은 일하다 보면 그럴 수도 있는 것이고, 남들이 늦는 것은 실력이 모자라서 그런 것이란다. 음식물이 터지면 포장을 제대로 못 한 업소의 잘못이고 남들이 터지면 오토바이를 험하게 타서 그런 것이란다. 바쁘거나 비 올 때 꼭 빠지는 것은 살다 보면 피치 못할 일이 생길수도 있는 것이고, 남들이 빠지는 것은 단체생활을 모르는 이기주의란다. 어쩌다 똥콜이라도 하나 빼면 세상 똥콜은 자신이 다 빼고 남들은 꿀콜만 빼고 있단다.

시쳇말로 "착각은 자유"라고 한다. 착각엔 커트라인도 없으며 자기 편할 대로 생각하는 것까지는 무어라 할 말이 없다. 하지만 자신의 행동은 합리화시키면서 틈만 나면 남 욕하기 바쁜 행동이야말로 욕먹어 마땅한 처신이지 않겠는가? 그걸 모른다는 것도 문제이지만, 그런 사람들이 대체로 남 얘기 하기를 좋아한다. 누가 어떻다더라, 누가 뭐한다더라, 누가 그렇다더라. 없는 얘기 지어내고 사실인 얘기는 더 부풀려서 전염병처럼 퍼트리고 다니는 것을 좋아한다. 허풍과 허세는 기본이고 이간질과 거짓말은 옵션이다. 이 일을 시작하게 된 각각의 사연은 모두 같지 않을지언정, 너나없이 똑같이 힘든 일을 하고 있는 것은 부정할 수 없는 사실이다. 일의 특성상 개인플레이적 성향이 짙어 동료애가 옅고 단합이 잘 안 되는 것도 사실이지만, 제발 쓸데없는 얘기 퍼트리고 다니지 말고 그 시간에 콜이나 하나 더 타자. 힘들고 지친 동료들 보듬어주고 다독여주지는 못할지언정, 뒤통수에 대고 없는 얘기 지어내서 욕하고 다니지 말자. 다 안다. 그렇게 처신하고 다니는 당신이 더 모자란 사람이고 부족한 사람이고 손가락질 받아 마땅한 모자란 사람이라는 것을, 나도 알고 남들도 알고 모두 아는데 당신만 모른다. 그렇게 무식하고 못 배운 티 팍팍 내고 다니지 않아도 당신의 말 한 마디, 행동 하나하나에 다 묻어나니 구태여 친절하게 "나 못난 사람이네."라며 알려주지 않아도 된다. 로맨스를 하든 불륜을 하든 관심 1도 없으니 부디 열심히 성실히 일하는 애꿎은 사람 헐뜯고 다니지 말고, 정 할 일 없으면 발 닦고 잠이나 주무시라. 이 글을 읽는 독자들은 부디 그런 부류에 속하지 않기를 소망한다

개선이 시급한 현장의 문제점들

1. 현실성 있는 유상종합보험료 책정
2. 직선거리 배달료에서 실제주행거리 위주의 배달료 책정
3. 우천, 혹서기, 혹한기, 각종 기상할증과 거리할증 전국도입
4. 무분별한 대행업체 난립을 막을 수 있는 제도 도입
5. 종사자들의 안전할 보장할 수 있는 최소한의 사회안정망 구축
6. 배달종사자에 대한 이미지 개선을 위한 종사자 개개인의 인식 변화와 노력

에이스가 되지 말자

필자가 소속된 사무실이나 이웃 사무실이나 어디서건 사무실의 에이스임을 자처하는 사람들이 의외로 많다. 축구경기에선 해결사 역할을 하는 스트라이커가 있고 야구경기에선 결정적일 때 꼭 이름값을 하는 스타 플레이어가 있지만 배달대행 업계에서 에이스? 글쎄, 도대체 무슨 근거로 에이스임을 자처하는지 도무지 알 수가 없는데, 에이스의 기준은 뭘까? 고참기사와 신참기사의 비율은 사무실마다 모두 다를지 몰라도 어느 사무실에나 고참과 신참은 둘 다 존재하고 있을 것이다. 잦은 이직률로 신참 기사가 많은 사무실보다는 아무래도 고참 기사가 많은 사무실이 위기 시 콜 수행율은 확실히 낮다. 일의 숙련도에서 월등히 앞서기 때문에 당연한 결과라 할 수 있는데, 대책 없이 콜이 밀릴 때 신참 기사 두세 명보다는 숙련된 고참 기사 한 명이 더 효율적으로 신속하게 콜 처리를 할 수 있기 때문이지 않을까? 그럴 때는 숙련된 고참 기사들이 역시 에이스라고 필자도 생각이 들긴 한다.

매달 사무실의 탑 수익을 갱신하는 사람들, 매달 사무실 상위권 몇 % 안에 들어가는 사람들, 단순히 남들보다 콜을 많이 탄다는 이유만으로 그들을 에이스라고 부르기엔 무리가 있다는 게 필자의 생각이다. 그들은 사무실의 에이스일지 몰라도 같은 사무실의 동료들에게는 공공의 적이 될 수도 있다. 사무실 입장에서야 누가 찍든 콜이 빨리빨리 빠지면 그만이지 않은가? 다른 동료 기사들보다 경력이 오래 돼서 숙련되었고, 지리나 신호체계에 훤하면 당연히 동일 시간대 처리할 수 있는 콜의 개수도 월등히 많을 수는 있다. 다른 기사에 비해 월등히 콜을 많이 타는 사람들은 다른 기사들이 힘들고 피곤할까 봐 자신이 한 콜이라도 더 하려고 노력해서 더 많이 타는가? 아니다. 오로지 자신의 목표를 채우기 위해 많이 채우는 개수이기에 단순히 콜 개수만으로 에이스라 부를 순 없다.

물론, 필자나 독자 여러분이나 모두 배달대행 업체에 자원봉사를 하고자 일을 시작하지는 않았다. 각각의 사연은 모두 다르겠지만 일정 부분의 소득을 올리고자 시작한 것은 모두 같고, 개인이 능력치에 따라 돈을 버는 것은 어느 누구도 나무랄 수 없는 것이다. 하지만 말이다 그렇다 하더라도 뭐든 어느 정도껏 해야 되고, 넘치면 탈나는 게 사람 사는 이치 아니겠는가? 누구는 한 콜도 안 찍혀서 스트레스 받으며 뙤약볕 아래서 스마트폰만을 뚫어지게 쳐다보고 있는데, 누구는 잘 찍힌다고 혼자 서 너개씩 실어서 바쁘게 왔다갔다하면 어느 누가 좋아하겠는가? 비수기라 다들 콜이 없다고 울상인데 혼자 탑을 찍었다고 철없이 기뻐하고 자랑하지 말자.

어느 정도 경력이 쌓이면 관제를 보는 관리자가 아니더라도 체감적으로 그날의 전체 콜수를 대충은 감으로 파악할 수가 있다. 평소보다 좀 조용하다 싶을 때는 욕심을 덜 부리고, 바쁠 때 한 번에 엮어가는 개수보다 한두 개라도 덜 엮어가고, 심각한 전투콜 상황일 때는 한 개 찍힌 것에도 감사한 마음을 가지고 미련 없이 신속히 목적지로 향하는 멋진 대인배의 모습을 보이는 것은 어떨까? 한 업소에서 띄운 두 콜 중 같은 코스인데 하나를 찍었다면 같이 가라고 자신의 콜을 쿨하게 넘겨줄 줄도 아는 사람을 필자는 배려심 있는 사람이라고 생각한다. 비 오는 주말 저녁이나 감당 안 되게 콜이 밀리는 날에는 자신의 능력치를 최대한 발휘하되, 그렇지 않은 날에는 자신보다 못한 사람들을 위해 한 발짝 뒤로 물러날 줄 아는 사람이 진정한 에이스의 면모를 갖춘 사람이 아닐까?

사실 참 이상적인 얘기라는 걸 필자도 잘 알고, 주변에 그런 사람을 보기 드물다는 것도 잘 알고 있다. 다들 경제적으로 여유롭지 못해 그런 마음의 여유가 없는 사람들이 대다수이기도 하지만, 여유가 있다 하더라도 몸에 밴 습관 때문에 양보심이나 배려라고는 찾아보기 힘들기도 하다. 콜을 찍는 것을 보면 그 사람의 인격이 보인다. 해서, 필자는 초보 기사분들에게 일러주고 싶다. 처음보다 경력이 쌓여 시간당 처리할 수 있는 개수가 늘어나더라도 이기심으로만 똘똘 뭉친 에이스는 되지 말라고 말해주고 싶다.

주변을 둘러볼 겨를 없이 오직 자신의 목표만을 위해 열심히 달려왔다면, 경력이 쌓인 후에는 주변을 돌아보며 일하시라 당부하고 싶다. 아무리 주변 시선 따위 의식 안 하고 자유롭게 할 수 있는 일이라고는 하지만, 뒤통수에 내려꽂히는 따가운 시선마저 외면하면서까지 돈 벌려 하지는 말자. 정글의 맹수도 사냥할 때만 발톱을 드러낸다. 시도 때도 없이 날카로운 발톱을 드러내는 에이스는 되지 말자. 그 무모한 욕심에 언젠가는 내가 다칠 수도 있기 때문이다.

깨알 상식

어느 대행업체나 이런 동료기사 꼭 있다

1. 욕심으로 똘똘 뭉친 이기적인 기사
2. 책임지지도 못하면서 무조건 콜을 찍고 보는 기사
3. 여기저기 말 퍼트리고 다니기 좋아하는 수다쟁이 기사
4. 도박, 술, 여자 등으로 신출귀몰한 홍길동 같은 기사
5. 일은 많이 하면서도 매일 돈 없다면서 빌리러 다니는 기사
6. 얻어먹기만 좋아하고 밥 한 번 살 줄 모르는 기사
7. 일을 하러 온 건지 놀러 온 건지 구분이 안 가는 베짱이형 기사
8. 관리자에게 아첨, 아부 잘하는 기사

타인과 경쟁하지 마라

배달대행이라는 일은 오더 선택에서부터 완료까지 오롯이 혼자 하는 일이다. 여느 직장인들처럼 팀으로 프로젝트를 기획하고 수행하는 것도 아니고, 2인 1조나 3인 1조로 각각 업무를 분담하여 일을 처리하는 것이 아니다. 예상치 못한 변수가 생겨도 스스로 대처해야 하며 제시간 안에 픽업하고, 완료를 하기까지 음식이 훼손되거나 문제가 생겨도 그 책임은 본인이 져야 하는 일이다. 그렇다면 수입 또한 본인이 알아서 조절을 하는 게 맞지 않을까? 십만 원을 벌었든 이십만 원을 벌었든 본인이 할 수 있는 범위 내에서 목표치를 잡아서 그 수입에 만족하면 되는 것이다? 누구는 오늘 얼마 벌었다던데, 누구는 몇 콜을 탔다던데, 술자리에서의 오징어 다리처럼 한두 번 입에 올리는 것은 괜찮으나 나보다 수입이 높다 해서 불필요한 열등감을 느끼거나 피해의식 따위를 가질 필요가 없다. 똑같은 조건에서 똑같이 일을 했지만 현저하게 수입 차이가 난다는 것은 어떤 면에서건 나보다 나은 점이 있다는 것이 아니겠는가?

입이 닳도록 강조하는 말이지만, 배달대행이라는 일은 당장 눈앞에 보이는 돈 몇 푼이 전부가 아니다. 사고 없이 다치지 않고 본인이 원하는 일정 수준의 수입을 얻을 수 있다면 그게 가장 최상의 행복이라고 필자는 다년간의 경험에서 확신을 가지고 있다. 욕심에는 끝이 없다고 한다. 만족할만한 수입을 올렸음에도 불구하고 더 나은 타인과 비교하는 순간, 내 수입은 초라하게 느껴지고 만족했던 마음은 한순간에 바람 빠진 풍선처럼 알 수 없는 궤적을 그리며 날아가고 말 것이다. 타인과 비교하지도 말고 경쟁하지도 마라

내가 경계해야 할 상대는 타인이 아니라 내 자신이다. 몇 분만 더 자고 나가야지라며 비비적 비비적거리고 있는 아침의 나를 경계하고 욕심부려 무리하게 콜잡고 정신없이 과속하는 나를 경계하고 꾀가 생겨 이것 저것 재면서 머릿속으로 계산기를 두들기고 있는 나를 경계하고 별반 다를 것 없으면서 다른 이를 험담하고 있는 나를 경계하고 매너리즘에 빠져 일은 하기 싫으면서 돈은

벌고싶어 하는 게으른 나를 경계하라! 타인이 아닌 나와 경쟁하고 시시각각으로 꿈틀대는 내 안의 또 다른 나와 싸워 이겨라. 몸도 찌뿌둥한데 오늘 하루 핑계대고 나가지 말까 꼬드기는 나와 싸워 이기고 이런저런 핑계로 이것저것 다 가리고 있는 얍삽한 나와 싸워 이기고 업소나 고객의 사정 따위 아랑곳없이 하나라도 더 엮어 갈려는 욕심과 싸워 이겨라.

그렇게 꾸준히 스스로를 경계하고 자신과 싸우다 보면 어느 순간에는 한 뼘 더 훌쩍 키가 자라난 자신과 마주하게 될 것이다. 초보기사들이여! 당부드리건데, 타인과 비교하거나 경쟁하지마라.

기피음식 베스트 5

1. 피자 - 모양이 변형될 가능성이 높고, 부피가 커서 다른 음식 싣기가 곤란하다.
2. 각종 면요리 - 중식, 라면, 칼국수 등의 면요리는 최대한 빨리 배송해야 하는 품목이므로 2배차 이상 하기가 어렵다.
3. 스시 - 매장이나 고객은 빠른 배송을 원하지만 빠른 배송만 강조하다 보면 과속으로 인해 음식이 한쪽으로 쏠리거나 섞여서 고객 클레임 가능성이 많은 품목이다.
4. 각종 디저트류 - 와플, 토스트, 마카롱, 타르트 등은 맛도 맛이지만 제품의 이쁜 모양이 중요시 되는 제품이지만, 어지간히 튼튼히 포장하지 않는 이상은 안전배송이 어렵다.
5. 각종 음료류 - 압착기로 밀봉포장해서 음료가 넘어져서 내용물이 쏟아지지 않는 브랜드는 극소수이고, 대부분의 커피전문점, 패스트푸드점의 음료는 취급이 어렵다

운칠기삼

운칠기삼이라는 말이 있다. 운이 70%이면 기술이 30%라는 말인데 주로 노름판에서 많이 쓰이는 말이다. 고스톱을 해본 분들은 공감하시겠지만 이상하게 아무리 해도 죽으라고 안 되는 날이 있고 어떤 날은 뭘 해도 되는 끗발이 좋은 날이 있다. 지독하게 패가 안 풀려 계속 밀어주기 바쁘고 패를 내면 내는 족족 상대방이 다 가져가고 어쩌다 한번 먹으면 먹는 패마다 설사만 하는 그런 날. 초장 끗발이 개 끗발이라는 말을 믿고 끝까지 밀어붙이지만 제일 먼저 밑천을 다 잃고 개평 몇 푼에 쓸쓸히 판을 떠나게 되는 날이 있는가 하면 설사를 해도 다시 내가 가져오고 상대가 설사한 패도 내가 가져오고 어떤 패를 내도 뒷장이 척척 붙어 신나게 고를 외치게 되는 잘 되는 날도 있다.

배달대행에도 운칠기삼은 적용 된다. 콜이 잘 찍히고 안 찍히고는 콜 대비 기사수에 따라 좌우되지만, 그런 명확한 확률 말고도 이상하게 유난히 콜이 잘 찍히는 날이 있는가 하면 반대로 헛스윙만 하다 타석을 물러나는 타자처럼 죽으라고 안 찍히는 날도 있다. 잘못한 것도 없는데 관리자가 내게 몇 초 락을 걸었나 싶을 정도로 지독히 안 찍힌다. 또한, A구역에서 콜이 우르르 발생해서 그 쪽으로 이동하면 B구역에서 뜨기 시작하고, 다시 콜 따라 B구역으로 이동하면 다시 A구역에서 집중적으로 발생하고, 한 마디로 숨바꼭질이라도 하듯 내가 이동하는 반대편에서만 콜이 뜨는 날이 있다. 그런 날은 안 되는 날이다. 그런 날이 있는가 하면 신기하게도 콜이 잘 찍히는 날도 있으니, 찍는 족족 콜이 잡히고 이동하는 동선 따라 코스도 참 잘 잡힌다.

이 업소에서 하나 떠줬으면 하고 생각하는데, 생각대로 마침 콜이 떠주고 콜이 나를 따라 다니듯 내가 이동하는 곳에 따라 콜이 따라와 일이 술술 풀리는 운 좋은 날이 있기도 한다. 이런 걸 보면 배달대행에도 운칠기삼은 어느 정도 적용되는 듯 하지만, 이런 운빨까지도 이길 수 있는 것은 뭐니 뭐니 해도 꾸준함이다.

되는 날이거나 안 되는 날이거나 포기하지 않고 꾸역꾸역 한 콜 한 콜 해내는 사람은 퇴근 무렵에는 여느 때처럼 자신의 평균치 할당량을 채우곤 한다. 아무리 비수기니 뭐니 평소보다 콜이 있니 없니 해도 꾸준하고 성실한 사람은 매일매일 자신의 몫을 묵묵히 채우고 들어가는 걸 보면 운칠기삼도 그의 발목은 잡지 못하는 듯하다. 모든 일이 다 그렇겠지만 배달대행은 더 많은 성실함과 꾸준함이 요구되는 일이다. 비교적 자유롭고 구속력이 약해 쉽게 포기할수도 있는 일이기에 마지막에 웃을 수 있는 사람은 결국 성실하고 끈질긴 사람이다. 오늘 하루도 우리 모두 쇠심줄처럼 질긴 사람이 되자.

그 사람이 그 사람이다

드라마 부부클리닉에서 자주 나오는 대사의 일부분 같기도 하고 결혼 몇 년 차 주부의 푸념 같기도 한 소제목인 "그 사람이 그 사람이다." 는 배달대행에서도 통하는 말이다. 무슨 말인고 하니 배달음식을 시키는 고객이 항상 배달을 시켜 먹는다는 말이다. 어제 치킨을 시켜 먹은 사람이 오늘은 족발을 시켜먹고 내일은 또 다른 메뉴의 음식을 시켜먹고 이런 식으로 배달을 가보면 항상 정기적으로 배달음식을 시켜먹는 사람들이 많다는 것을 깨닫게 된다. 배달시장이 점점 커지고 있어 새로운 그 사람들도 많아지고 있지만 배달음식을 좋아하지 않는 사람은 어쩌다가 자장면 한두 번, 치킨 한두 마리 주문하는 게 고작이다. 하지만 우리의 단골 그 사람들은 메뉴를 번갈아가며 뻔질나게 자신의 문 앞으로 우리를 초대하는 것이다.

한 지역에서 경력이 쌓일수록 배달대행 일이 수월해 지는 가장 큰 이유 중 한 가지를 우리의 고마운 그 사람들이 제공을 해주고 있다. 주문서를 보면 낯익은 주소, 낯익은 건물, '아, 또 그 사람이 시켰구나' 하고 인식하는 순간, 지도를 보는 시간이 절약되고 몇 번 가본 익숙한 곳이라 그 사람의 현관 앞까지 찾아가는 데 많은 시간이 필요치 않게 된다. 이 자리를 빌어 우리 지역의 많은 그 사람들에게 진심으로 고마움을 전한다. 이렇듯 경력이 많은 기사들이 신입기사에 비해 동일 시간대 더 많은 오더를 처리할 수 있는 비결 중 하나는 많은 그 사람들을 기억하고 있기 때문이기도 하다. 일부러 기억하려고 기억하는 게 아니라 오래 하다보면 자연스레 기억이 되는 것이다. 그 사람들의 인상착의가 특이할수록 기억은 더 빨리 되기도 하는데, 예를 들어, 갈 때마다 음료수라도 사 먹으라며 거스름돈을 받지 않는 맘 착한 아줌마라든가 등판, 앞판 할 것 없이 스케치북인 냥 빼곡히 그림칠을 해놓은 깍두기 녀석이라든가, 기타 등등 특별한 점이 있거나 인상착의가 남다를 경우 기억은 더 빨리 된다.

업소의 위치도 전혀 모르고 골목 구석구석 지리도 낯선 신입기사가 밥까지 먹는 둥 마는 둥 해가며 하루 종일 일해봤자 첫날 30콜을 처리하기도 쉽지 않다. 야심차게 끌고 나왔던 오토바이에 기름 넣고 콜 수수료 빼고 밥 사먹고 담배 사고 차포 다 떼고 나면 하루 고생한 거에 비해 내 손에 쥐어진 금액은 실망스럽기 짝이 없는 수준일 것이다. '배달대행하면 좀 위험하긴 해도 남들은 월 300정도는 우습게 번다던데, 조금만 더 열심히 하면 어떤 사람들은 월 500도 벌고 월 600도 벌 수 있다던데, 심지어 그 이상을 버는 사람들도 적지 않다고 하던데…' 일을 시작하기 전에 품었던 장밋빛 희망들이 한순간에 무너지며 쉽게 포기하는 사람들을 필자는 많이 봐왔다. 필자 또한 겪었던 일이고 이 업에 종사하시는 분들은 모두 겪었던 초기의 그 암담했던 돌이켜 보면 추억이라 말할 수 있는 그 날의 기억들을 못 이겨내고 주저앉는 이유 중 한 가지는 아직 그 사람들의 존재를 모르기 때문이다. 처음에 비해 주변 지리도 익숙해지고 그 사람의 존재를 알고부터 하루에 30콜 처리하기도 힘겨웠던 내 실력이 어느새 40콜을 처리하고, 얼마 지나지 않아 50콜을 하게 되고, 맘먹기에 따라서 더 많은 콜을 할 수 있는 경지까지 오르는 것이다. 필자는 분명히 말할 수 있다. 배달대행업은 경력이 쌓이면 쌓일수록 수입이 늘지 절대로 줄어드는 일이 아니다.

일하는 사람이 초심을 잃고 농땡이를 피우고 열심히 안해서 그렇지 점점 경기가 안 좋아진다고 해서 수입이 줄어드는 일은 절대로 아니다. 또한 슬슬 농땡이를 피우면서 해도 초짜보다는 더 많은 수입을 올릴 수 있는 것은 짬밥이 있기에 가능한 고수만의 노하우일 것이다. 그 노하우 속에는 각 지역에 존재하는 그 사람들의 위치도 기억하고 있는 것이다.

때때로 그 사람들은 로또복권 같은 행복감도 안겨다주기도 한다. 치킨 한 마리를 픽업하고 같은 지역으로 가는 피자 한 판을 픽업하면서 주문서를 보니 어랏! 치킨을 시킨 그 사람이네. 한 사람이 두 가지 음식을 시킨 것이다. 순간, 필자는 속으로 "오예!"를 외치며 단돈 3,000원이 아닌 3천만 원짜리 복권이라도 된 듯 잠시나마 행운을 느끼게 된다. 자주는 아니지만 가끔 경험하게 되는 뜻밖의 행운에도 고마워하고 기뻐할 줄 아는 걸 보면 이 일에 종사하는 사람들도 참 심성이 순박한 사람들이 분명하다. 배달대행일을 염두에 두고 있거나 시작한 지 얼마 안 된 분들이 이 글을 본다면 그들에게 말해드리고 싶다.

물론 힘든 일이고 위험한 일임은 어느 누구도 부정할 수 없는 사실이다. 하지만 세상사 힘들지 않은 일이 어디 있겠으며 나름대로 고충 없는 일이 어디 있겠는가? 또한 첫 술에 배부른 일이 어디 있겠는가? 다들 힘들다. 하지만 우리에겐 고마운 그 사람들이 있지 않은가? 고마운 마음을 담아 그 분들이 계시다라고 말해야 되겠지만, 그 사람들이라고 끝까지 고집하는 이유는 이 글에 세세히 거론하지는 않았지만 고맙지만은 않은 진상 손님들도 많기에 그 사람들이라고 해두자. 암튼 현장에서 일을 해보면 그 사람들이 있어 경력이 쌓일수록 일은 쉬워진다. 부디, 쉽게 좌절하고 쉽게 포기하지 않았으면 좋겠다.

깨알상식

타이어 성분에 대한 상식

타이어를 고무라고 생각하는 사람이 많지만, 실제로 타이어에 포함되는 생고무의 비율은 극히 미미하다. 사실 타이어의 주된 성분은 기름으로, 타이어는 결국 기름덩어리인 셈이다. 뜨거운 여름철 시원하게 달리고 난 후 타이어를 살펴보면 찌꺼기 같은 것이 묻어 있는 걸 볼 수 있는데, 이는 높은 온도로 인해 활성화된 기름분자가 타이어의 회전에 의하여 밖으로 밀려나와 고착된 것이다. 이런 현상은 무른 타이어일수록 두드러지게 나타난다.

바람직한 관리자의 포지션과 역할

대행업체의 규모의 따라 관리자의 수는 유동적이겠지만 인원수와 상관없이 기본적으로 대행업체 대표(지사장)와 가맹업소, 그리고 일반기사 사이에서 위치해야할 정확한 포지션과 역할은 이 일을 몇 달만 해보면 누구나 알 수 있을 것이다. 업체의 사정에 따라서 기사관리와 영업, 가맹점 관리 및 수금 등 여러 업무를 도맡은 관리자가 있을지도 모르겠지만 가장 기본적인 관리자의 역할은 기사들이 원활하게 콜을 처리할 수 있도록 기사들을 서포터 하는 업무일 것이다. 한 마디로 요약해서 말하자면 관리자들은 똥콜처리반을 해야 하는 것이다. 콜이 집중적으로 밀리지 않을 때는 가까운 곳에 위치한 기사에게 부탁을 해도 되지만 콜이 밀리거나 유독 빠지지 않는 기피콜이 있다면 다름 아닌 관리자가 만사 제치고 달려가 똥콜을 빼줘야 한다.

그러라고 관리자를 두는 것이다. 그러라고 기사들의 콜에서 수수료를 빼서 그들의 월급을 혹은 지원금을 주는 것이다. 사사건건 사소한 것까지 간섭하고 기사들을 통제하고 일반기사들 위에서 군림하라고 완장을 채워준 것이 아님에도 불구하고 본인의 정확한 포지션과 역할을 망각하고 완장질하기에 재미 붙인 관리자들이 생각 외로 많기에 기사들과 크고 작은 충돌이 생기고 부조리가 생기는 것이다. 필자는 개인적으로 관제만 제대로 봐도 절반 이상의 성공을 거둔 관리자라고 생각한다. 앞서 필자가 말한 바 있지만 광역퀵과 달리 배달대행은 개인플레이면서 어느 부분에서는 원할한 팀플레이가 이루어져야 하며 팀웍이 중요하다고 강조한 바가 있다. 기사 개개인이 양심적으로 일정 부분 사무실을 위해서, 혹은 전체적인 팀웍을 위해서 기여할 수 있는 부분이 있다 치더라도 전체적인 콜 현황을 모르고 관제상황을 모르는 이상은 그 부분을 채워주고 메꿔주는 것은 오로지 관리자만이 할 수 있는 영역이다.

한두 개쯤 기피콜과 같이 엮어갈 수 있음에도 단거리콜만 빼먹는 얌체족이 있으면 가차없이 강배도 넣어야하고, 그럼에도 얌체질만 계속 해대면 경고도 줘야하고 그래도 안되면 몇 초 락도 거는 등, 분명히 패널티를 줘야한다. 남들 꿀콜만 쪽쪽 빨고 있을 때 아무도 안 가려하는 외곽콜 하나 들고 묵묵히 가는 이는 생각 없는 바보라서 그렇게 하는 것이 아니다. 그렇게 희생하는 기사들에게 혜택은 못 주더라도 최소한 이것저것 아무것도 생각 안 하고 자신의 벌이에만 눈이 멀어 얌체질 해대는 이들에겐 응당한 처벌을 해야 공평하지 않겠는가? 게다가 한 술 더 떠 관리자 프로그램이 깔려있어 평기사 보다 콜이 먼저 뜨는 것을 본인의 수입창출에 이용하는 몰상식한 관리자들도 있어 기가 찰 노릇이다. 관리자 프로그램은 천하무적 아이템이 아니다. 당신의 대표(지사장)에게 한 번 물어보시라! 그렇게 사용하라고 관리자 프로그램을 설치해 주고 관리자로 임명했는지를...

일반기사들이 적진 앞으로 돌격하는 돌격대라면 관리자는 후방에서 엄호사격을 해주고 보급품을 지원해 주고 걸림돌이 되는 지뢰를 제거해줘야 한다. 그게 현장에서 몇 년간 종사하며 느끼는 필자의 생각이고, 필자가 생각하는 바람직한 관리자의 포지션이자 역할이라고 생각한다.

그래야 할 관리자가 혹은 관리자와 친한 몇 명에게만 꿀콜을 넣어주고, 공유하고 혹은 본인이 좋은 콜을 다 뺏어먹고 그래서야 되겠냐 말이다. 그러라고 기사들의 수수료에서 당신네들 월급(지원금)을 주느냐 말이다. 월급(지원금)이 적어서 그것만으로 생활이 안된다면 똥콜만 빼도 먹고 살 수 있게끔 월급 인상을 대표에게 당당하게 요구하든가, 요구가 수용되지 않으면 완장을 벗어던지고 대표더러 똥콜을 다 처리하라고 하든가. 똑같이 눈, 비 맞으면서 땡볕에, 혹은 혹한에 누구보다도 기사들 고생을 잘 아는 위치에 있으면서 기사들 뒤통수 치는 그런 치사한 행동은 하면 안된다. 그렇게 한 두콜 더 하면 일반기사들이 모를 것 같은가? 설령, 일반기사들이 모른다 하더라도 본인의 양심까지 속일 수 있다고 생각하는가?

가맹을 맺은 업소와 기사와의 관계가 갑을 관계가 아니고 상부상조하는 상생의 관계이듯 관리자와 기사와의 관계 또한 관리하고 통제하고 감시하는 관계가 아닌 서로 협조하고 협력해야 하는 수평적인 관계임을 명심하자. 그리고 관리자가 받는 월급(지원금)은 대표의 주머니에서 나오는 것이 아니라 피땀 흘려 한 콜 한 콜 타는 기사들의 수수료에서 나오는 돈임을 명심하자. 잠깐 제 위치를 벗어났다면 이제라도 본인의 위치로 돌아가길 바란다. 그리고 관리자의 진정한 역할이 어떤 것인지 다시 한번 생각해봐야 할 것이다. 끝으로 처음으로 관리자가 되었을 때 어떤 마음가짐이었는지 떠올려보길 바란다

남의 떡이 커 보인다

고백하자면 필자의 애초 계획은 배달대행을 1년 정도만 해서 배달이라는 것의 특성을 좀 파악해서 일도 배우고 전반적인 지리도 익힌 다음 1년 뒤에는 광역퀵을 하는 것이 계획이었다. 이렇게 생각하게 된 결정적인 이유는 배달대행처럼 시간에 덜 쫓기고 저녁 6시나 7시쯤이면 일을 마칠 수 있기 때문이었다. 그리고 무엇보다도 지키는 신호보다 어기는 신호가 더 많을 수 밖에 없는 배달대행기사와 달리 교차로에서 마주치는 광역퀵 기사들은 느긋하게 거의 모든 신호를 지켜가며 운행하는게 아닌가? 때로는 위태롭게, 때로는 곡예운전 하듯 운전할 수 밖에 없는 상황이 많은 배달대행과는 달리 필자의 눈에 비친 광역퀵 기사들은 그야말로 여유있게 운전하는 모습을 많이 목격했기 때문이다.

그래서 실제로 필자는 광역퀵을 체험해 보기 위해서 틈틈이 광역퀵도 해봤었다. 주 1회 휴무일에는 전적으로 하루종일 광역퀵만 타기도 해봤고 아침 8시에 출근해서 광역퀵을 타고 정오쯤 배달대행 필드로 복귀하여 배달대행을 하고 한가한 오후에는 다시 광역퀵을 타고 저녁 6시쯤 복귀하여 퇴근까지 다시 배달대행을 하는 식으로 그렇게 1년 정도 생활도 해봤고, 광역퀵 프로그램을 네 다섯 개나 깔아놓고 수수료 기사로 등록하여 입맛대로 코스를 잡아가며 일을 했던 적도 있다. 그렇게 1년 가량을 양다리 걸치는 식으로 배달대행과 광역퀵을 함께 하며 일을 해봤는데 해본 결과 필자의 결론은 한가지로 정리됐다. 한 가지만 열심히 하자였다.

두 가지 일을 병행해보니 단점은 배달대행도 흐름을 못 타고 광역퀵도 흐름을 못 타는 것이었다. 본업은 배달대행이라는 마인드를 가지고 항상 소속된 배달대행 프로그램을 켜 놓은 채 광역코스를 잡다보니 제대로 코스를 잡는 것도 힘들었다. 또 복귀시간을 항상 염두에 두고 코스를 잡다보니 더 잡을 수 있는 것도 못 잡게 되는 경우가 허다했다. 수입적인 면에서는 소폭 증가가 되기는 했어도 근무시간을 생각하면 큰 이득은 아니었고 두 가지 일을 하다 보니 몸은 배로 힘들고, 이도 저도 아니라는 생각이 들었다. 배달대행이든, 광역퀵이든 콜을 타는 데에는 분명히 흐름이 있다. 흐름이 끊어지지 않고 지속적으로 자연스럽게 연결될 때에는 몸도 덜 피곤하고 재밌다는 생각도 들지만, 두 가지 일을 하다보니 끊어졌다 억지로 붙였다를 반복하는 것 같아서 일은 일대로 힘들고 몸은 몸대로 피곤하고 돈은 돈대로 크게 되지 않았다.

또한, 배달대행이 적성에 더 맞는 사람이 있고 광역퀵이 적성에 맞는 사람이 있는 것 같다. 비교적 단거리를 치고 빠지고 치고 빠지고의 연속인 배달대행이 적성에 맞는 사람이 있고 드라이브 하듯 긴 거리를 쭈욱 이어달리는 것이 적성에 맞는 사람이 있는 것 같다. 몇 달만 해보면 배달대행의 속성이나 특성은 파악이 되고 어느 정도 수입을 올릴 수 있는 것과 달리 광역퀵 선배가 말하길 광역퀵은 선수급이 되려면 최소 2, 3년은 해야 어느 정도 명함이라도 내밀 수 있다는 말에 필자는 공감한다. 같은 듯 하면서 아주 많은 차이점을 가지고 있는 광역퀵에 대해서 그렇게 1년 정도 체험을 해 본 뒤에 필자는 광역퀵 보다는 배달대행이 적성에 맞다는 판단을 하게 되었다. 배달대행 기사들이 주로 많이 이용하는 125cc 급의 오토바이로는 광역퀵을 하기엔 오토바이나 운전자의 피로도가 크다.

한 개라도 더 실을 수 있는 발판이 있는 오토바이가 유리하다. 또한 단거리 뛰기에도 힘이 든 겨울철에 장거리 운행을 하는 광역퀵은 몇 배나 더 고역이다. 여러 개의 프로그램을 설치하고 각 사무실에 출근비를 내고 높은 수수료를 내고 하다 보니 어설프게 해서는 돈도 안 되고 몸만 힘들었다. 역시 남의 떡은 크게 보이는 모양이다. 한 가지에 집중해서 한 가지만 잘 하자라는 생각을 그때부터 필자는 하게 되었다. 이 글을 읽는 분 중에는 필자처럼 광역퀵에 막연한 동경을 가지고 있는 분들도 계실 것이다. 어쩌면 필자와 달리 광역퀵이 더 적성에 맞는 분들도 계실 것이다. 일의 난이도를 떠나서 닮은 듯하지만 많은 차이점을 가진 것이 광역퀵이니 해보기 전에 쉽게 생각하고 덤벼들지는 않았으면 좋겠다. 일방적으로 배달대행이 좋다 광역퀵이 나쁘다는 것이 아니니 오해가 없으시길 바란다. 분명히 각각 장단점이 있으며 두 가지 일 모두 쉬운 일은 아니니 궁금하신 분들은 체험해보고 각자 판단해 보시되 그 전에 섣부른 판단이나 환상을 가지진 않았으면 좋겠다. 원래 남의 떡이 커 보이는 법이니.

존버정신

일반퀵(광역퀵)도 그렇지만 정말 배달대행도 멘탈과의 전쟁이며 자신과의 싸움이다. 필자가 이 글을 쓰고 있는 2019년 5월은 가정의 달로 어린이날, 어버이날, 스승의 날 등 각종 기념일로 가정마다 지출이 많은 시기라 사람들이 대체로 지출을 자제하기 때문에 극심한 비수기 중 한 달이다. 성수기 대비 평균 30% 이상 배달 주문건수가 하락하고, 심한 경우는 그 보다 더 떨어지기도 하기에 정말 멘탈을 단단히 붙들고 있지 않으면 평균 이상의 소득을 올리기가 어렵다. 본격적인 저녁 피크시간이 되기 전에 하루 목표치의 절반은 해놨어야 저녁에 좀 여유 있게 목표량을 채울 수가 있는데, 이건 뭐 그 절반의 절반 정도 밖에 못해놨으니…. "오늘은 틀렸구나. 일찍 퇴근해서 치맥이나 한 잔 하고 쉴까?" 라는 유혹에 얼마나 흔들렸던 하루였는지 모른다. 필드에서 대기 중인 동료기사는 많은데 평소보다 콜이 적으니 경쟁은 더 심하고 콜이 뜨더라도 당최 찍히질 않는다. 망치로 내려칠려고 하면 금세 사라지는 유원지의 두더지잡기 게임처럼 약만 오르고 일하는 게 재미없고 몸은 더 빨리 지쳐간다. 경력이 몇 년 되는 필자도 멘탈이 무너지고 조기퇴근의 유혹에 휘둘리는데, 처음 시작했거나 시작한 지 얼마 안 되는 신입기사 분들은 오죽할까? 배달대행 일은 일 년의 절반은 성수기이고 나머지 절반은 비수기이다. 그나마 5월은 본격적인 무더위가 기승을 부리기 전이라 콜이 없을 때 선선한 그늘에서 커피 한잔 마시며 대기할 수라도 있지만, 칼바람 몰아치는 2월이나 꽃샘추위로 밖에서 대기하기 힘든 3,4월이라면 더 고역인 것이 배달대행의 현실이기도 하다. 그렇다면 비수기를 이겨내는 방법은 없을까? 어떻게 하면 슬기롭게 비수기를 극복할 수 있을까? 실망스럽지만 사실 특별한 방법은 없다.

혜민스님이 이외수 작가에게 힘들게 살아가고 있는 젊은이들에게 해주고 싶은 말이 있으신지 여쭈니 이렇게 대답하셨습니다.

"존버정신을 잃지 않으면 됩니다"

"아, 존버 정신......그런데 선생님, 대체 존버정신이 뭐예요?"
"스님, 존버정신은 존나게 버티는 정신입니다"

　비수기를 이겨내는 유일한 방법은 존버정신이 아닐까 필자는 생각 한다. 평소보다 콜이 없다고 일찍 포기해 버리고 조기 퇴근하면 자신에게 지는 것이다. 사람 마음이 다 비슷비슷해서 멘탈이 붕괴되고 일찍 들어가서 쉬고 싶은 마음은 누구나 똑같다. 그럴 때 끝까지 포기하지 말고 버티는 사람이 이기는 것이다. 없는 콜 속에서도 꾸역꾸역 한 콜 한 콜씩 처리하며 끝까지 버티면 불가능할 거라 여겼던 평소의 평균 개수를 채워가고 있는 자신을 발견하게 될 것이다.
　고백하자면 사실 말이 쉽지 매번 행동으로 옮기기 쉽지 않다. 안 그래도 마음이 흔들리고 있는데 이럴 때 옆에서 누가 부추기라도 하면 여지없이 무너지고 마는 게 사람 마음이다. 필자 또한 저녁 8시쯤 됐을까? 동료 기사 분 한분이 오늘 콜도 없는데 일찍 마치고 소주나 한 잔 하러 가자고 꼬시는데 유혹에 넘어가지 않으려니 솔직히 힘이 들었다. 참고 또 참고 꾸역꾸역 밤 10시까지 하다 보니 어느새 평소처럼 평균치의 개수를 채울 수 있었는데, 하루쯤 평균치를 못 한다고 하늘이 무너지거나 땅이 꺼지는 것은 아니다. 하루쯤 얼마 못 벌었다고 해서 당장 굶어 죽는 것은 더 더욱 아니다. 하지만 그렇게 생각하다 보면 포기하는 날들이 늘어나게 되고 한 달로 봤을 때 턱없이 모자란 소득을 가져가는 망친 한 달이 될 수가 있다.
　배달대행 일은 꼬박꼬박 월급을 받는 월급쟁이가 아니다. 하루하루를 성실히 살아가야하는 큰 이유가 거기에 있기도 하다. 비수기를 이겨내는 유일한 방법! 바로 존버정신이다. 어쨌거나 존나게 버텨내는 방법 밖에 없다.

준법운전하면 폭망한다

다들 아시다시피 배달은 시간과의 싸움이다. 초를 다투는 소방차나 구급차의 긴급사항 못지않게 점심시간 피크타임에는 어느 지역 예외 없이 흡사 전쟁을 방불케 하는 점심 공수작전이 매일 펼쳐진다. 대부분의 회사원들은 식사시간이 12시에서 1시 경으로 정해져 있고, 그 시간에 집중적으로 배달이 폭주하기 때문에 천천히 여유롭게 배달을 한다는 것은 어쩌면 어불성설인지도 모른다. 게다가 금세 불어터지는 면 요리이거나 당면이 포함된 찜닭 같은 경우는 조금만 늦더라도 고객 클레임이 생기기 쉬운, 신경이 쓰이는 음식이기도 하다. 교통법규를 모두 준수하며 제 시간에 배달을 하면 어느 정도의 소득을 올릴 수가 있을까? 사실 이 부분은 다년간의 경력자인 필자도 풀지 못한 딜레마이다.

과거에 피자브랜드들이 30분 책임배송제를 시행했다가 배달원들의 잇따른 사망사건으로 폐지된 바 있는데, 요즘은 그보다 더 짧은 시간 안에 배달을 완료해야 되는 게 현실이니 이 문제를 어떻게 풀어야하는지 사실 필자에게도 뾰족한 대책은 없다. 그저 배달원 개개인의 준법정신과 양심에 맡겨 두기엔 최저시급 8,350원(2019년 기준)에도 못 미치는 소득을 올릴 수밖에 없고, 그렇다고 생계가 걸린 문제이니 암묵적으로 묵인하고 방치해두기엔 이미 거리의 무법자가 돼 버린 지 오래됐고, 그야말로 진퇴양난이다. 뚜렷한 방안이 없음에도 불구하고 이 문제를 거론하는 것은 이런저런 속사정을 알고 현업에 종사 중인 필자가 보기에도 도가 지나칠 정도로 곡예운전을 일삼고 눈앞에 보이는 돈 욕심에 무리하게 콜을 처리하는 광경을 많이 목격하고 있기에 한 마디 안 하고 넘어갈 수가 없는 것이다.

방향이 맞는 코스끼리 여러 콜을 함께 실어가는 것을 엮어간다, 업어간다고 표현을 하는데, 음식 하나를 들고 가는 것 보다 두 개를 들고 가면 하나일 때보다 조금 더 마음이 급한 것은 당연하며 세 개를 업어갈 때, 네 개를 업어갈 때, 업어가는 개수가 많을수록 조급함은 비례하고 그만큼 과속은 기본이며 신호위반을 더할 수밖에 없는 것이다. 더 심각한 문제는 피크타임이 아니더라도 그게 습관화가 되어 조용한 시간에도 무리하게 업어 가려 하고 곡예운전과 난폭운전을 일삼는 동료 기사들을 어렵지 않게 볼 수 있으므로 필자가 한 마디 거드는 것이다. 그 사람들은 목숨이 두세 개쯤 있는 지 물어보고 싶다. 앞서 밝혔지만 필자가 배달대행에 관련된 책을 쓰고자 마음먹었던 가장 큰 이유는 인터넷이나 유튜브에 떠도는 파편적인 정보들보다는 현업에서 몇 년 간 쌓은 경험을 바탕으로 이 일을 처음 시작하려는 분들이나 시작하려 고민 중인 분들에게 조금이나마 실질적인 도움을 드리고자 했던 부분이 가장 컸지, 이 직업이 아주 좋은 직업이라서 권장하고 추천하고 싶었던 것은 아님을 한 번 더 밝혀둔다. 하루에 10시간 이상 오토바이를 타는 것은 대단히 고단한 일이다. 게다가 레저나 취미로 타는 게 아닌, 시간을 다투어가며 배달을 목적으로 타는 것은 많은 잠재적 위험요소를 가지고 있는데, 무리하게 욕심을 내어 사고위험을 일부러 더 가중할 필요가 있는가? 아무리 스스로 조심을 하고 주의를 기울여도 사고는 어느 순간 어떻게 나도 모르게 발생할 수 있는데, 왜 스스로 사고 가능성을 높여가며 하루살이 같은 삶을 살아가는가?

필자 주변에는 하루에 70콜을 했네, 80콜을 했네, 혹은 그 이상을 했네, 하루에 얼마를 벌었네 하며 어리석은 자랑을 해대는 동료 기사들을 왕왕 볼 수가 있는데, 필자는 그런 사람들이 하나도 부럽다거나 대단하게 보이지가 않는다. 본인의 목숨을 담보로 위험한 도박을 한 것이나 마찬가지인데, 그들은 당장 두둑해진 지갑에 가려 그 사실을 모르고 있는 것이다. "준법운전하면 폭망한다." 라고 소제목을 붙인 이유는 피크타임에는 준법운전만을 할 수 없는 배달세계의 사정을 하소연하기 위함도 있어서지만, 그보다는 과도한 욕심으로 무리하게 눈앞에 보이는 돈만 보면 진짜 폭망한다는 메시지를 전달하고 싶었기 때문이다. 배달대행을 갓 시작하였거나 시작하려는 분들은 한번쯤 스스로에게 물어보시라. 내 목숨을 고작 3,000원과 바꾸고 싶은지….

페이스메이커 없는 마라톤

세계적인 마라토너들도 훈련을 하거나 공식대회에서 자칫 페이스를 잃을까 봐 페이스메이커의 도움을 받는다. 자신의 몸은 자신이 가장 잘 안다고 믿고 있지만 여러 가지 주변상황에 따라 살아가며 우리는 때때로 자신만의 페이스를 오버하거나 잃어 무리했던 경험이 한번쯤 있었을 것이다. 배달대행도 마찬가지이다. 풀타임 근무를 하는 종일반일 경우 평균 10시간 이상을 오토바이를 타야 하는 것도 실상 고된 일이지만, 주문이 집중되는 점심시간대와 저녁시간대, 그리고 그 사이의 한가한 시간에 스스로 페이스 조절을 하지 않으면 안 되는 것이다. 보통 11시부터 13시까지 두 시간 정도 점심 피크타임으로 바쁘고 13시부터 18시까지는 비교적 콜이 뜸한 한가한 시간이다. 그리고 18시부터 21시까지 세 시간 정도 저녁 피크타임으로 바쁘다. 시간대별로 변화하는 주문 상황에 따라 체력을 잘 조절하여 바쁠 때는 100m 달리기 마냥 움직여야 하고, 한가할 때는 산책하듯이 쉬엄쉬엄 해야 한다. 간혹 신입기사 중에 의욕이 넘쳐 하루 풀타임을 100m 달리기 하듯 전력질주를 하는 사람들을 볼 수 있는데, 대부분은 며칠 못 가 몸살이 나거나 제 풀에 지쳐 일을 그만 두기도 하는 이유가 페이스 조절에 실패했기 때문이다.

서두에 마라톤 얘기를 꺼냈듯이 크고 작은 마라톤 대회에는 기록대별로 등에 풍선을 달고 뛰는 전문 페이스메이커들이 있다. 내가 만약 풀코스를 4시간 안에 완주하고 싶다면 그 그룹의 페이스메이커만 따라가면 된다. 스스로 체력 조절을 하고 자신만의 페이스 조절을 할 수 있기 전까지 나만의 페이스메이커를 만들어보자. 본인이 소속된 배달대행 사무실에서 하루에 30개를 하든, 40개를 하든, 50개를 하든 자신이 원하는 개수를 매일 하는 동료 기사 한 명을 마음속으로 선택하고, 그 동료 기사를 자신만의 페이스메이커로 삼는 것이다. 페이스메이커로 지정한 동료 기사가 100m 달리기 하듯 전력질주를 하면 본인도 따라서 전력질주를 하고, 식사를 하고 잠시 쉰다면 본인도 따라서 식사하고 같이 쉬고, 잠깐 낮잠을 즐기며 체력보충을 한다면 본인도 따라며 일거

수일투족을 따라하는 것이다. 며칠만 이렇게 페이스메이커를 한번 따라서 해보자. 아마도 100% 똑같진 않더라도 본인이 원하는 개수에 거의 근접해 있을 것이다. 단, 주의할 것은 갓 입사해서 하루 종일 해도 30개 완료하기도 빠듯한 병아리 기사가 하루에 7,80개를 하는 베테랑 기사를 페이스메이커로 지정하는 것은 어불성설이다. 똑같이 따라할 수도 없을 뿐더러, 따라한다고 해도 그만큼 해낼 수가 없다. 오랜 세월 경력과 노하우로 축적된 실력을 며칠 만에 따라할 수는 없기 때문이다. 필자의 경험상, 배달대행은 마라톤과 여러 면에서 닮은 점이 있다. 스스로 체력을 조절하여 끝까지 완주를 해야 하는 점이 닮았고, 누가 대신 뛰어줄 수 없고 혼자 뛰어야만 하듯 하루종일 혼자서 돌아다니는 일인 만큼 참 외롭고 쓸쓸한 면에서 크게 닮았다.

출발선에 이제 막 들어선 당신! 부디 중간에 지쳐 낙오되지 말고 당신이 원하는 골인 지점까지 사건 사고 없이, 부상 없이 완주하시길 진심으로 바란다. 이 땅의 모든 동료 라이더들에게도 진심으로 파이팅을 외친다.

하다보면 요령이 생긴다

요령, "일을 하는 데 꼭 필요한 묘한 이치" 라고 국어사전은 요령에 대해 묘하게 설명을 해놨는데, 어쨌든 어떤 일이나 오래 하다보면 숙련이 되기 마련이고 거기에는 요령이 생기는 것은 분명하다.

배달도 하다보면 요령이 생기기 나름이다. 경력이 쌓이게 되면서 스스로 터득하고 깨우치게 되는 부분들도 있지만 타 업종에 비해 배달음식시장만의 특성이 하나 있으니 그건 바로 그 고객이 그 고객이라는 말이다. 어쩌다 한 번 배달음식을 시켜먹는 사람들보다는 정기적으로 배달음식을 시켜먹는 사람들이 항상 주문을 하고 또 주문을 한다는 것이다. 그때그때 주문하는 메뉴가 다를 뿐이지 어제 치킨을 시켜 먹었다면 오늘은 피자를 시켜먹고, 또 그 고객이 내일은 다른 메뉴의 음식을 시켜먹는다는 것이다. "어, 어제 시켜먹었던 그 집이네." 라고 생각되는 일이 많음을 자주 경험하게 될 것이다.

"OO빌라 101호로 OO치킨 배달 주문" 오더가 있다고 치자. 며칠 전에도 OO빌라 101호로 저녁에 배달을 왔었는데 1층 현관에서 101호를 호출하니 호출음은 들리는데 문을 열어주지 않는 것이다 두세 번 더 호출을 시도하다가 반응이 없자 고객에게 전화를 걸어보니 OO빌라는 현관인터폰이 고장 난 상태였고 특이하게도 101호가 건물 내부가 아닌 주차장 옆에 위치해 있는 것이었다. 처음 OO빌라 101호로 배달을 왔을 때는 현관에서 호출을 두세 번 하느라 시간이 소비되고 고객과 통화 하느라 시간이 소비되었지만 두 번째 배달 올 때는 그런 시간들이 단축되고, 예전의 이슈가 있었던 만큼 더 정확히 머릿속에 기억이 되어 "아! OO빌라 101호~"하며 지도를 보지 않아도 바로 찾아올 수 있다. 현관에서 호출하지 않고 바로 주차장 옆으로 향하게 되는 요령이 생기는 것이다. 실제로 현장에서는 이런 경우가 허다하다. 그래서 경력이 오래된 기사들은 일일이 지도를 보지 않아도 주로 배달을 자주 시키는 원룸이나 빌라 혹은 건물들의 위치를 기억하고 있으며 심지어 현관 비밀번호까지 거의 정확하게 기억하고 있으니 배달처리 시간이 빨라질 수 밖에 없다.

말 나온 김에 하나 더 하자면, 단독주택도 그렇지만 특히, 다세대주택에 왜 그리도 현관인터폰이 고장 난 채로 방치해두는 곳들이 많은 지 모르겠다. 생각해 보면 비밀번호를 알고 있으니 그곳에 사는 그들은 불편함을 모르는지 몰라도 신속하게 배달을 완료해야 하는 우리들은 대답 없는 현관 앞에서 홀로 애가 타는 것이 부지기수이다. 하지만 그 또한 경력이 쌓이면 별로 당황하지 않게 되는데 그 비결은 원룸이나 빌라 등 다세대 주택의 대부분의 현관 비밀번호가 웃기게도 0000, 1111, 1004, 2580, 7979, 1234 이런 외우기 쉬운 숫자들로 설정되어 있기 때문에 위 숫자들을 눌러본다면 십중팔구는 "열려라 참깨"처럼 쉽게 열린다는 것이다. 별 것 아닌 것처럼 볼 수도 있는 것이지만 이런 깨알 같은 요령들이 쌓이고 쌓여서 한 콜당 처리시간을 단축시키고 다른 신입기사들보다 많은 소득을 올리는 밑천이 되는 것이니 무시하면 안된다. 그리고 신입기사라면 작은 수첩을 하나 갖고 다니거나 핸드폰 메모장에 처음 가는 원룸이나 빌라 등의 현관 비밀번호를 메모해 놓는 습관을 가지는 것도 꿀팁이 될 수 있다. 현관에서는 고장으로 세대호출이 안 되고, 음식을 주문한 고객은 전화를 받지 않고, 이럴 때는 정말 피가 마르는 심정인데, 평소에 메모한 비밀번호가 있다면 이 난국에서 나를 구해주는 튼실한 동아줄이 되는 것이다. 기억하자! 현관 비밀번호 메모하기!

갈수록 사회 전반적으로 경기가 안 좋다고 한다. 경기가 나빠질수록 외식소비도 줄어들고 사람들이 허리띠를 졸라 맨다. 하지만 아무리 경기가 나빠진다고 사람들이 밥조차 굶지는 않으니 염려마시라. 오히려 1인 가구와 맞벌이 가정의 증가로 배달시장은 점점 커지고 있는 추세이며, 배달앱의 지속적인 성장과 맞물려 배달대행 또한 전망은 나쁘지 않다. 더불어 한 가지 바람이 있다면 열악하고 위험에 노출된 우리들을 안전으로 감싸줄 수 있는 법적시스템이 갖춰지고 배달료가 조금만 더 올랐으면 하는 것이다. 갈수록 시장이 커져가고 있고, 일반 소비자들의 인식 또한 점차적으로 개선되고 있는 중이니 우리들의 노동환경과 처우도 점진적으로 개선되리라 전망한다. 게다가 이제 막 입문하려는 독자들은 두렵고, '과연 내가 이 일을 해낼 수 있을까?' 싶어 걱정이 이만저만 아닐 것이다. 필자 역시 처음에는 그랬으니깐 그 심정 모를 리 없다. 하지만 하다보면 요령이 생기니 너무 걱정마시라 선배로서 어깨 토닥여 드리니 시작도 하기 전에 겁부터 먹지 말고, 이 책의 마지막 장을 덮을 즈음에는 당당하게 오토바이 위에 앉아 있는 자신의 모습을 상상해보길 바란다.

배달도 기술이다

배달도 기술이라고 말하면 어떤 이는 코웃음을 칠지도 모르겠다. 자장면 한 그릇 갖다 주는데 무슨 기술 같은 게 필요하다고 치킨 한 마리 배달해 주는데 무슨 기술이 있겠냐고? 배달 따위가 무슨 기술이라고? 배달을 하찮게 여기는 편견이 있기도 하겠지만, 배달을 잘하기 위해서 필요한 의외로 많은 요소들을 모르기 때문이다. 그렇다면 기술(技術)이란 단어의 사전적 뜻은 무엇일까? "사물을 잘 다룰 수 있는 방법이나 능력"이다. 배달을 잘하기 위해서도 여러 가지 방법이나 능력이 필요하며, 그런 것들을 두루 갖춘 탁월한 이들을 우리는 생활의 달인이라는 TV프로그램에서도 어렵지 않게 볼 수 있다. 그렇다면 배달대행업에 있어서 배달을 잘하기 위해서 어떤 구체적인 것들이 있을까를 말하기 전에 다시 한 번 배달대행 시스템을 되짚어봐야겠다.

오더 찍기 ⇒ 음식 픽업 ⇒ 배달 완료

아주 간단해 보이면서도 간단하지 않게 숨은 것들이 많으니, 이 글이 끝날 때쯤이면 배달도 기술이라는 필자의 생각에 조금은 고개가 끄덕여질 거라 짐작한다.

첫 번째 오더 찍기

누구보다도 빠른 순발력과 계산이 필요하다. 내 눈앞에 보이는 오더를 하나 찍기 전에 현재 내 위치에서 업소까지 걸리는 시간과 음식이 나오는 시간을 순식간에 계산해야 하며, 몇 개의 음식을 이미 픽업한 상태라면 그 음식들의 완료시간까지 계산을 한 후에 비로소 새로운 오더 하나를 찍을 수 있다. 아무것도 싣지 않은 공차로 잠시 정차한 상태로 새로운 오더를 찍는 것이라면 그나마 선택하기도 쉽고 이것저것 계산할 게 적지만, 몇 개의 음식을 픽업한 상태로 주행 중에 새로운 오더를 추가시키는 것은 어지간한 경력이 있는 사람도 쉽지 않은 일이다. 안전운행을 위해 전방을 주시하면서 뒤에 실린 음식의 안전을 위해 움푹 패인 곳은 없는지 과속방지턱은 없는지 노면 상태까지 고려하면서 수시로 위협운전을 해대는 주변차량까지 살펴가며 시시각각으로 떴다가 사라지는 새로운 오더들 중에서 내게 필요한 오더만을 잽싸게 낚아채는 것은 여간 어려운 일이 아닐 수가 없다. 몇 년의 경력이 있음에도 불구하고 필자는 순발력이 뛰어나지 않아 아직도 종종 뒷북을 치기도 한다. 새로운 오더가 사라지고 난 뒤에 아참, 저 콜은 내가 찍어도 되는 것인데 하고 탄식을 내뱉게 되는 게 아직도 한두 번이 아니다. 그래봤자 이미 버스는 떠난 뒤인데 말이다

두 번째 음식 픽업

오더를 찍었다고 업소에 가서 단순히 음식을 픽업해 오기만 하면 끝나는 게 아니다. 음식의 종류와 특성, 부피에 따라 어떻게 실을 것인가 하는 기본적인 사항에서부터 음식이 완성되기까지의 시간 계산과 업주의 성향에 따라 부가적으로 체크해야 할 사항들도 많으며, 도착지 주소확인과 음식포장 상태까지 눈여겨 봐야 한다. 나름대로 이동 동선을 짜고 움직이는데, 지체된 음식이라고 급송을 요구하기라도 하면 머릿속에 계획된 코스를 거꾸로 가야하는 경우도 자주 생기며, 어느 정도 이동했는데 빠트린 게 있다고 다시 와달라면 정말이지 머리에서 쥐가 나는 경우도 생긴다. 오더를 찍는 것이 순발력을 요구하는 일이라면 음식을 픽업하는 일은 여러 가지를 빠짐없이 챙겨야 하는 꼼꼼함이 필요하다.

세 번째 배달 완료

순발력을 발휘해 원하는 오더를 선택하고 업소에 가서 무사히 음식을 모셔와서 안전하게 고객에게 전달만 하면 되는 최종단계이다. 가장 손쉬울 것 같으면서 가장 많은 변수가 곳곳에 도사리고 있어 대단한 대처능력과 인내심을 요구하는 구간이기도 하다. 길을 몰라 헤매지 않고 짧은 시간에 도착지를 찾아가는 것도 능력이고 똑같은 거리를 가더라도 지름길을 많이 알아 시간단축을 하는 것도 능력이며 신호체계를 꿰뚫고 있어 요령껏 신호위반을 하는 것

도 큰 능력일 수가 있다. 하지만 곳곳에 저격수처럼 숨어있는 변수들이 무수히 많으니 변수가 발생했을 때 최단 시간 내에 대처할 수 있는 능력이 가장 큰 능력이랄 수 있으며, 여러 부류의 진상고객들 앞에서도 끝까지 미소를 잃지 않을 수 있는 인내심이야말로 조금 과장해서 인간의 경지를 넘어서는 일이 아닌가 싶기도 하다. 업소의 실수로 주소가 틀리는 경우도 많지만 고객이 주소를 잘못 알려줘서 낭패에 빠지는 경우도 허다하며, 비밀번호가 있는 건물에 살면서 비밀번호를 알려주지 않고 전화연락조차 안 되는 경우도 비일비재하다. 엘리베이터 점검으로 운행이 안 되는 걸 알면서도 배달을 시키는 고층고객도 있으며, 배달을 시켜놓고는 외출을 하거나 샤워를 한다고 전화두절로 연락이 안 되는 고객들앞에서도 끝까지 친절함을 유지하다보면 몸에서 사리가 나올 것 같기도 하다.

순발력과 빠른 계산, 꼼꼼함, 인내심 등이 요구되는 배달을 전문적으로 하는 배달대행이라는 일을 하고자 이 글을 읽고 있는 독자들이여! 어떤가? 이쯤 되면 배달도 기술이라는 필자의 의견에 동의하는가? 배달도 기술이다. 배달직도 전문직이다. 그런 마음가짐으로 항상 임한다면 주위의 시선에 아랑곳없이 충분히 뿌듯할 수 있고 보람을 느낄 수 있다고 필자는 생각한다.

사람 사는 세상

배달대행이라는 일의 특성상 남들보다 내가 더 빨리 콜을 찍어야 곧 소득으로 이어진다. 내게 찍힌 그 콜은 누군가도 찍고자 했던 콜이 었지만 놓친 콜일 수도 있으며 반대로 나도 동시에 찍었지만 다른 누군가에게 넘어가고 닭 쫓던 개 지붕 쳐다보는 격이 되는 경우도 허다하다. 비수기일 때는 더 말할 나위도 없고 비교적 주문이 한가한 시간대에도 뜨문뜨문 뜨는 콜을 잡기 위해 노력하는 배달대행 기사들의 눈빛은 가히 전투적이라 해도 무방하겠다. 주행 중에도 전방을 주시하기 보다는 온몸의 세포를 스마트폰에 집중시켜 스마트폰을 보며 주행하는 사람이 있는가 하면, 밥을 먹을 때도 한 손가락은 스마트폰에서 0.1㎜ 간격을 유지한 채로 밥을 먹기도 한다. 심지어 콜 찍기 힘들다면서 한겨울에 방한토시도 장착 안 하고 일하는 동료기사도 있었다. 그 비장함에 필자는 섬뜩함마저 들곤 했었다.

　일의 시스템이 이렇듯 누구나 공평하게 나눠가질 수 있는 구조가 아니다 보니 소득격차가 나는 것은 당연하며 개개인의 노력과 능력치에 따라 그 편차는 클 수밖에 없는데, 그것보다 더 심한 문제는 이 일은 오래하면 오래할수록 사람을 점점 이기적으로 변화시키는 경향이 큰 것 같아 안타까운 마음 금할 수가 없는 점이다. 필자의 경험을 바탕으로 적는 개인적인 견해라 이견의 소지도 크겠지만 필자가 겪은, 혹은 지금도 겪고 있는 주변의 동료기사들을 보면 그런 생각들이 참 많이 들곤 한다. 오로지 자신밖에 모르고 자신이 하고 싶은 것만 하는 My way형 동료기사가 여럿 있다. 누군가는 딴 사람 생각할 필요 없고 내 갈 길만 가면 된다라고 얘기하고, 또 누군가는 딴 사람 사정 봐주다가는 정작 내가 깡통찬다라고 말하기도 하지만, 그래도 과유불급이라는 말도 있지 않은가? 뭐든 적당히 해야 뒤통수가 따갑지 않다는 것은 세상 살만큼 살았으면 누구나 다 알법한 말이 아닌가 말이다. 재주 좋아 꿀콜 서너 개 엮어가면서 룰루랄라 할 때 누군가는 똥콜 하나 들고 묵묵히 목적지로 향한다. 그 사람은 생각 없는 바보라서 그렇게 콜을 타겠는가? 빠지지 않는 똥콜의 근처에 있으면서도 끝까지 나 몰라라 하고 꿀콜만을 밑장빼기 해서 남들보다 몇 개 더 하면 그렇게 행복한가 물어보고 싶은 것이다.

어찌 보면 극한의 직업이랄 수 있는 배달대행 일을 하기까지 각자의 말 못할 사연도 있고, 크고 작은 인생의 굴곡도 겪었는지 몰라도 똑같은 현장에서 똑같은 위험을 감수하며 똑같은 일을 하고 있는 내 주위의 동료들도 조금은, 아주 조금은 생각 좀 하며 살았으면 좋겠다. 필자가 아직 배가 덜 고파서, 혹은 아직 어설픈 감성을 버리지 못해서 이렇게 말하는 것이라고 생각하는 분들도 계실지 모르지만, 최소한 사람이 사람 사는 세상에서 사람답게 처신하며 더불어 살았으면 싶은 바람이 크기 때문에 이렇게 얘기를 한다. 하지만 아무리 얘기해도 반복되는 일상을 보면 앞서 말했듯이 이 일의 특성이 너무 뚜렷해서 쉽사리 넘어서기 힘든 부분인 것 같다.

지각, 결근 없이 성실하게 일하고, 남들 쉴 때 안 쉬고, 수다 떨면서 한 시간 이상 식사시간 가질 때 밥시간까지 줄여가며 열심히 일한 댓가로 남들보다 높은 소득을 올리는 것은 칭찬받아 마땅한 일이다. 하지만 전체적인 흐름 따위는 전혀 고려치 않고 주위의 동료 기사는 눈곱만치도 생각 안 하고 오로지 자신만의 이익만을 위해 누구보다도 얍삽하게 일해서 올린 고소득은 자랑할 일이 아닌 것이다. 어느 지역 어느 배달대행 업체라도 관제를 보고 관리 감독하는 관리자들이 있겠지만, 때때로 관리자들로만 감당이 안 되게 배달이 폭주하는 경우가 왕왕 있다. 사무실의 지원 한 푼 안 받는 평기사라고 해서 나 몰라라 하지 말고, 그럴 때 일수록 기피하는 똥콜 한두 개씩만 서로 거들어줘도 업소의 불만도 최소화시킬 수 있고 위기상황을 힘들지 않게 넘길 수 있다. 그런데도 언제라도 삐딱선을 타는 사람들이 있으니 필자가 희망하는 사람 사는 세상이 배달대행 업계에서는 쉽지 않은가 보다. 이 글을 읽는 새로 입문할 그대들만이라도 삐딱선을 타지 않기를 간절히 소망할 밖에….

아무런 구속이 없다?

배달대행을 처음 시작하려는 분들이나 알아보고 있는 분들 중에서 배달대행이라는 일에 대해 많이 갖고 있는 오해가 분명히 있는 것 같다. 특히 투잡으로 접근을 하려는 분들 중에 나는 몇 시부터 몇 시까지 시간을 낼 수가 있고, 또 어떤 때는 본업에 지장이 없는 범위 내에서 일을 하고 싶은데 상황에 따라서는 약속한 시간을 못 지킬 수도 있는데, 이런 조건에서도 배달대행을 할 수 있겠느냐고 심심찮게 물어오는 분들이 많다. 이번 기회에 분명히 말씀드리자면, 배달대행 업체는 계약을 맺은 각각의 가맹업소들에게 원활하게 배달해 줄 것을 약속하며 계약을 맺고 그 약속을 무리 없이 이행할 수 있게끔 기사를 모집하거나 반대로 소속된 기사들이 소화해낼 수 있을 만큼의 가맹점을 영업하고 유지하는 게 기본이다. 기사수와 가맹점의 개수가 어느 정도 밸런스가 맞아야 기사들도 적절한 소득을 보장받고 가맹점은 가맹점대로 배달 영업에 차질이 없이 수익창출을 해나가는 것이다. 그러기 위해서 일반퀵에 비해 배달대행 업체는 소속된 기사들을 일정부분 통제하고 관리할 수밖에 없다. 특히 근태 부분에 있어서 일의 특성상 그럴 수 밖에 없으니 이제 막 시작했거나 새로 시작하고자 하는 분들은 반드시 감안해야 되는 부분이라 할 수 있다.

예를 들어, 가맹점이 20개인 대행업체가 있고 평균 평일 기준 300~350 콜이 발생하고, 주말이나 공휴일에 400~500 콜이 발생하는 조건이라면 대행업체 대표와 관리자수를 제외하고 평기사만 6명에서 8명 정도의 풀타임 기사가 있어야 비교적 원활하게 차질 없이 사무실이 운영될 수 있다. 만약 저 소수의 인원 중에서 서너 명이 파트타임기사이고 근무시간마저 들쑥날쑥한다면 과연 사무실이 제대로 돌아갈 수 있을까? 단언컨대 절대로 제대로 운영될 수가 없다. 업주의 입장에서 매월 일정액의 관리비를 내고, 콜당 배달료까지 부담해 가며 배달대행을 이용하는데, 음식이 식을 때까지 기사가 오지 않는 일이 허다하다면 필자라도 다른 대행업체를 알아보려 할 것이며, 대행업체 대표의 입장에서 출퇴근 시간이 일정하지 않고, 바쁠 때 툭하면 빠지고 비 온다고 안 나오는 기사보다는 성실하고 책임감 있는 기사를 선호하는 게 당연한 것 아니겠는가?

평기사일 뿐인 필자가 업주를 생각하고 대행업체 대표 생각을 왜 하냐고 의문을 가지는 분이 있을지도 모르겠지만, 따지고 보면 업소가 있어야 콜이 있는 것이고, 내가 소속된 대행업체가 잘 돼야 나도 잘 되는, 업소와 대행업체 그리고 기사가 서로 맞물려 돌아가는 톱니바퀴 같은 시스템이기 때문이다. 원활하게 맞물려 잘 돌아가야 하는 톱니바퀴 중에서 어느 하나라도 겉돌거나 말썽을 일으키면 그 배달대행 업체는 절대로 롱런을 할 수 없는 것이다. 갈수록 경기는 회복될 조짐을 보이지 않고, 치솟는 물가와 내 집 마련의 꿈은 고사하고 당장 먹고 사는 것 자체가 힘들어지는 팍팍한 삶에 본업만으로 부족해 뭔가라도 좀 더 해보고자 하는 마음은 십분 이해하고도 남는다. 이해하는 선을 넘어서 그런 현실이 진심으로 마음 아프기까지 하고 필자 또한 나락에 내몰린 시기에 배달대행을 시작했던지라 공감하고 또 공감한다. 하지만 이런 감성만으로 현실을 대할 순 없지 않겠는가?

또한 최근 몇 년 동안에 급격하게 배달대행 시장이 성장함과 동시에 위험하고 힘든 일인 줄 알면서도 이 업계로 뛰어드는 종사자가 늘어나고 있는 것을 보면 막연히 고소득을 올릴 수 있다는 소문이 퍼진 탓도 있겠다. 하지만 출퇴근 시간을 비롯하여 아무런 제약 없이 내가 시간될 때 나와서 할 수 있고, 바쁘거나 사정이 있을 때는 아무 때나 일하지 않아도 제재를 받거나 불이익을 당하지 않는다는 잘못된 인식도 큰 몫을 차지하는 것 같다. 앞서 얘기했듯이 절대로 그렇지 않다. 배달대행은 일의 특성상 근태 부분에 있어서 특히 일정 부분 통제와 관리를 할 수 밖에 없으며, 다시 말해서 입사 당시 사무실과 약속한 근무 시간을 지켜줘야 하는 것이 기본이다.

물론 피치 못할 개인적인 사정이 발생한다면 양해를 구하고 시간을 조절할 수는 있고 꼬박꼬박 월급을 받는 일반 직장에 비해서는 비교적 자유로운 것이 맞으나 대책 없이 내 맘대로 할 수 있는 자유까지 있는 것은 아니라는 것을 분명히 말한다. 배달대행 말고도 본업이 있는 분이라면 당연히 본업에 지장 없기를 바랄 것이다. 본업에 차질이 없어야 하며, 본업에 부가적으로 일정부분 소득을 기대하는 것이 어쩌면 본인들로서는 당연한 것이겠지만, 투잡을 한다고 마음 먹었더라면 두 번째 일 역시 본업에 버금가는 마음가짐과 성실함으로 임해야하는 게 지극히 정상적인 직업인의 자세 아니겠는가?

배달직원과 배달대행은 다르다

프렌차이즈 페스트푸드나 치킨, 족발집이건 특정 업소에 소속된 배달 직원과 배달대행은 엄연히 다르다. 음식을 소비자에게 배달한다는 일차원적인 공통점 하나 외에는 모든 것이 다르다. "배달이 다 똑같지 뭐가 다르겠어."라는 생각으로 사전정보 없이 무턱대고 달려들었다가는 초기에 생각 외로 고생을 하게 되어있다. 한 지역에서 특정업소 배달직원으로 일하다가 동일 지역에서 배달대행을 시작하면 익숙한 지역이라 지리적 이점은 있겠지만 일하는 방식에서는 180도 다르기 때문에 초보자와 마찬가지로 적응기가 필요할 수 밖에 없다. 배달의 메카니즘 자체가 아예 다르기 때문이다. 특정업소에 소속된 전속 배달직원은 자신의 업소 음식만 배달하면 된다. 그 말은 항상 출발지가 일정하다는 뜻이며 모든 기준점이 항상 본인이 소속된 업소를 기준으로 돌아가며, 메뉴에 따라서는 여러 개의 음식을 한 번에 들고 나올 수 있어 동선에 따라 이동하기가 용이하다. 일 년 중 가장 바쁜 연말에 비교적 취급이 용이하고 부피가 크지 않은 떡볶이 같은 경우 한꺼번에 열 개를 싣고 나와도 전부 배달하는데 한 시간이 소요되지 않은 걸 필자는 본 적이 있다.

물론 배달대행에서도 고수 중의 고수인 분들은 한 시간에 열 콜을 소화해 낼 수 있지만, 그러기 위해선 조금 과장해서 눈썹이 안 보이게 목숨 걸고 달렸을 때나 가능한 개수이다. 경력자인 필자도 얼마 전에 시간당 열콜씩 네 시간 만에 40콜을 한 적이 있었다. 다음날 바로 몸살이 와서 하루 쉬었음을 고백한다. 이렇듯 절대로 노동 강도가 같을 수 없다. 소속된 배달직원이 어항 속의 물고기라면, 배달대행은 적자생존의 무한경쟁 속에서 스스로 살아남아야 하는 망망대해 속의 물고기쯤 되지 싶다.

여기저기 다니면서 픽업하고 음식 시간 생각해야 되고, 배달시간 계산해야 되고, 코스를 염두에 둬야하고, 거기다가 업주의 성향, 음식의 특성 등등 배달대행은 짧은 시간 안에 생각해야 될 게 하나 둘이 아니다. 무엇보다도 소속된 배달직원은 달리면서도 스마트폰에 온 세포를 집중하지 않아도 된다. 목적지만 생각하고 내가 이동할 동선만 생각하면 되는 것이다. 이렇게 한 업소에 소속된 배달직원에 비해서 배달대행 일이 훨씬 더 복잡다단하고 노동 강도도 세며 고된 일임이 분명하다. 그럼에도 불구하고 배달대행 일로 넘어오는 분들이 많은 이유는 전에 누릴 수 없었던 자유로움과, 많이 하는 만큼 본인의 소득으로 직결되기 때문일 것이다. 월급이라는 안정된 소득이 보장되는 대신에 일정 부분 구속이 있는 업소 소속직원보다는 그에 비해 비교적 자유롭고 더 위험하기는 하지만 좀 더 높은 소득을 올릴 수 있다는 점에서 배달대행으로 전환을 하는 것이 아닌가 싶다.

살아가는 이치가 그렇듯 세상에 완전한 공짜는 없다. 두 마리 토끼를 잡는다는 것은 그만큼 어려운 것이다. 어느 토끼를 잡을 것인가는 개인의 성향과 적성에 따라 모두 다르겠지만, 새로운 하나를 얻기 위해서는 기존의 하나를 버려야하는 것이 당연한 일이다. 이 글을 보는 독자 중에서 현재 어느 특정 업소에 소속된 배달직원을 관두고 배달대행 일을 시작해 보려 생각 중인 분이 없지는 않으신가? 앞서 말한 대로 행여 배달대행을 가볍게 보고 선뜻 전향을 고려하고 있지는 않는가? 절대로 배달대행을 쉽게 생각하지 마시라 당부 드리고 싶다. 어떤 일이든 보는 것과 직접 해보는 것은 절대로 똑같지 않다. 외람된 얘기지만 그래도 이 글이라도 본 그대들은 그렇지 않고 달려드는 분들에 비해 조금이라도 정보를 얻은 셈이니 아주 약간은 덜 헤매게 될 것이지만, 그래도 조금 더 신중히 알아보고 움직이길 바란다.

카더라에 현혹되지 마라

이상하게 이 업계 종사자들은 허풍이 좀 심한 것 같다. 허풍인지 허세인지 뻥인지 구라인지 뭐 암튼 다 비슷비슷한 단어들이지만, 세 살 꼬맹이가 들어도 알만한, 누가 봐도 뻔한 거짓말인데, 입에 침까지 튀겨가며 사실인 양 과장 아닌 과장하기를 좋아하는 사람들을 어렵지 않게 볼 수 있다. 그러니 이 업계에 갓 들어온 초보 기사분이나 예비 기사님들은 좀 더 진중해졌으면 좋겠다. 필자는 배달대행을 하면서 광역퀵에 더 매력을 느껴 마음이 흔들렸던 적이 있었다. 그런데 11시부터 일을 시작해서 점심시간 때 한 차례 피크타임을 치르고 나면 두 시간 바짝 해봤자 아무리 성수기일 때라도 필자의 경우 평균적으로 10콜에서 15콜 정도가 완료 콜수이며, 금액으로 치면 3만 원에서 5만 원 안팎이 되겠다. 그 시간쯤에 교차로에서 신호 대기 중에 마주치는 광역기사들에게 "오늘 얼마 버셨어요?"라고 물어보면 열에 아홉은 내가 상상할 수 없었던 금액을 얘기하곤 했다. 물론 광역퀵이 배달대행보다 몇 시간 일찍 시작하는 것도 알고 있었고, 콜당 단가도 세다는 건 알았다. 그리고 그걸 감안하더라도 예상할 수 없었던 수입을 올렸다고 말하는 사람들을 많이 만나봤던 탓에 거기에 혹해 얼마동안 필자도 광역퀵으로 외도를 했던 적이 있었다. 하지만 실제로 필자가 겪어보니 허풍이었음을 알 수가 있었는데, 배달대행을 하는 사람들 중에도 허풍이 심한 사람들이 많다는 걸 자주 느끼게 된다.

어제 얼마를 했네. 이번 달에 얼마를 벌었네. 누구는 몇 콜을 했다더라. 누구는 얼마를 벌었다더라 이런 얘기를 요즘도 자주 듣게 되는데, 대부분은 사실보다 어느 정도 뻥튀기가 되는 경우가 더 많고, 그런 카더라 통신의 사실 유무보다도 필자는 더 이해가 안 되는 게, 왜 남의 개수와 소득에 그렇게 관심을 가지는지였다. 남이 몇 개를 하고 얼마를 버는 지가 왜그리 궁금하고 중요한 것일까? 이 일의 특성과 생리를 잘 모르는 초보기사일 경우에는 아직 확신이 안 섰기 때문에 어느 정도 궁금하고 남들의 수입이 자신의 미래 목표수입이라 생각해 솔깃할 수도 있겠으나 그렇다 치더라도 이 글을 읽는 이후부터는 남들의 수입에 더 이상 궁금해 하지 않았으면 좋겠다. 별로 의미를 두지 말고 그런 얘기를 듣더라도 그런가보다 한 쪽 귀로 흘려보냈으면 좋겠다. 나도 나름대로 열심히 했는데 같은 시간대 턱없이 많이 번 사람들을 보고 상대적 박탈감을 느낄 필요가 전혀 없는 것이다.

각 지역마다의 수수료가 동일하지 않고, 지역적인 특성도 모두 같지 아니하고, 근무여건이나 상황이 제각각 천차만별인데다 개개인의 능력치와 숙련도까지 다르니 단순히 동일시간대 나는 이것 밖에 못 벌었는데 비교를 하는 것 자체가 무의미한 짓이다. 위의 모든 조건들이 동일한 상황에서도 당신보다 훨씬 높은 수입을 올리는 사람이 있다면 그 사람은 하루에도 몇 번씩 염라대왕 앞까지 갔다 왔다 하기를 밥 먹듯이 하는 사람이 분명하다. 동서고금을 막론하고 원래 빈 수레가 요란한 법이다. 남들 수입 따위에 관심 가지지 말고 사고 없이 안전하게 하루를 보낸 것에 더 큰 만족을 하는 게 현명하고, 쓸모없는 정신적 에너지 낭비를 하지 않는 길이 아닐까 싶다. 하다보면 요령도 생기고 자신만의 노하우도 생겨서 누구나 차차 처음보다는 나아진다. 자신의 페이스를 유지하면서 소신껏 우직하게 하는 게 더 중요하다. 남들 수입을 부러워할 필요도 없고 동료기사의 고소득을 배 아파할 필요는 더 더욱 없다. 어설피 황새 흉내 내다가는 가랑이 찢어지기 십상이니. 부디 카더라에 귀 얇아지지 말고 안전운전에 더 주의를 기울이길 당부 드린다.

케세라 세라(Que sera sera)

콜이라는 게 참 그렇다. 너무 없어도 문제이지만 너무 많아도 문제가 된다. 굵은 빗줄기 속에서 기사들마다 모두 서 네 개씩 심지어 대여섯 개씩 코스 맞춰 싣고 부지런히 처리하고 또 처리해도 비웃기라도 하듯 쉼없이 주문이 몰아쳐 오더판에 수십 개씩 밀려있으면 넘쳐나는 콜들이 좋기만 한 것은 아니다. 굳이 관리자가 아니라 누가 보더라도 부담스럽기 짝이 없는 상황이다. 비수기 때 야속하게만 느껴지던 빈 오더판이 심지어 반갑게 여겨질 때도 있다. 드디어 다 해냈구나 싶은 안도감이 들기 때문인데, 몇 차례의 계절을 겪다 보면 어느 정도 경력이 있는 기사들은 비수기나 성수기를 대하는 자세가 초보기사들보다는 의연해 진다. 비수기 때 조바심 낸다고 없던 콜이 "금 나와라 뚝딱" 처럼 생기지 않는다는 것을 알고, 성수기 때 힘들어 죽겠다고 엄살만 부린다고 해결되지 않는다는 것을 잘 알기 때문이다.

> 많으면 많은 대로 하는 거고
> 없으면 없는 대로 하면 된다

겨울 지나 봄이 되면서부터 비수기에 접어들어 조금 조용해지면 콜이 없다고 유난히 징징대는 유아기적 행동을 보이는 사람들이 있다. 콜 없다고 일찍 들어가 버리고, 비 온다고 툭하면 무단결근을 일삼고, 갖은 핑계를 둘러대며 불성실하게 일하는 사람들을 이 업계에서는 어렵지 않게 볼 수가 있다. 그런데 그런 사람들은 콜이 많고 적고의 문제가 아니라 천성이 게으른 사람이라고밖에 볼 수가 없다. 미래는 현실에 대한 보상이다. 주어진 하루하루를 열심히 살아내고 최선을 다했을 때 조금이라도 나은 미래가 있지 하루살이처럼 그때그때 내키는 대로 즉흥적으로 사는 사람에게 무슨 장밋빛 미래가 있겠는가?

해서, 배달대행이라는 일은 눈앞에 보이는 콜만을 처리하는 것이 전부가 아니라는 게 필자의 생각이다. 언제 어떻게 한꺼번에 터질지도 모르는 콜을 대비해서 자리를 보존해줘야 하고, 그러기 위해선 애초에 약속한 근무시간을 어느 정도는 지켜줘야 하는 것이다. 조금 조용하다고 징징대지 말고, 있으면 있는 대로 없으면 없는 대로 쉬엄쉬엄 하면 된다. 평소보다 몇 개 덜 했다고 밥 굶는 것도 아니고, 자신의 목표치보다 조금 못 했다고 큰 난리가 나는 것이 아니지 않는가? 많을 땐 좀 더 벌어 가면 되고, 없을 땐 좀 덜 벌면 된다고 마음 편하게 생각하자. 사실 콜이 많을 때나 적을 때나 갖은 핑계로 손 놓지 않고 꾸역꾸역 하다보면 퇴근 무렵에는 별 차이 없다는 걸 겪어본 사람들은 알 것이다. 케세라 세라. 될 대로 되라는 부정적 의미가 아니다. "어떻게든 될거야. 잘 될거야." 라는 긍정적 의미를 내포한 말이다. 감나무 아래서 입만 벌리고 있어서는 잘 될 리가 없을 터, 꾸준하게 하루하루 성실히 살아가는 이에게 행운이 따를 것이다. 콜이 있으면 있는 대로, 없으면 없는 대로 그렇게 하루하루를 열심히 살아가면 되는 것이다

민폐보다 개인 취향이 우선시 될 수는 없다

오래전 TV에서 모 개그맨이 오토바이의 경적소리를 흉내낸 "빠라 빠라 빰"을 유행어처럼 남발하더니 또 얼마 전엔 요즘 잘 나가는 블랙핑크의 휘파람이라는 노랫말 중에도 빠라 빠라 빰이라는 가사가 있어 재미있어 했다. 일반인들이 오토바이에 대해서 부정적으로 보는 가장 큰 이유 중의 하나가 아마도 폭주족 때문이 아닌가 싶은데, 폭주족을 생각하면 금방 연상되는 단어가 "오빠 달려~"와 경적음으로 들리는 "빠라 빠라 빰"일 것이다. 예전엔 그저 시끄럽게 왜 저러고 다니지 정도로만 생각했었는데, 이제 막상 필자도 오토바이를 타는 일을 하다 보니 흡사 폭주족을 떠올리게 하는 일부의 젊은 오토바이 운전자들을 보게 되면 나도 모르게 눈살이 찌푸려지는 걸 감출 수가 없다. 교차로에서 신호대기 중에 정차해 있으면 저 멀리서부터 고막이 찢어질 듯한 볼륨의 노래를 틀어놓고 옆에 와 멈추어 선다. 고출력의 스피커를 통해 온 동네가 떠나갈 만큼 시끄럽게 노래를 들으면서 주변 시선은 아랑곳없이 정작 본인은 신나는 표정이다. 고개 돌려보면 오토바이 후미엔 어김없이 배달통이 달려 있다. 마음 같아서는 정말 뒤통수라도 한방 후려치고 싶은 마음이 굴뚝 같지만 참는다.

머플러는 또 어떤가? 머플러 튜닝을 해서 어마무시한 굉음 때문에 얼마나 시끄러운지 모르는데, 밤이 되면 더 가관이다. 소나무에 꼬마전구를 둘둘 돌린 크리스마스 트리는 저리 가라 할 만큼 오토바이 구석구석에 LED를 덕지덕지 붙여 이건 오토바이인지 유흥가 네온싸인인지 구분이 안 갈만큼 화려함의 극치를 보여주고, 밤길에 마주 보고 지나게 되면 눈이 부셔 안전에도 큰 위협을 받는다. 저런 상태로 배달통에 음식을 싣고 배달 다니는 폭주족 아닌 폭주족 같은 젊은 친구들을 하루에도 몇 번씩 목격하게 된다. 조용한 주택가나 아파트 단지 내에서도 전혀 볼륨을 줄이지 않고 질주를 하고, 사람이 많은 곳에서 LED를 끌 생각은커녕 더 번쩍번쩍 거리며 다니는 걸 보면 아무리 좋게 봐줄래야 좋게 봐줄 수가 없다. 단순히 개인 취향이겠거니 존중해주기엔 주변에 끼치는 민폐가 너무 크다. 곰곰이 한번 생각해보라. 저녁에 치킨 한 마리를 시켰는데 온 골목이 떠나갈 만큼 시끄럽게 노래를 틀면서 도착한 배달원과 마주하게 된다면 당신의 기분은 어떠할까? 게다가 타고 온 오토바이는 눈이 부실 만큼 번쩍번쩍 자체발광을 하고 있다면?

이렇게 말하면 어떤 이는 젊은 사람의 감각을 모르는 꼰대 같은 소리 한다고 나무랄지도 모르겠다. 만약 그런 이가 있다면 필자는 분명히 말하겠다. 감각이든 개인 취향이든 나로 인해 타인에게 불편을 주지 않아야 인정받을 수 있는 게 아니겠는가? 감각이 됐든 취향이 됐든 타인의 불편함을 외면한 행동은 본인의 이기심 외엔 그 이상도 그 이하도 아니다. 더군다나 서비스업인 배달대행 일을 하면서 저렇게 하고 다닌다는 것은 더 손가락질 받아 마땅하며, 저런 행동을 제지하지 않는 소속 대행업체의 대표라는 사람도 욕먹어 마땅하지 않겠는가? 미꾸라지 한 마리가 온 웅덩이를 흐려 놓는다는 속담이 있다. 최소한 그런 미꾸라지는 되지 말자. 절대로, 타인에게 민폐를 끼치지 않는 것보다 개인취향이 우선시 될 수는 없다.

과연 얼마를 벌 수 있을까

아이러니하게도 필자는 사실 배달대행을 통한 구체적인 수입에 대해서는 언급을 하고 싶지 않았다. 지역적인 편차도 있을 뿐더러 필자가 알고 있는 것이 전부가 아님을 누구보다도 잘 알기에 더 더욱 조심스럽기도 하고, 자칫 잘못된 정보로 독자들에게 혼돈을 줄 수도 있다는 생각에서였다. 하지만 어찌 보면 가장 중요한 부분을 빼먹고 언저리만 빙빙 돌다가 마치는 격이 될 수도 있겠다 싶어 이야기를 해볼까 한다. 군이 필자가 말하지 않아도 요즘 인터넷이나 유튜브에 떠도는 영상들을 보면 월 300부터 400~500, 심지어 연봉 1억을 벌었다는 영상까지 접할 수 있으니 필자만 침묵한다고 될 성질도 아닌 것 같다. 배달대행으로 연봉 1억이 가능한지 불가능한지 이전에 그보다 더 중요한 문제들이 많이 있음을 먼저 말해둬야겠다.

우선 첫 번째는 전국에 산재한 각 대행업체들의 여건부터 모두 다르다는 것이다. 지역적, 지리적 차이점도 있겠지만 일평균 몇 콜이 뜨는 업체이며, 소속된 기사가 몇 명이냐에 따라 기사 한 명이 하루에 벌어갈 수 있는 수입이 모두 다르다는 것이다. 필자의 경우를 예로 들자면, 필자가 소속된 대행업체는 10년이 다 되어가는 비교적 전통이 있는 업체이며, 성수기 기준 일평균 900~1,000콜이 뜬다. 오픈조, 마감조, 종일반, 주말반으로 운영되고 있으며, 소속된 전체 인원은 20~25명 정도이다. 그 중에서도 매월 최고 소득을 올리는 A급 기사의 경우 월평균 500~600만 원 정도의 수입을 올리고, B급 기사일 경우 300~400만 원 정도의 수입을 C급 기사이거나 주 2~3회만 일하는 주말반일 경우 그보다 적은 수입을 기록하고 있다. A, B, C급으로 기사를 분류한 것은 단순히 월 소득기준으로 나눈 필자만의 생각이지 다른 의미는 없으니 오해 없기를 바라며 ABC중에서 필자는 B급 기사임을 먼저 밝힌다. 그렇다면 월 300~400만 원의 소득을 꾸준히 올리고 있는 필자의 경우 어떤 방식으로 일을 하는가에 대해서 말해야 독자들의 이해가 쉬울 것 같으며, 최고 소득을 올리는 A급 기사들은 또 필자와 어떤 면에서 차이점을 보이는가를 설명해야 될 것 같다. 우선 필자는 주 1회 휴무를 원칙으로 월 평균 25~26일 근무하고 있으며, 전통적인 비수기인 4월과 10월 두 차례 휴가를 통해 여행을 다니면서 재충전의 기회를 삼는다. 평일 기준 40콜 주말 기준 50콜을 목표로 일해서 월 평균 1,000~1,300콜 정도의 오더를 처리하며, 이렇게 하다보면 월 평균 소득이 300~350만 원 선에서 왔다갔다 한다. 어떤 분들은 이 정도 벌려고 위험을 감수하며 배달대행을 하느냐고 꾸짖는 이도 종종 있는데, 그런 말에 필자는 잦은 사고와 위험 가능성에서 자유롭고 싶어 이만큼만 일한다고 말을 한다. 그 말이 사실이기 때문에 필자는 당당하게 말한다.

그렇다면 필자와 다른 A급 기사들은 어떻게 일을 하는가? 식사 및 휴식시간 제외 일평균 10시간을 일하는 필자에 비해 밥시간도 아끼고 쉬는 시간도 없이 12시간~14시간을 일을 하는가 하면, 쉬는 날 없이 30~31일을 주구장창 일만 하는 것이다. 근무패턴만 봐도 소득차이가 나는 것은 당연하지 않은가? 거기에 개인적인 능력치까지 더해지면 매월 소득차이가 나는 것이 더 당연한 것이다. 이런 사실들을 알기에 필자는 소득차이에 대한 불만은 전혀 없으며, 필자는 필자 나름대로 덜 쫓기고 덜 구애받으며 올리는 소득에 만족하며 지내는 것이다. 어떤 기사가 이번 달에 TOP을 찍었다더라. 누구는 이번 달에 얼마를 벌었다더라 따위에 눈곱만큼의 부러움도, 따라할 생각도 없다. 각자의 체력에 따라, 능력치에 따라, 또는 원하는 목표치에 따라, 내가 가장 마음 편하게 일할 수 있으면 그게 더 중요한 것이지 돈이 전부는 아니라는 가치관을 가지고 있기 때문이다. 실제로 소득이 높다는 얘기는 그만큼 콜을 많이 탄다는 얘기이며, 남들보다 콜을 많이 탄다는 얘기는 그만큼 각종 법규를 더 많이 위반하며 매사에 쫓기듯 운행을 한다는 것이다. 그것은 그렇지 않은 사람들에 비해 사고위험성이 더 크다는 것을 의미한다.

몇 번의 사업 실패와 개인사정으로 소위 말하는 밑바닥까지 갔었던 필자는 배달대행 일을 시작하고부터 얼마나 마음이 편해졌는지 모른다. 전문적인 지식이나 기술, 자본 없이 50대에 이 정도의 소득을 올릴 수 있는 일이 우리나라에서는 흔치 않기 때문이다. 물론 무더위와 강추위, 비나 눈에 온전히 노출되어 각종 사고 위험성이 도사린 힘든 일이기는 하지만, 마음먹기에 따라서는 이보다 더 편한 일도 없기에 5년 넘게 이 일을 하고 있는 게 아닌가 싶다. 어느 직종이나 장단점은 있지 않겠는가? 단지 배달대행업이라는 직종 자체가 장점보다 단점이 조금 더 많기는 하지만 이 또한 생각여하에 따라서는 단점도 장점이 될 수가 있는 것이다.

배달시장이 점점 커져가고 있고, 대기업들이 하나 둘 진출함에 따라 분명, 앞으로 종사자들에 대한 인식이나 법적 안전망은 분명히 개선되리라 전망한다. 배달대행을 시작하려는 분들이나 이제 갓 시작한 분들이 이 글을 읽고 있다면 필자는 이렇게 말해주고 싶다. 위험한 일임은 누구도 부인할 수 없는 사실이다. 하지만 무리한 돈 욕심을 조금만 내려놓는다면 어떤 일보다도 느긋하게, 여유있게, 그리고 마음 편하게 일할 수 있는 게 배달대행일이라는 사실을 6년차 경험자로서, 현직 종사자로서 말해주고 싶다. 월 500만 원! 아니면 그 이상을 나도 벌 수가 있다. 하지만 필자는 그렇게 무리하기가 싫고 목숨을 담보로 매일매일 일하기 싫다. 자, 이제 당신의 선택만이 남았다. 얼마를 벌지는….

희망을 말하다

살면서 내가 오토바이를 타고 음식을 배달하게 될 것이라고는 정말 상상도 하지 못했다. 그동안 아무 생각없이 시켜 먹었던 자장면이며, 동네 통닭이며, 그것들을 배달해 준 이들은 그 가게 주인이거나 반바지 차림에 슬리퍼 질질 끌면서 온, 오갈데 없고 배운 것 없어 할 일이라곤 이런 배달 일밖에 더 있겠냐며 곱지 않은 시선으로 봤던 배달원이었는데, 아이러니하게도 그 일을 5년 넘게 내가 하고 있으니, 사람일 참 모르는 거라는 게 정말 맞는 말인 것 같다.

'배달대행' 이라는 말로 좀 그럴싸하게 포장되었지만 우리는 배달원이다. 어느 특정 업소에 고용이 되었느냐 아니냐 차이일 뿐, 본질적으로 우리는 배달원의 신분이다. 앞서 필자도 곱지 않은 시선으로 봐왔듯이 아직까지도 우리를 바라보는 시선은 그리 따뜻하지 않은 게 사실이다. 아는 사람이라도 만나게 되면 어쩌나. 혹시 군대에서의 내 후임이나 내가 월급을 주던 부하직원이라도 만나게 되는 일은 생기지 않을까? 이 일을 처음 시작할 때 적잖이 걱정되고 망설여졌던 부분이기도 했다. 지금 생각해 보면 배부른 생각이었다. 이 글을 읽고 있는 그대들은 그대 인생에 오토바이를 타고 배달하게 될 것이라고 상상을 했던 적이 있는가? 트렁크에 골프채 싣고 틈나면 골프 치러 다니는 '사' 자 달린 직업의 동창 녀석, 연락이 뜸하냐며 밥 한끼 하자고 수시로 연락오는 중견회사의 간부인 친구녀석, 코찔찔이 꼬맹이들과 씨름하던 게 엊그제 같은데 벌써 교장, 교감을 얘기하는 친구, 저마다 각자의 자리에서 한 계단 한 계단 밟아 은퇴 후의 삶을 대비하는 나이에 필자는 몇 번의 사업실패로 한 마디로 알거지가 되어 배달대행을 생각하게 되었다. 필자의 나이 마흔 중반 때의 일이다. 이것저것 내가 할 수 있는 일들을 찾아봤지만, 정말 마땅히 할만한 일도, 오라는 곳도, 반겨주는 곳도 없던 시절이었다.

지인의 소개로 힘겹게 시작한 보험설계사 생활 1년 동안 설상가상으로 몇 백만 원의 빚까지 생겨 내 호주머니 사정은 친구들 만나 소주 한 잔 사줄 형

편도 안 되었다. 도대체 어떻게 살아야 하나? 끝이 보이질 않는 긴 터널 속을 혼자 걷는 기분이었다. 앞이 보이질 않고 희망이라고는 상상도 할 수 없는 힘든 시간을 걷고 있었다. 우연찮게 생활정보지 구인란을 뒤척이다 배달대행이라는 일을 접하게 되었다. 오토바이를 타 본 적도 없는데, 배달이라고는 '배' 자도 모르는데, 내가 할 수 있을까? 그리고 오토바이 한 대 살 돈조차 내겐 없는데, 그래도 할 수 있을까? 망설이고 망설이다가 용기 내어 찾아간 배달대행 사무실에서 처음으로 이 일을 시작하게 되었다. 처음 타 보는 오토바이에 처음 해보는 배달이었으니, 일일이 설명하지 않아도 뻔했다. 길을 못 찾아 헤메는 건 기본이었고, 늦었다고 욕먹는 건 이루 셀 수도 없었다. 잠시도 안 쉬고 하루종일 열심히 해봤자 내 손에 쥐어진 액수는 실망스런 금액이었지만, 그래도 이나마 할 수 있는 일이 있다는 것에 오랜만에 행복하다는 생각이 들었다. 그렇게 한두 달 하다 보니 조금씩 일이 익숙해지기 시작했다. 비록 힘들다는 생각이 들고 어린 친구들에 비해 힘에 부치다는 생각도 때때로 들었지만, 몇 달이 지나니 퇴근 후에 식구들 먹으라고 닭 한 마리씩 포장해갈 수 있는 여유도 생기기 시작했다.

몇 달이 지나고 봄, 여름, 가을, 겨울 사계절을 넘겨보니 어느새 마이너스이던 잔고가 플러스로 돌아섰다. 그리고 전혀 보이지 않았던 "희망"이라는 것이 어렴풋이나마 보이기 시작했다. 식구들 다 잠든 밤에 혼자 소주 마시며 소리 죽여 울었다. 당장 큰돈을 모아놓은 것은 아니지만, 비 오는 날 비 맞고, 더운 날 굵은 땀방울을 흘리며 힘겹게 계단을 오르내리고, 한겨울에 칼바람을 견뎌내며 오토바이를 타고 있던 내 모습이 순간 주마등처럼 지나갔다. 서럽고, 한편 견뎌낸 자신이 대견스럽고, 조금만 더 참고 열심히 하다 보면 좀 살 것 같다는 안도감이 들어서였을까? 그렇게 한참 동안 눈물이 흘렀던 것 같다.

5년이 지나 6년째 접어 들고 있다. 길을 못 찾아 헤메기 일쑤던 내가 이제는 주소만 봐도 거의 다 안다. 어지간한 빌라나 원룸, 큰 건물은 주소가 없어도 찾아갈 수 있다. 그렇다고 초보 시절에 비해 수입이 눈에 띄게 크게 나아진 것은 아니다. 그때에 비해 체력도 많이 떨어졌고, 초보 때에 비해 욕심도 많이 내려놓았기 때문이다. 하지만 무엇보다도 지금은 항상 "희망"을 품고 산다. 영원히 내겐 없을 거 같던 "희망"을 말할 수 있게 되었다. 그리고 5~6년 전의 나처럼 힘겹게 이 일을 선택하고 망설이는 이들에게 진정성 있는 조언도 해줄 수 있게 되었다.

　얼마나 감사한 일인가? 한 번에 큰 돈을 버는 일은 절대로 아니다. 하지만 다치지 않고, 하루하루 열심히 꾸준히 하다 보면 영원히 끝이 보이지 않을 것 같던 긴 터널의 끝이 보인다. 필자처럼 희망을 말할 수 있는 날이 반드시 온다. 독자 중에 5~6년 전의 필자처럼 암울한 터널을 힘겹게 걷고 있는 이들이 분명히 있을 것이다. 누구에게도 말 못하고 혼자 숨죽여 눈물 흘리며 힘겨운 밤을 잠 못 드는 이들도 있을 것이다. 절대로 사고 나지 말고 꾸준히 하다보면 쨍하고 해 뜰 날이 온다고 말해주고 싶다.

　　"절대로 포기하지 말고 그때까지 다 같이 화이팅!"

각종 범칙금

1.　**안전모 미착용** : 도로교통법 제50조 제3항 - 범칙금 2만 원
2.　**신호위반** : 도로교통법 제5조(신호 또는 지시에 따를 의무) - 범칙금 4만 원
3.　**중앙선 침범** : 도로교통법 제13조(차마의 통행) - 범칙금 4만 원
4.　**인도 주행** : 도로교통법 제28조(보행자전용도로의 설치) - 범칙금 4만 원
5.　**난폭운전** : 도로교통법 제46조의 3, 동법 제 151조의 2 - 1년 이하의 징역 이나 500만 원 이하의 벌금
6.　**불법구조변경** : 자동차관리법 제 52조(이륜차의 튜닝, 등화장치 추가 설치 및 배기관 불법개조 등) - 1년 이하의 징역이나 1,000만 원 이하의 벌금

욕심과 절제의 균형 맞추기

어느 직종이든 비숙련자보다 숙련자가 많은 소득을 올리는 것은 지극히 당연한 일이다. 기술집약적인 직종일수록 그 소득차는 클 수밖에 없으며, 숙련자가 되기 위해 부단히 노력한 댓가라고 볼 수 있다. 배달대행에서 숙련자와 비숙련자의 차이는 어떨까? 물론 배달대행도 숙련자와 비숙련자의 소득 차이는 분명히 난다. 똑같은 지역, 똑같은 업체에서, 같은 시간을 일하더라도 소득 차이는 나는 것을 볼 수 있다. 빠른 판단력과 시간 계산은 기본이거니와, 완벽에 가까운 지도 숙지와 오토바이를 능숙하게 다루는 능력과 숱한 경험으로 인해 돌발상황에 대처할 수 있는 위기관리능력까지 겸비한 숙련자라면 비숙련자와의 간격은 클 수 밖에 없다. 하지만 다른 직종에 비해 그 간격을 좁히기까지 많은 세월이 필요하지 않으니 이 말은 비숙련자에게는 희망적인 이야기이자, 숙련자에게는 씁쓸하고 서글픈 사실일 수 밖에 없다.

아주 능숙하게 자유자재로 오토바이를 다루는 경지는 아니더라도, 사고 나지 않을 정도의 운행 능력과 때때로 도착지를 못 찾아 헤메는 일은 있을지언정, 한 콜을 완료하는데 30분 이상의 시간이 필요한 지독한 길치만 아니라면 성실하고 꾸준하게 하다 보면 같은 업체의 상위그룹에는 못 끼더라도 중위그룹까지 다다르는 데에는 긴 시간이 필요치 않다. 각자 개개인의 적응력에 따라 일괄적이지는 않지만, 대체로 몇 달만 해도 중위그룹까지는 어렵지 않게 속할 수가 있다. 하지만 초보자들일수록 유독 수입에만 큰 관심을 가지고 있어 우려의 마음을 금할 수가 없다. 물론 악천후와 숱한 위험을 감수하면서 하는 이 일이 자원봉사로 하는 일이 되어서는 안된다. 혹여 취미 삼아 하는 이가 있다면 볕 좋은 날 오토바이 타는 것을 즐기기에 소득과 상관없이 재미로 할 수 있다지만, 그럴 바엔 좋은 오토바이 타고 교외로 투어를 다니지 굳이 배달통 달고 정체 심한 도심지에서 매연 마셔가며 뺑글뺑글 돌 필요는 없을 것이다. 전업으로 하든, 투잡으로 하든 누구나 기본적으로 개개인이 원하는 일정 부분의 소득이 충족되길 기대하고 이 일을 시작한다. 주변에 도사리고 있는 위험요인들을 감수하더라도 내가 필요로 하는 소득을 위해 뛰어들지만, 배달대행이라는 일은 아이러니하게도 욕심과 절제 사이에서 무수히 많은 타협을 필요로 하고 있다는 것을 알아야 한다. 저울추가 어느 한쪽으로 기울지 않도록 적당한 균형을 맞추는 일이 중요하다고 말하고 싶다.

필자 주변에도 그런 동료기사가 있다. 가맹업소나 음식을 받을 소비자 생각은 전혀 하지 않고 그저 자신의 벌이에만 혈안이 되어 제 시간에 소화하기 힘들만큼 무조건 콜을 찍고 보자는 부류가 있다. 숙련도와 무관하게 마구잡이식으로 콜을 찍고 그 콜들을 수행하려 하다보면 본인에게는 그만큼 아슬아슬한 곡예운전으로 인해 사고위험이 증가된다. 반만 업소에서는 픽업이나 완료가 늦다는 불만이 나올 것이고, 식은 음식을 받는 소비자의 항의를 피해갈 수가 없다. 온·오프라인의 초보자분들로부터 몇 개씩 엮어가는 게 가장 이상적이냐는 질문을 자주 받곤 하는데, 필자는 이렇게 답을 해준다. 이상적인 개수는 본인이 감당할 수 있는 개수이다. 더 풀어 말하자면 감당할 수 있는 개수란 가맹업소와 소비자에게서 항의나 원성이 나오지 않을 정도의 시간 안에 배달완료를 할 수 있는 것을 말한다. 어떤 동료기사는 한 번에 7개, 8개를 실어 빨리 완료했다고 무용담처럼 늘어놓는데, 7~8개면 모두 픽업하는 데만 해도 시간이 얼마나 걸릴까? 음식을 받아든 일곱, 여덟 명의 소비자들은 모두 음식의 온기를 느낄 수 있었을까? 항의가 한 건이라도 없었다면 그건 운이 좋았던 것이지 본인의 능력이 아니다. 음식들을 구겨 넣듯 배달통에 싣고 눈썹이 휘날리듯 달렸을 상황은 안 봐도 비디오다. 아무리 돈을 벌기 위해 이 일을 시작했다 하더라도, 내 벌이가 중요한 만큼 가맹업소의 입장도 생각하고, 다 식어버린 음식을 받아들고 속상해 할 소비자의 입장도 생각하며 일을 했으면 좋겠다. 그 정도는 상식이 아니겠는가? 하지만 현장에선 실제로 상식 이하의 동료기사들이 비일비재하다.

처음 시작하는 입문자이거나 일하는 곳의 지역을 완전히 꿰뚫기 전인 초보기사라면 가급적 두 개 이상 엮지 말라고 당부하고 싶다. 대체로 두 개까지는 약간 코스가 틀어져도 도착지가 완전히 극과 극이 아니라면 제 시간 안에 커버가 가능하지만, 두 개와 세 개 사이에는 한 개 이상의 차이가 난다. 첫 콜에서 변수나 돌발상황이 생긴다면 두 번째 세 번째 콜도 연쇄적으로 문제가 생기고 감당하기 힘들어지는 경우가 빈번하다. 그래서 세 개 이상 엮으려 할 때는 역방향이 아닌 정방향의 코스로만 엮는 것도 중요하지만, 그 중에 고층아파트 배달이 있는지, 빠른 배달을 해야 하는 음식이 있는 지 짧은 시간 안에 여러 가지를 고려해야 하므로 어느 정도의 숙련자가 아니라면 가급적 두 개 이상은 엮지 말라고 말해주고 싶다. 두 개 정도가 초보자라도 감당할 수 있는 개수이니 한 개라도 더 엮을려고 눈에 불을 켜지 말기를 바란다.

필자도 그랬고, 이 글을 읽는 당신도 막상 일을 시작하기 전에는 배달이라는 게 오토바이 타는 일이라 위험하긴 해도 이렇게 복잡하고 어렵다고 생각하지는 않았을 것이다. 뭐 그리 힘든 일이겠냐 가볍게 생각을 했을 것이다. 하지만 막상 시작해보니 생각보다 어렵고, 복잡한 수학공식처럼은 아니라도 이것저것 대입하고 고려해야 될 사항들이 의외로 많다는 것을 알게 된다. 앞서 말했듯이 내가 원하는 수준의 벌이를 달성하고자 하는 욕심에 자칫 업소나 소비자의 불만이 생기지 않도록 절제도 필요하다. 오롯이 혼자 하는 일이라고 생각하지만, 동료기사들이 있고, 관리감독하는 사무실도 있다. 내가 원하는 것과 사무실에서 요구하는 것 사이에 적절한 조율도 할 줄 알아야 한다. 배달대행이라는 일이 평생직업으로서의 가치가 있는 일인지 아닌지의 판단은 개인의 몫이고 각자 처한 환경에 따라 모두 다르겠지만, 적어도 이 일을 그대들보다 몇 년 먼저 앞서 시작한 선배로서 말하자면, 이 일에는 욕심과 절제 사이의 적절한 균형이 아주 중요하다. 한 콜만 더해야지. 얼마만 더 채워야지. 저 콜도 내가 실어갈 수 있는데 하다가 사고가 나는 경우를 필자는 많이 봐왔다. 깨끗하게 패를 덮었으면 뒷패에 미련을 갖지 말아야 하는 포커판처럼, 도착지를 향해 스로틀을 당겼으면 내 뒤에 뜨는 꿀콜들에 대해 아무런 미련을 갖지 마라. 내가 외곽을 돌고 있을 때 시내에서 짧은 콜들만 치는 동료기사들을 욕하고 탓하지 마라. 마찬가지로 그들이 외곽을 돌고 있을 때 당신도 시내에서 짧은 콜만 할 때가 있다. 이 일이 아주 고수입을 올리고 사회적으로 인정받는 좋은 직업이라고 주변사람들에게 떠벌리고 다니고 권유하고 싶지는 않지만, 여기까지 오는데 개인의 사정이야 어찌됐건 시작하려고 알아보는 분들이나 이왕 시작한 분들에게 하는 동안 안전하게, 그리고 사람답게 일하는 방법을 필자는 선배로서 알려드리고 싶다.

진흙탕 속에서 홀로 피는 독야청청 한 떨기 연꽃 같은 존재는 아니더라도, 생존을 위해서라는 명목하에 진흙탕을 더 더럽히는 존재가 되지 않기 위해서는 욕심과 절제 사이의 적절한 균형 맞추기가 늘 필요하다.

투잡, 두 배의 수입과 위험부담

얼마 전부터 투잡족들이 부쩍 늘어났다는 게 체감적으로 느껴진다. 개인적인 사정으로 인해 몇 시간 근무 안 하는 파트타임 종사자들이야 오래전부터 있었지만 다양한 분야에서 일하던 분들이 배달을 하겠다고 오토바이를 타고 있는 요즘이다. 블루칼라 화이트칼라 할 것 없이 다양한 계층의 사람들과 문화, 예술 종사자까지 유입되고 있다. 그만큼 한 가지 일로는 갈수록 먹고 살기 힘들어지고 있다는 현실이 반영되는 대목이라 씁쓸하고, 산다는 게 뭔지 참, 혀를 끌끌 차게 된다. 이런 현상의 원인에는 무분별하게 떠도는 인터넷상이나 SNS, 혹은 유튜브 영상을 통해 막연히 고수입을 올린다는 카더라식의 정보가 분명 한몫 했으리라 짐작하지만, 실제로 겪어보면 쉽지 않다는 걸 알기까지는 오랜 시간이 걸리지 않는다. 단순해 보이지만 알고 보면 복잡하고, 쉬워 보이지만 결코 만만한 일이 아니다. 보는 것과 직접 해보는 것은 단언컨대 크게 다르다

투잡족들에게는 분명히 배달대행이 부업이고 본업이 따로 있다. 의외로 적성도 맞고 수입도 쏠쏠하다고 본업에 소홀하고 부업에 더 집중해서 주객전도가 되는 경우도 있고, 기기변경하듯 본업과 부업을 자리바꿈하는 경우도 왕왕 볼 수가 있다. 어쨌거나 선택은 개개인의 몫이지만 특별한 경우가 아니라면 본업과 부업의 경계를 분명히 하는 것이 좋다고 생각한다. 필자는 배달대행을 전업으로 하는 사람이라 한 가지 일에만 집중하고 신경 쓰면 되지만 본업과 부업, 두 가지 일을 하는 이들은 두 가지 일에 적절한 체력 안배와 시간 할애를 하고, 본업과 부업의 경계선을 분명히 긋는 게 좋다. 전날 밤에 콜 하나 더 하겠다고 계단을 급하게 오르내리고, 탄력받았다고 한두 시간 더 하다 보면 사무실에 앉아서 병든 병아리처럼 꾸벅꾸벅 조는 일이 생기기도 한다. 상사의 눈총은 물론 동료들로부터 애꿎은 오해를 받는 경우가 생긴다.

세상에 쉬운 일은 하나도 없고, 더군다나 남의 주머니에서 돈 꺼내는 일은 힘든 법이다. 하고 있는 본업이 언제라도 쉽게 내팽개칠 수 있는 일이 아니라

면 어떠한 식으로든 본업에 지장이 안 가는 범위 내에서 오토바이를 타기 바란다. 부족한 부분을 채우기 위해 두 배의 노력이 필요하고, 그 노력의 댓가로 어느 정도 수입이 충당이 되겠지만, 큰 사고라도 발생하게 되면 그때는 두 배 이상의 손실을 감당해야 한다. 겸업이 허용되지 않는 직장인이 몰래 하다가 사고라도 당하게 된다면 그 손실은 이루 말할 수가 없을 것이다.

어느 대행업체에서 일을 하더라도 필자와 같은 전업기사가 많이 있다. 전업기사와 투잡기사의 비율은 업체마다 모두 다르고, 이 일이 아무리 주변 눈치 안 살피고 자신의 벌이를 위해서 열심히 하면 되는 일이라고는 하지만, 그래도 적당히 눈치껏 했으면 하는 바람이 있다. 본업에 지장이 안 가는 범위 내에서 오토바이를 타되, 배달대행 일을 하는 몇 시간 동안은 전업기사에 버금가는 책임감과 소속감을 가지고 일을 하기를 바란다. 혹서기나 혹한기, 혹은 우천시에는 회사 핑계를 대고 자주 빠지면서, 날씨 좋고 오더가 적은 날 전업기사와 콜경쟁을 치르면 아무래도 좋은 소리 듣기는 힘들다. 힘들고 먼 곳의 오더는 나 몰라라 하며, 단거리 오더만 단물 빼먹듯이 날름날름 삼키다 보면 뒤통수가 따가울 수도 있다.

적당히, 눈치껏 할 필요성이 있는 대목이다. 어쨌거나 갈수록 산다는 게 녹록지 않아 마음이 아프다. 어린 자녀와 잠깐이라도 놀아줘야 하는 시간까지 반납하고, 직장 동료들과 골목 어귀 대폿집에서 술 한잔 기울일 여유도 없이 바로 오토바이에 올라탄다는 말을 들으면 인생살이가 왜 이리 고달픈 걸까 한숨이 나오기도 한다. 가족들과 가까운 교외로 바람이라도 쐬러 나가야 할 주일에 종일반으로 투입돼서 하루종일 콜을 타는 모습을 보면 같은 일을 하는 종사자로서 애처롭고 안쓰럽고 가슴 한켠이 짠해지기도 한다. 자신을 탓할 것도 없고, 세상을 원망할 필요도 없다. 피곤하고 힘들지만 이렇게라도 열심히 살고 있고, 나를 위해, 가족을 위해 금쪽같은 내 새끼들을 위해 발버둥 치고 있는 당신은 박수받을 자격이 충분히 있는 사람이다.

또한, 한 집안의 가장은 마음 놓고 아플 수도 없는 사람이다. 가장이 아프면 한 가정이 모두 걱정으로 시름시름 앓게 된다. 경제주체로서의 소득상실 이상으로 큰 타격을 입게 된다. 사소한 감기몸살도 그럴진대, 큰 사고로 병원 신세라도 지게 된다면 그 고통은 온 가족이 모두 나눠 갖게 된다. 사랑하는 가족들의 보다 나은 내일을 위해 오토바이를 타는데, 나로 인해 가족들이 걱정과 큰 고통을 떠안게 되기를 누구라도 원치않을 것이다. 배달대행을 투잡으로 삼는 것은 두 배의 수입이 생기는 것과 동시에 그 이상의 위험부담이 뒤따른다는 것을 잊지 마시라. 한두 콜 더 하려다가 더 크고 소중한 것을 잃을 수 있으니 모쪼록 현명하게 욕심을 덜 부리면서 안전하게 일하시길 바란다. 절대로 사고 나지 않고 하루하루 가족의 품 안으로 무사귀가 해야 한다는 것을 명심하시라. 얼마를 버는 것보다 매일매일 무사귀가를 목표로 삼기를 선배 종사자로서 당부드린다.

잘 먹고 잘 사는 법

법 정기준근로시간을 규정하는 이유는 긴 시간 근로로 발생하는 피로를 회복시켜 노동력을 보전하고 인간다운 생활을 영위할 수 있도록 하기 위함이다. 이에 반해 우리들은 어떤가? 주 6일 근무기준 하루 12시간씩 법정근로시간인 40시간의 두 배 가까이 되는 1주 72시간씩 일한다.(물론, 더 많이 일하는 분들도 많다) 1주 40시간 일하는 것도 긴 시간 근로로 발생하는 피로를 회복시켜 노동력을 보존하고 인간다운 생활을 영위하기 위함이라는데 1주 72시간씩 이상 일하는 우리들은 대체 뭐란 말인가? 돈독이 올라 일밖에 모르는 일중독자(Workaholic)들인가? 인간적인 삶을 포기한, 혹은 인간적인 삶 대신 돈만 밝히는 사람들인가? 면접을 보고 나를 고용한 대행업체 대표를 근로기준법 위반으로 고소할 수도 없다. 장시간 근로로 인한 과로사로 내가 죽거나 근무 중 불의의 사고로 내가 죽는다 하더라도 대행업체 대표는 그 어떤 법적인 책임도 지지 않는다. 다들 알다시피 배달대행 기사는 근로기준법의 적용을 받지 않는 특수고용직 신분이기 때문이다.

특수고용직(特殊雇用職)은 근로자처럼 일하면서도 계약 형식은 사업주와 개인 간의 도급계약으로 일하는 사람이다. 화물차 운전기사, 캐디, 통신업체의 현장 출동 설치기사, 학습지 교사. 보험설계사, 택배기사, 퀵서비스기사 등이 있다. 이들 직종에서는 정식 노동자로 고용계약을 맺을 수도 있지만, 대부분의 노동자들이 특수고용직으로 일한다. 최소한의 법적 울타리조차 없는 특수고용직 신분에다가 개인사업자 신분이란다. 그리곤 "사장님! 사장님!" 하고 부르기도 한다. 사장이라고는 하지만 부릴 것은 내 몸뚱아리 하나 밖에 없는데 사장님이라고 불린다. 코미디도 이런 코미디가 또 있을까?

물론 이러한 사항들을 전혀 모르고 속아서 배달대행업에 발을 담근 것은 아니다. 각각의 사연이야 모두 같지 않겠지만 결과적으로 필자나 현재 이 글을 읽는 독자의 대부분은 경제적 궁핍을 해결하고자 장시간 노동에 위험한 일인 줄 알면서도 막다른 골목에서 궁여지책으로 이 일을 선택할 수 밖에 없었으리라. 필자 역시 그러했고, 지금도 시작하려고 문의하는 사람들의 사정이 대부분 그러하다. 그들의 사연을 듣다 보면 필자가 처음 시작할 당시의 상황이 떠올라 눈물이 날 것 같기도 한데, 갓 시작해서 일하는 몇몇 초보기사분들을 보면 걱정되는 게 또 있다. 너무 안 쉬고 죽으라고 일만 하는 것이다. 눈에 보이진 않지만 어깨에 짊어진 삶의 무게가 너무도 무겁게 느껴지는 분들이 많다. 그렇다 하더라도 앞서 말했듯이 우리의 가장 큰 유일한 재산은 내 몸뚱아리 하나이다. 그렇게 안 쉬고 일만 하고서는 언젠가 탈이 나지 않는다고 장담할 수 있겠는가? 하루에 2,30만 원씩 벌면 뭐하는가? 앓아 드러누워 며칠 일 못하면 도로아미타불이 되는 것을 초보기사들은 잘 모르는 것 같다. 사람마다 체력이 다르고 능력치가 모두 다르다. 어느 정도 경력이 쌓이면 본인의 한계치를 알고 나름대로 페이스 조절을 할 수 있게 되지만, 초보기사분들은 아무래도 모르기 때문에 무턱대고 열심히만 하려는 경향이 짙다. 하루도 안 쉬고 일하는 게 무조건 열심히 일하는 것이라고 착각하는 것 같다. 눈 앞에 보이는 몇 천 원짜리 한 콜 때문에 끼니를 건너뛰거나 불규칙적으로 식사하는 분들도 많이 본다.

하루 12시간 오토바이를 타며 배달을 한다는 것, 결코 우습게 볼 만한 일이 아니라는 걸…. 단 하루라도 배달대행 일을 해보신 분이라면 공감하고도 남을 것이다. 한 콜이라도 더 찍기 위해 눈에 핏대를 세우고 콜전쟁을 치르는 건 둘째 치고라도 업소, 음식, 시간, 도로, 노면, 신호, 사고 등등 어디 신경 쓸 게 한두 가지란 말인가? 그렇게 바짝 긴장한 상태로 12시간씩 오토바이를 타면서 조금도 쉬어주지 않고 일하면 건강에 적신호가 오지 않는 게 오히려 비정상이다. 최소한 1주에 하루만이라도 오토바이를 세워놓고 내 몸에도 휴식을 주자. 아무리 절박한 상황에 놓여 한 푼이 절실하다 하더라도 당신 건강보다 소중한 것은 없다. 지금은 젊어서 아직까지는 체력 하나만큼은 자신 있다 하더라도 그 젊음이 영원한 것은 아니며 체력 또한 언제나 같은 것은 아니다. 매 끼니를 진수성찬을 차려놓고 먹자는 얘기가 아니다. 싸구려 국밥 한 그릇을 먹더라도 규칙적인 식사를 하자는 말이며, 끼니를 거느지 말자는 당부를 드리는 것이다.

일주일에 하루씩 쉰다고 하늘이 무너지는 것 아니지 않는가? 어쩌다 쉬는 날까지도 스마트폰을 켜놓고 떠 있는 콜을 보며 저게 다 돈인데 하며 궁상떨지 말고 쉴 때는 확실하게 쉬자. 배달대행 일과는 아무런 상관이 없는 사람처럼 아무 생각하지 말고 푹 쉬자. 잘 쉬는 사람이 일도 잘 하는 것이라고 몇 년의 경력자인 필자가 얘기하고 싶으니 속는 셈 치고 필자의 말대로 제발 쉬어가며 하자. 제발 좀, 무식하게 일만 하지 말고!

우리는 쉽게 돈을 버는가

예상치 못한 가을장마로 필자가 거주 중인 지역에도 하루 종일 비가 내렸었다. 추석을 얼마 안 남겨놓고 내리는 비는 수확을 앞둔 농민들에게도, 차례상을 준비하는 주부들에게도, 추석대목을 노리는 소상공인들에게도, 어느 누구에게도 득이 되지 않는 달갑지 않다. 하지만 어쩌겠는가? 하늘이 하는 일을 인력으로 마다할 수는 없는 터. 더군다나 우리처럼 하루 종일 오토바이를 타야하는 사람들은 내리는 비가 더 반갑지 않고 오히려 두렵기까지 하지만, 스스로 더 조심하는 것 외엔 달리 방도가 없다. 초보기사도 아니고 나름대로 사계절을 몇 번이나 겪고 자타가 인정하는 고참 기사의 반열에 들어선 필자도 아직까지 비 오는 날은 싫다. 미끄러운 건 둘째치고라도 안경에 빗물이 묻어 잘 안 보이고 헬멧쉴드에도 빗물로 잘 안 보이고, 김서림으로 인해 시야확보가 안 되니 답답하고 미칠 지경이다. 젖지 않기 위해 입은 비옷이지만 답답하고 불편하고 눅눅하고 축축한 불쾌함은 이루 다 말할 수 없는 게 비 오는 날의 고충이라 할 수 있다.

최근에 배달대행시장이 급속도로 성장하고 종사자의 수도 확실히 많이 늘었다. 일각에서는 아무런 기술 없이 오토바이 하나만 있으면 가능한 일로 인식되고, 큰 밑천 없이 몸뚱이 하나로 덤벼들어 생각 외로 고소득을 올리는 직종으로 알려지기도 하는 것 같아 솔직히 필자는 염려스러운 마음도 없지 않다. 그래서 한 번 냉정히 따져보고 싶은 마음이 오늘따라 생긴다. 과연 우리가 많이 벌고 있는가? 하루 12시간 근무하는 풀타임 종사자들을 기준으로 한 번 계산해보자. 개개인의 편차가 심해서 평균소득을 추산하기는 어렵지만, 한 콜당 3,000원을 기준 잡아 하루에 70콜을 수행하는 기사라면 하루 수입이 21만 원이다. 한 달 내내 하루도 안 쉬고 30일을 근무했을 때 630만 원이라는 월수입이 나온다. 연봉 계산까지 갈 필요도 없고 월 소득이 630만 원이라는 가정하에 한 번 조목조목 계산을 해보자.(물론, 하루 70콜이라는 실적도 경력과 실력이 꽤 있는 A급 기사일 경우 가능한 실적이다) 운행하는 오토바이에 따라 연비는 제각각이겠지만, 하루 70콜을 수행하려면 아무리 적게 잡아도 하루에 만 원은 들어갈 것이다. 한 달이면 유류비만 해도 30만 원이다. 대행업체에서 차감하는 10%에 가까운 수수료만 해도 월 63만 원이다. 유상운송책임보험에 가입하면 경력과 나이에 따라 다르지만 연 200만 원을 쉽게 넘으므로 월평균보험료만 17만 원이다. 엔진오일을 비롯하여 브레이크패드, 에어필드 및 소모품 교체비용으로 적어도 월 10만 원은 지출된다. 식대를 비롯하여 기타 경비를 빼고 위에 열거한 비용만으로도 월 120만 원이 고정지출 비용이다. 이 금액에 렌트나 리스를 이용하는 분이라면 지출은 더 보태질 것이며, 본인 소유의 자차 기사일 경우 식비를 포함한 기타 제반비용을 계산에 넣지 않아야 월 510만 원이 순수 월소득이라는 계산이 나온다. 현재 종사 중인 분들은 모두 알겠지만, 매일 70콜씩 월 기준 2,100콜을 수행하는 기사는 전국기준 최소 상위 20% 안에 들어야 할 것이다.

2,100콜이라는 개수는 본인의 체력과 노력도 당연히 있어야겠지만 지역적 특성과 소속된 대행업체의 여건이 맞아떨어져야 가능한 것이며, 이 중에서 어느 하나라도 어긋나면 쉽게 달성할 수 있는 실적이 아니다. 이처럼 상위권 베테랑 중의 베테랑 기사의 순수입이 월 500 이상 되기도 한다. 그렇다면 나머지 대다수에 해당되는 기사들의 수입은 얼마일까? 과연 고소득이라고 말할 수 있는 수준이 될까? 숫자놀음에 약한 필자가 이런 계산을 한 이유는 밖에서 바라보는 만큼 그렇게 고소득이 아니라는 것을 말하고 싶었던 것과, 이렇게 버는 돈이 그렇게 '쉽게 버는 돈'이 아니라는 것을 말하고 싶어서이다. 이것저것 떼고 나면 대다수의 종사자들은 200~400 정도의 수입을 가져가고 있다. 35~6도를 오르내리는 불볕더위 속에서 그보다 더한 아스팔트 지열을 온몸으로 다 견디며, 숱한 매연과 미세먼지를 다 먹어가며 12시간 일하는 댓가를 고소득이라고 말할 수 있을까? 가만히 있어도 오들오들 떨리는 한겨울에 매서운 칼바람을 견뎌가며 일하는 댓가로 가져가는 그 정도 수입을 고소득이라고 할 수 있을까? 비 오면 비에 다 젖고 눈 오면 미끄러운 빙판길을 달리며 하나밖에 없는 생명을 담보로 12시간을 일하고 얻는 월 200~400 정도의 수입을 고소득이라고 할 수 있겠는가?

하루에 수백 개의 계단을 오르내리며 숨을 할딱거리고 또 수백 층의 고층 아파트를 오르내리며, 승강기를 놓칠까 봐 조마조마해 하는 긴장과 스트레스의 댓가 치고는 고소득은커녕 적은 수입이라는 생각이 들지는 않는가? 어느 업종이나 모두 나름의 고충과 애로사항은 존재한다. 배달대행 역시 종사자들만이 느끼고 공감할 수 있는 무수히 많은 애로사항이 있다.

단언컨대, 결코 쉽게 버는 돈은 아니다. 겪어보지 않고 밖에서 볼 때는 별 것도 아니고, 별 어려움도 없을 것 같고, 쉬엄쉬엄 오토바이를 타면서 떼돈 버는 것처럼 보일지 몰라도, 결코 그렇지 않다는 것을 필자는 강력하게 말하고 싶다. 어느 극한직업군 종사자 못지 않게 항상 위험에 노출되어 있고 분초를 다투는 시간과의 전쟁에서 도태되지 않으려고 이 시간에도 동료 라이더들은 보이지 않는 피땀을 흘리고 있다. 저렇게까지 해야 되나 싶을 정도로 치열하게 하루하루를 사는 동료들이 많음을 이 글을 통해서 말하고 싶다.

이 글을 읽는 현종사자에게 필자는 진심어린 존경의 박수를 보낸다. 그리고 함께 겪는 자만이 알 수 있는 애틋한 연민과 격려의 말씀도 보낸다. 우리는 정당하게 우리가 흘리는 값진 땀의 댓가로 돈을 벌고 있으니 어디가서도 주눅들지 말고 세상의 차가운 시선에도 당당히 맞서라. 또한 이 글을 읽는 초보기사분이나 이제 막 입문하려는 분들에게도 말하고 싶다. 절대 우습게 보고 덤벼들지 마시라. 이 일은 그대들의 진심어린 땀방울을 배반하지는 않지만 매일 매일 겪게되는 자신과의 싸움에서 먼저 이길 수 없으면 이 일 또한 잘 해낼 수 있는 일이 아니니 굳은 각오와 강한 멘탈을 먼저 단련하고 덤벼드시라.

끝으로 다시 한번 우리 자신에게 묻는다! 우리는 쉽게 돈을 벌고 있는가?

눈물을 자르는 눈꺼풀처럼

군이 배달대행 뿐이겠는가? 사노라면 마음에 안 드는 사람도 있고, 왠지 나와 맞지 않는 사람들과 어쩔 수 없이 부대끼며 지내야 하는 경우도 적지 않다. 무슨 얘길 해도 말이 통하지가 않고, 나는 나의 말을 하고 상대는 상대의 말을 하고, 서로의 말이 자음, 모음으로 분리되어 봄날에 흩날리는 꽃가루처럼 서로의 마음을 따갑게만 하는 그런 사이. 둘러보면 주변에 항상 그런 사람들이 한둘은 꼭 있다.

110V 기기를 220V 콘센트에 꽂으면 기기가 타버리 듯, 살다보면 분명 나와 코드가 맞지 않는 사람들이 있다. 같은 걸 봐도 다른 생각을 하는 그런 사람들이 있다. 내 맘속의 변압기를 가동해서 이해하고 받아들이려 노력해도 당최 나와 맞지 않는 사람들이 있다. 그런 사람들을 억지로 받아들이려 애쓰다 보면 내 속이 새까맣게 탄다. 발에 맞지 않는 구두를 신으면 뒤꿈치에 상처를 남기듯이 내게 맞지 않는 사람은 언제나 내 가슴에 상처를 남기기 마련이다.

필자는 지금까지 배달대행을 하면서 같은 사무실의 동료 라이더들과 마찰 없이 두루뭉술하게 지내기를 원했고 아직까지 그런 마음은 변함이 없다. 육체적, 정신적으로 서로 힘들고 위험한 일을 하는 사람들이라 더 가깝게 지냈으면 하는 마음 가지고 사람들을 살갑게 대하고 유대감이 깊기를 소망했지만, 그런 마음과는 정반대의 결과물로 돌아오는 경우도 종종 있으니, 나름 경력이 많은 필자도 당황스러울 때가 왕왕 있다. 하루에도 여러 번씩 보게 되는 가맹업소 업주들과의 관계야 그렇다 치더라도, 오며 가며 같은 업소에서 마주치고, 혹은 교차로에서, 혹은 외진 골목 한 귀퉁이에서 하염없이 찌를 응시하는 낚시꾼처럼 휴대폰을 보고 있는 동료들을 만나면 애처로운 마음에 음료수나 한 잔 하자며 가까운 편의점으로 이끌기 일쑤이다.

유난히 덥고 추워서 힘든 날이거나 콜이 없어 스트레스가 많은 날, 혹은, 유난히 꼬이는 일이 많아 멘탈이 내려앉는 날, 같은 일을 하는 동료들이기에 하소연도 하고 넋두리도 하면 조금은 누그러진다. 아무리 가까운 친구인들, 한 지붕 아래서 생활하는 가족인들, 같은 일을 하는 동료들만큼 이 일의 특성과 애로사항을 잘 아는 사람은 없다. 어찌 보면 친구나 가족보다 더 많이 서로를 이해하고 헤아릴 수 있는 사람들이 다름 아닌 같은 사무실에 소속되어 나와 콜경쟁을 하는 동료 라이더들이다.

그럼에도 불구하고 이상하게도 이 업종의 종사자들 중에는 이기적인 사람이 더 많은 것 같다. 오로지 자신밖에 모른다. 누구의 말에 귀를 기울여주는 사람도 드물다. 배려해 주고 양보해 줄 줄 아는 이를 찾기가 쉽지 않다. 생계가 걸린 일이라 그런가 이해의 폭을 넓혀보지만, 그 이유만은 아닌 것 같다. 어떤 이는 이것저것 다 필요 없고 그저 자기 하나만 생각하라 한다. 또 어떤 이는 다른 곳에서 좋은 인간관계를 맺고 여기서는 일만 생각하라 한다. 몇 년째 하면서도 아직도 온전히 이해가 되질 않는다. 어느 것이 맞는 것인지, 어느 것이 옳은 것인지, 또 제대로 산다는 것이 어떤 것인지 모르겠지만, 때때로 더 단호해야 하고 스스로 더 냉정해져야 한다는 막연한 생각이 들 뿐이다. 눈물을 자르는 눈꺼풀처럼….(함민복 시인의 시 "눈물을 자르는 눈꺼풀처럼"에서 제목 차용)

혼자 먹는 밥

찬밥 한 덩어리도

뻘건 희망 한 조각씩

척척 걸쳐 뜨겁게

나눠먹던 때가 있었다

채 채워지기도 전에

짐짓 부른 체 서로 먼저

숟가락을 양보하며

남의 입에 들어가는 밥에

내 배가 불러지며

힘이 솟던 때가 있었다

밥을 같이 한다는 건

삶을 같이 한다는 것

이제 뿔뿔이 흩어진 사람들은

누구도 삶을 같이 하려 하지 않는다

나눌 희망도, 서로

힘 돋워 함께 할 삶도 없이

단지 배만 채우기 위해

혼자 밥 먹는 세상

밥맛 없다

참, 살맛 없다

- 오인태 시인의 詩, 「혼자 먹는 밥」 -

생뚱맞게 시 한 편으로 말문을 연다. 요즘 필자의 머릿속을 한참 동안 떠나지 않는 화두 하나가 바로 '밥'이기 때문이다. 사람과 어울리기를 좋아하고 함께 하기를 즐기는 필자는 개인주의 성향이 강한 배달대행 일을 하면서도 동료들과 함께 식사하기를 좋아했다. 굳이 식당 구석에 앉아 혼자 먹는 밥이 서글프다거나 외롭게 느껴져서가 아니라, 밥이라도 같이 하는 게 사람의 정을 느낄 수 있기 때문이다. "밥먹자"라는 말에서 필자는 살가운 인간미를 느낀다. 배달대행이라는 일은 때로는 피 튀기는 전쟁터를 방불케 한다. 오더 하나라도 더 찍으려고 한겨울에도 방한토시 없이 일하는 사람이 있는가 하면 소변을 누면서도 한 손에는 휴대폰을 쥐고 있고, 주행 중에도 남들보다 더 빨리 찍기 위해 왼손을 휴대폰 위에 고정시키는 사람들도 있다. 먹고 살기 위해서 혹은, 남들보다 한 푼이라도 더 벌기 위해서 저렇게 치열하게 혹은, 저렇게 살벌하게 사는 사람들이 많은 가운데에서 금쪽같은 시간을 고작 밥 먹는 행위 따위에 동참시키는 게 어찌 보면 사치일 수 있고, 미안한 구걸이 될 수도 있나보다. 다 먹고 살자고 하는 짓인데 그깟 한두 콜 덜 한다고 뭐 그리 대수냐인 필자의 생각과, 한 콜이라도 더 하려고 애쓰는 다른 동료들의 생각이 자주 부딪히기 때문에 이런 사소한 일로 다툼 아닌 다툼이 잦은 걸 보면 함께 밥 먹는다는 것은 분명, '밥' 이상의 의미를 가진다고 생각을 해왔었지만, 아무래도 배달대행이라는 일은 혼자 먹는 밥에 익숙해져야 하는 것 같다. 특별한 의미를 부여하지 말고 자신의 신체리듬에 맞춰 식사하고 선의의 호의가 때로는 어떤 이에게 불편한 강요가 될 수도 있다는 점에서 이제부터라도 혼자 먹는 밥에 익숙해져야겠다.

나눌 희망도, 서로
힘 돋워 함께 할 삶도 없이
단지 배만 채우기 위해
혼자 밥 먹는 세상

밥맛 없다
참, 살맛 없다

그런 결심에도 불구하고 여전히 시인의 말이 머릿속에 맴돈다.

마음의 여유 갖기

싫은 소리 듣기 싫은 탓에 늦지 않게 도착하려고 속도 내어 달려왔는데 포장은커녕 아직도 음식을 조리 중이면 은근히 짜증이 난다. 빨리 가야 되는데 급해지는 내 마음과는 아랑곳없이 여유롭다 못해 휘파람에 콧노래까지 흥얼거리는 업주를 보면 휴지뭉치라도 입속에 집어넣고 싶은 심정이다. 내색하지 않으려 애쓰지만 나도 모르게 기다리는 그 몇 분 사이에 얼굴색이 변하는 걸 느끼게 된다. 입주민들의 귀가로 승강기 사용이 잦은 퇴근 무렵 고층아파트에 가는 일은 스트레스이다. 거짓말 조금 보태면 올라가며 층층마다 멈추고 내려오며 층층마다 멈추다 보면 생각 외로 많은 시간을 허비하게 되고, '이 정도 시간이면 일반주택이나 원룸 저층에 두 콜, 세 콜을 할 수 있을 텐데' 하는 생각이 들기도 한다. 그래봤자 고작 몇천 원 차이인데. 그 와중에 택배기사와 맞닥뜨리게 되면 한 마디로 답이 없다. 생각해보면 그나 나나 본인의 일을 할 뿐 무슨 죄가 있겠냐마는, 그 몇 분이 얼마나 아까운지 모른다.

우여곡절 끝에 손님 앞에 도착했다. 초인종을 누르고 손님이 나오기까지 걸리는 몇 초. 뭐 한다고 저리도 동작이 굼뜨는걸까? 배달을 시켜놨으면 도착 시간에 빨랑빨랑 나와서 재깍재깍 신속하게 받고 들어가면 될 것을, 혹은 1층에서 호출을 했으면 미리 마중 나와 기다려주지는 못할망정 현금이나 카드 준비하고 맞이해주는 것이 상식일 텐데, 문 연 뒤에 지갑이 어딨더라 카드는 또 어디뒀더라? 미적 미적거리는 적지 않은 손님들을 보면 나도 준비했던 미소가 사라지게 된다. 지연되는 그 몇 초를 인내하지 못해 속에서부터 화가 치밀어 오르고, 사람들이 왜 이리 배려심이 없을까 속으로 투덜거리고 있는 나를 발견한다.

음식 기다리고 승강기 기다리며 소비되는 시간 몇 분. 빨리 문 열어주지 않아 소비되는 시간 불과 몇 초. 곰곰이 살아온 지난 세월을 돌이켜보면 내가 이토록 몇 분 몇 초에 짜증내고 스트레스 받았던 적이 있었나 싶다. 생각해 보면 정말 아무것도 아닌 일에 이토록 짜증을 내고 투덜거릴 필요가 있나 싶다.

해결책은 의외로 간단하다. 조금만 마음의 여유를 가지면 모든 것이 해결되지 않겠는가? 여유를 가지기 위해선 무리하게 배차하지 않는 것이 첫 번째 조건이고, 무리하지 않기 위해서는 조금만 더 욕심을 내려놓으면 되는 것이다. 왜 이렇게 사람들이 배려심이 없을까라고 투정했던 반대편에는 손님에 대한 이해와 배려심이 없었던 나 자신도 있었다는 것을 깨닫게 된다. 돈 벌려고 시작한 일인데 무슨 소리냐? 성인군자 코스프레해서 언제 돈벌겠냐고 반문하는 독자가 계실지도 모르겠으나, 단언컨대, 필자는 돈보다는 마음이 더 편하고 안전하게 일할 수 있는 쪽을 택하겠다. 내 마음이 편안해야 손님을 대하는 자세도 편안해질 수 있는 것이다. 내가 여유가 있어야 업주나 손님이나 오며가며 만나는 사람들에게 인사라도 한번 더 건넬 수가 있는 것이다. 내가 먼저 배려할 수 있는 것도 심적 여유가 있어야 가능하지 않겠는가? 항상 쫓기고 긴장의 연속인 일상에서는 불평불만밖에 생길 수밖에 없고 그런 것들이 쌓이고 쌓여 결국엔 나를 갉아먹고 점점 피폐하게 된다는 것을 느낀다.

사실 말은 이렇게 하지만 말처럼 되지 않는 때도 많다는 것을 고백한다. 사람인지라 때때로 말처럼 쉽지 않다는 것도 누구보다도 잘 알고 있다. 하지만 독자들이여! 이렇게라도 스스로 자주 다짐하고 채찍질하다 보면 안 하는 것보단 몇 배 낫지 않겠는가? 주문을 외듯 수시로 되뇌다 보면 들쭉날쭉하던 감정기복도 누그러질 것이다. 끝으로 배달대행은 시간을 다투는 일임은 누구도 부정할 수 없는 사실이다. 하지만 그 시간도 내가 욕심을 조금만 내려놓고 마음의 여유를 가진다면 얼마든지 쫓기지 않고 여유롭게 운용할 수 있음을 기억하자. 이 일을 시작하려는 혹은, 시작한 지 얼마 안 되는 초보기사들에게 당부하는 말이자. 경력 몇 년 차임에도 불구하고 여전히 잘 안되는 필자 자신에게 하는 다짐이다.

3천 원에 대한 고찰

오늘 낮에 늦은 점심으로 자주 가는 반점에 들러 자장면을 먹었다. 한 그릇에 3천 원인 요즘 보기 드문 착한 가격이기도 하지만 자주 가는 곳이다 보니 사장님이 다른 손님들보다 신경 써서 양도 더 많이 주는 곳이다. 힘들게 돈 벌고 고생하는데 밥이라도 양껏 먹어야지 라면서 말하지 않아도 곱빼기처럼 내어주며 부족하면 밥도 비벼 먹으라는 곳이다. 3천 원짜리 자장면을 먹으면서 문득 그런 생각이 들었다. 물론 지역마다 조금의 차이는 있겠지만 우리는 보통 한 건 배달을 하면 배달료로 3천 원을 받는다. 대행업체에서 떼는 수수료 빼고 그냥 계산하기 쉽게 3천 원이라고 얘기하자. 3천 원이라는 돈의 크기. 3천 원이라는 돈을 벌기 위해 우리는 눈비를 맞으며, 한겨울 혹독한 추위와 싸우고, 한여름 땡볕을 온몸으로 받으며 도로를 누빈다. 3천 원을 벌기 위해 수도 없이 많은 계단을 뛰어다니고, 30층, 40층 혹은 그보다 더 높은 층수를 오르내리며 사소한 것들에 울고 웃는다. 3천 원이라는 금액이 과연 우리의 목숨을 담보로 받는 댓가로 적정한 금액일까? 너무 인색하지 않는가? 혹은 이 정도면 충분한 금액인가?

며칠 전, 한가한 오후였다. 오토바이를 세워놓고 담배 한 개피를 피면서 콜을 기다리고 있는데, 50cc 오토바이에 작은 손수레를 연결해서 폐지를 수집하는 70대쯤으로 보이는 할머니 한 분이 다가와서 내게 말을 걸었다.

"젊은이! 이거 하면 돈 많이 버는감?"

"많이 벌지는 않구요 그냥 먹고 살 만큼 벌어요."

"50cc 오토바이로도 이 일을 할 수 있는감?"

"할머니가 이 일을 하시게요?"

"나는 하루에 3만 원도 좋고, 안되면 이만 원만 벌어도 더 바랄 게 없겠는데…. 어떤가? 젊은이! 이 일하면 그 정도 벌 수 있남? 이놈의 종이 쪼가리 하루종일 주워봤자 만 원 벌기도 너무 힘들어서…."

5년 넘게 배달대행 일을 하면서 필자는 단 한 명도 나를 부러워하는 사람이 있을 거란 생각은 하지 못했다. 예전보다 많이 개선되었다고는 하지만 여전히 사람들의 손가락질을 받고 뒤통수에는 따가운 시선이 내려꽂히는 일이라고 생각을 했다. 물론 정당한 노동의 댓가로 나름대로 성실하게 열심히 살아왔고, 내가 하는 일이 얼마나 정직한 일인가 여기며, 자부심까지는 아니더라도 최소한 부끄러운 일이라고는 생각하지 않고 지금까지 이 일을 하고 있다.

할머니와 헤어진 이후 나는 한참동안 콜을 잡지 못했다. 아니, 정확히 말하자면 눈앞에서 떴다가 사라지는 콜들이 더 이상 내 눈에 들어오질 않았다. 당장 눈앞에서 왔다갔다 하는 콜들보다는 내가 어떤 마음으로 일을 해왔는지, 또 앞으로 어떤 마음으로 일을 해야하는지에 대한 생각으로 한동안 콜을 잡을 수가 없었다. 우리가 한 콜당 받는 배달료 3천 원. 분명 어느 누군가에게는 하찮을 수 있는 금액이고, 또 누군가에게는 무시할 수 없는 소중한 액수일 것이다. 그렇게 3천 원씩 받은 돈으로 가정의 생계를 해결하는 수많은 가장들이 있을 것이고, 그 돈을 모아 집을 장만한 이도 주위에 있다. 또 3천 원씩 하는 배달료로 하루에 20만 원, 30만 원씩 벌어 돈맛에 길들여져 다른 일을 못하는 젊은 친구들도 많이 봐왔다. 개개인에 따라 그 가치와 체감하는 크기는 모두 다르겠지만, 3천 원짜리 자장면 한 그릇을 사 먹고 한 끼를 해결한 필자는 오늘따라 3천 원이라는 액수가 무시할 수 없는 위대한 금액이라는 생각이 든다.

절박하고 암울했던 현실에서 나를 구해준 3천 원. 큰돈을 모아놓진 못했으나 그래도 먹고 살만큼은 해주는 고마운 3천 원. 아쉬운 소리 하며 남에게 돈을 빌리지 않아도 되게 해준 3천 원. 지금보다 조금이라도 더 나은 내일을 꿈꿀 수 있게 해주는 3천 원. 적다고 투정하고 모자란다고 불평하기보다 내일부터라도 조금 더 웃으며 짜증 덜 내면서 일할 수 있을 것 같다. 이 글을 보는 그대들에게 3천 원은 어느 정도의 크기로 와닿는가? 평소 필자가 좋아하는 시인 중의 한 분인 함민복 시인의 시를 적으며 이 글을 마무리하고자 한다.

긍정적인 밥

함민복

詩 한 편에 삼만 원이면
너무 박하다 싶다가도
쌀이 두 말인데 생각하면
금방 마음이 따뜻한 밥이 된다

시집 한 권에 삼천 원이면
든 공에 비해 헐하다 싶다가도
국밥이 한 그릇인데
내 시집이 국밥 한 그릇만큼
사람들 가슴에 따뜻하게 덮여줄 수 있을까
생각하면 아직 멀기만 하네

시집이 한 권 팔리면
내게 삼백 원이 돌아온다
박하다 싶다가도
굵은 소금이 한 됫박인데 생각하면
푸른 바다처럼 상할 마음 하나 없네

배달대행 업체는 유치원이 아니다

새로운 직업을 찾는 이들 뿐 아니라 본업이 있으면서도 개개인의 사정에 따라 여유시간을 이용하여 배달대행업으로 뛰어드는 이들이 많아졌다. 투잡족들이 늘어나면서 소위 말하는 화이트칼라의 많은 유입으로 종사자들의 교육 수준도 더불어 올라갔다는 느낌도 갖게 되고, 현업종사자로서 이 부분은 반가우면서도 안타까운 마음이 들기도 한다. 더위와 추위와 비바람을 온몸으로 이겨내야 하고, 매연과 미세먼지와 무수히 많은 사고위험 가능성까지 감수하면서 시작할 만큼 이 일에 그렇게 매력이 있는 걸까? 판단은 개개인의 몫이겠지만 종사자로서의 생각은 그렇지가 않다는 것이 솔직한 심정이다. 그렇다면 어떠한 연유로 이렇게 많은 사람들이 배달대행업으로 유입되는가? 누구나 할 수 있다는 진입장벽이 낮은 이유를 그 **첫 번째** 원인으로 꼽을 수 있을 것 같고, 다소 힘들고 위험하기는 하지만 시간 대비 수입이 나쁘지 않다는 걸 **두 번째** 이유로 들 수 있겠으며, 비교적 자유롭고 구속력이 약한 근무 환경을 선호하는 게 **세 번째** 이유가 아닐까 생각한다

본문에 들어가기에 앞서, 배민 커넥터, 쿠팡커리어는 해당이 안 되며 필자는 지역 로컬업체이든 전국단위의 메이저 업체 이든 배달대행업체 종사자들에 한해 이야기하고자 함을 미리 밝혀두는 바이다. 배달대행 일이라는 게 과연 독자들이 생각하는 만큼 자유롭고 구속력이 약하거나 아예 모든 간섭을 일절 안 받고 할 수 있는 일일까? 절대 그렇지 않다는 것을 다년간의 경험에서 분명히 말하고 싶다. 지역에 따라, 대행업체의 규모에 따라 세부적인 사항들은 모두 다를 수 있겠으나 그런 것들을 무시하고 어느 대행업체나 공통적인 해당 사항은 가맹업체에서 배달을 요청하면 그 음식이 최대한 빠른 시간 안에 고객에게 전달되어야 한다는 것이다. 우천이나 태풍, 폭설 등 특수한 기상 상황일 때를 제외한 평상시에 최소한 늦은 배달로 인해 가맹업주나 고객의 클레임이 발생하지 않아야 한다. 그렇게 하기 위해 대행업체는 잡음 없이 소화 가능한 업소 수와 적정 인원을 보유하며 관리, 감독을 할 수밖에 없다. 현장에

서 일을 하다보면 예측 가능한 일과 예측 불가능한 일이 있다. 점심시간과 저녁시간에 주문량이 많고 평일보다 주말이나 공휴일이 바쁘다는 것이 예측가능한 일이라면, 아무런 사회적 이슈가 없음에도 이상하게 평소보다 주문량이 많은 날이 있다. 그런 일은 예측 불가능한 일이다. 대행업체를 운영하는 대표나 소속기사나 가맹업소를 관리·감독해야하는 관리자의 입장에서는 이와 같은 예측 가능한 일과 예측 불가능한 일까지 염두에 두고 인원을 모집, 운영해야 한다. 대부분 적정인원 보다 조금 더 많은 인원을 모집하는 것은 이와 같은 이런 이유에서이다. 대행업체를 운영해 본 적도, 관리자 경험이 한 번도 없는 필자가 업체대표나 관리자를 옹호하거나 그들의 입장을 이해시키려 할 필요도, 할 이유도 없지만, 이렇게 말하는 것은 배달대행업이라는 일의 시스템을 정확히 알아야 하기 때문이다.

그렇다면 이제는 필자처럼 대행업체에 소속되어 일하는 소속기사로서의 이야기를 해보자. 전업기사이든, 투잡기사이든 별반 다르지 않다. 내 오토바이를 사서 보험료 내고 내 돈으로 기름 넣어가며 대행업체에 일정 부분 수수료까지 갖다 바치지만 월급이 보존되는 직원개념도 아닌데 사무실의 통제를 받고 관리를 받는다는 게 타당한 일인가? 가끔 혹은 자주 무리한 강제배차까지 받아 가며 이렇게 일하는 게 정상적인가 하는 문제로 자주 충돌하는 것을 볼 수가 있다. 이런 불만들이 현장에서 자주 나오는 것도 사실이고, 불평, 불만을 갖는 게 이상한 것도 아니며, 실제로 이런 유사한 문제로 사무실을 옮기는 종사자들도 적지 않다. 단순한 것 같지만 실상 세세히 들여다보면 복잡하게 얽히고 설킨 여러 문제들이 있어 결코 간단한 문제는 아니지만 쉽게 생각하면 또 어려울 것도 없다.

개개인의 사정이야 모두 같지 않겠지만 어찌됐든 우리는 이 일로 한 푼이라도 벌기 위해 자발적으로 배달대행업체의 문을 두드렸고 그 시스템 속으로 들어왔다. 그리고 이 순간에도 이 일을 하기 위해 이 글을 정독하는 이들도 있을 것이다. 배달대행업의 시스템의 특성을 이해하고 알게 된 후 그에 맞는 포지션과 적절한 액션을 취하면 문제는 간단히 해결된다. 그렇다면 적절한 액션이란 무엇일까? 필자가 생각하는 가장 적절한 액션의 **첫 번째**로는 누구도 입에 올릴 수 없을 정도의 성실한 근태라고 생각한다. 면접 당시 사무실과 약속한 근무시간을 준수하는 것은 가장 기본 중의 기본이다. 특별한 사유가 발생시 사전에 양해를 구하는 것은 문제가 될 게 없으나 아무런 이유 없는 잦은 결근과 지각, 조퇴는 분명히 사무실과 동료기사들에게 민폐를 끼치는 일이다. 필자의 동료 중에는 꼭 비 오는 날이면 친지, 친구의 가족 중에 돌아가시는 분이 있다. 평소에 멀쩡하다가 꼭 비 오는 날이면 오토바이가 시동이 안 걸려 멈춰서고 중대한 고장으로 운행이 안 된다는 분도 있다. 사실 여부를 확인할 필요도 그럴 이유도 없지만, 적어도 성실하고 정직한 이는 아니다.

두 번째로 관리자나 대표의 인성 부족이나 모자란 자질로 인해 상식 이하의 부당한 근무환경에 놓여있다면 주저없이 사무실을 옮겨서 마음 편하게 일해라. 하지만 문제점이 그들에게 있지 않고 나로 인해 잦은 충돌이 생긴다면 나 자신을 되돌아봐야 한다. 어느 순간부터 지나친 간섭이 싫어졌고, 출퇴근 시간을 어기는 횟수가 늘어나고 거듭되는 강제배차에 화가 나서 못 견딜 지경이라면 매너리즘에 빠진 자신을 되돌아보라. 앞서 얘기했듯이 배달대행이라는 일은 어느 정도의 통제와 관리를 감수해야 한다. 고정적인 급여를 받고 4대 보험이 적용되며 안정적인 수입과 근로가 보장되는 것도 아니면서 통제와 관제를 받고 성실한 근태까지 강요받는다는 것이 큰 모순인 것은 누구보다도 필자가 먼저 잘 알고 있다. 하지만 등 떠밀려 시작한 일이 아니고, 이 일의 특성상 일정 부분 그럴 수 밖에 없는 속성을 이해한다면 순응하는 게 차라리 속 편하다. 본인이 처신하기에 따라서 이 일은 얼마든지 자유로울 수 있다. 일을 잘하고 못 하고는 두 번째 문제이고, 돈을 많이 벌고 적게 벌고는 개인의 문제이지만, 최소한의 성실한 근태만 지켜줘도 90점은 따고 들어간다고 생각한다. 어느 곳이나 사람이 모인 곳은 마찬가지겠지만 배달대행업계 또한 다 거기서 거기이다. 내 할 도리를 하고 문제를 제기하면 내 말에 무게감이 실리지만 내 행동이 개차반이라면 아무도 내 말에 귀 기울여주기는커녕 오히려 손가락질받기 일쑤이다. 흐린 날이 있으면 맑은 날이 있듯이 배달대행이라는 일 또한 사람이 하는 일이고, 사람들이 모인 곳에서는 이런저런 잡음과 마찰이 생기는 것이 당연한 일이다. 한두 푼 더 벌겠다고 손가락질 받는 일 하지 않으면 되고, 하기 싫고 가기 싫은 기피콜이라도 내가 처리할 수 있는 위치에 있다면 눈치보지 말고 내가 해주자. 덥네, 춥네, 힘드네 투덜대지 말고, 비 오는 날마다 멀쩡히 살아있는 일가친척들 죽이지 말고, 콜 좀 없다고 징징대지 말고, 최소한 내가 할 도리만 하면서 지내면 이 일도 할만한 일이다. 배달대행 업체는 엄마손 붙잡고 오고 가는 유치원이 아니다

"사회는 유치원이 아니다"(조관일 저)에서 제목을 차용했음을 밝힌다.

1만 시간의 법칙

1993년 미국 콜로라도 대학교의 심리학자 앤더스 에릭슨(K. Anders Ericsson)이 발표한 논문에서 처음 등장한 개념이다. 어느 분야의 어떤 일이라도 숙련자가 되기 위해서는 1만 시간이 필요하다는 이야기이다. 1만 시간이라는 시간의 총량을 채우려면 하루 10시간씩 투자했을 때 3년이 걸린다. 이 개념을 배달대행 현장에 그대로 적용시키기에는 다소 무리가 따르는 게 사실이다. 오토바이 타고 기껏 배달 하나 하면 그만인 것을 숙련자가 되기 위해서 1만 시간의 법칙까지 들먹이냐고 코웃음을 치는 소리가 필자의 귀에 벌써부터 들리는 것 같기도 하다. 그런 비웃음의 이유를 필자도 잘 알고 있지만, 1만 시간의 법칙이라는 주제로 글을 쓰기로 마음 먹은 것은 다른 이유가 있고, 또한 필자가 말하고자 하는 내용은 따로 있으니 비웃음은 잠시 미뤄두고 끝까지 읽어보시라.

필자는 1만 시간의 법칙보다 1만 콜의 법칙이라고 명명하고 싶다. 1만 콜이라는 콜의 개수는 한 달에 천 콜씩만 수행한다고 가정했을 시 10개월이면 달성할 수 있는 개수이고, 1년이면 12,000콜을 수행할 수 있다. 필자의 경험상 1만 콜 정도를 달성하면 그 지역에서 어느 정도 베테랑급에 들어갈 수 있다고 생각한다.

그렇다면 필자가 생각하는 베테랑은 기준은 무엇인가? 단순히 남들보다 몇 개라도 더 할 수 있는 능력을 가진 사람을 베테랑이라고 생각하지는 않는다. 본인의 체력과 능력을 정확히 아는 사람이 베테랑이고, 피로도를 최소화하면서 손가락질을 받지 않고 실속을 챙길 수 있는 요령을 가진 사람을 필자는 진정한 의미로서의 베테랑이라고 생각한다. 평소 본인의 평균치 개수보다 몇 개 더 하는 것은 사실 어렵지 않다. 조금 더 무리하게 콜을 잡고, 가맹업소나 고객의 클레임 따위는 쿨하게 외면하면 된다. 사무실의 관제나 관리자의 말 따위 무시하고 동시에 신호등도 몇 번 더 무시하면 몇 개 정도는 어렵지 않게 더 할 수가 있다. 그런 식으로 일을 하게 되면 수입은 조금 더 늘지 몰라도 어느 곳에서나 좋은 소리를 못 듣는다. 아무리 배달대행이라는 일이 혼자서 하는 일이라고 하지만 보이지 않는 규칙과 사무실과 기사, 기사와 기사 사이의 암묵적인 약속은 존재하는데, 그것을 송두리째 부정하고서는 어딜 가서라도 좋은 소리를 듣기는 힘들다. 섞이지 못하는 기름처럼 혼자 둥둥 떠다니지 말고, 자연스럽게 동화되어 있는 듯 없는 듯 하면서 잡음을 내지 않고, 필요할 때 제 몫을 해내는 사람을 필자는 베테랑이라고 생각한다.

하루에 똑같은 50콜을 해도 주변의 욕을 먹으면서 하는 사람이 있는 반면, 칭찬을 받는 사람이 있다. 똑같은 개수를 하면서도 욕을 먹는 사람과 칭찬을 받는 사람의 차이점은 기본적으로 오로지 자신만을 생각하는 사람인지 한 번쯤 다른 사람도 생각할 줄 아는 사람인지의 차이점이다. 독자들도 이 바닥에서 일을 해보면 몸소 느끼겠지만, 유독 이 일을 하는 사람들 중에 이기적인 사람들이 참 많다는 것을 느끼게 될 것이다. 일의 특성상 공평히 나누어 가질 수가 없고, 내가 찍지 않으면 남의 것이 되기 때문에 일정 부분 그런 영향이 있는지는 몰라도, 필자는 몇 년간 이 일을 하면서 참 이기적인 사람들이 많다는 생각을 자주 하게 된다. 나이가 많고 적고를 떠나서, 경력이 짧고 길고를 떠나서, 하루에 얼마나 많이 벌고 못 벌고를 떠나서, 아집과 욕심만으로 똘똘 뭉친 사람을 필자는 좋아하지 않는다. 인간미라고는 눈곱 만큼도 없는, 그냥 콜 타는 기계라고 생각한다.

잠시 삼천포로 빠져버린 이야기를 다시 원점으로 되돌려서 1만 콜쯤 수행했으면 필자는 베테랑이라고 생각한다. 지도를 보지 않아도 주소만으로도 찾아갈 수 있는 곳도 많이 생겼을 것이고, 정상적인 사리분별을 할 수 있는 사람이라면 상황마다 본인이 어떻게 처신을 해야 하며 어떤 포지션에 위치해 있어야 하는지를 누가 알려주지 않아도 스스로 찾아갈 수 있다. 마치 타자의 특성에 따라 수비 위치를 조금씩 변화시키는 내야수들처럼…. 항상 사고의 위험에 노출된 일이지만 1만 콜쯤 탄 사람들은 사고가 나더라도 큰 사고는 거의 나지 않는다. 갓 시작한 초보 때는 조심하기 때문에 큰 사고는 나지 않고, 그 시기를 지나 조금씩 자신감이 붙었다고 생각하고 자만하다가 큰 사고를 많이 당하게 된다. 그런 시기를 지나 1만 콜 쯤 타고 나면 오토바이를 다루는 요령도 생기기 때문에 큰 사고는 잘 당하지 않는다. 콜을 처리하는 속도도 무조건 풀스로틀로 다닌다고 해서 빠를 것 같지만 절대로 그렇지 않다. 부드러움 속에 강함은 무협지 속에서만 존재하는 것은 아니다. 과속을 하지 않아도 길을 많이 알고, 예상치 못한 위기가 있을 때 위기대처 능력이 있으며, 신호체계를 꿰게된다면 얼마든지 더 빠를 수 있다. 한 번에 4배차, 5배차 욕심내어 배달통 가득 싣고 쫓기듯이 다니는 건 하수들이다. 진정한 고수들은 1배차, 2배차로 다녀도 얼마든지 그들보다 더 여유있게, 더 많이 벌 수 있다. 그런 요령을 모를 때 무조건 많이 싣는다고 다 좋은 줄 알고 똥줄 타면서 다니는 것이다. 필자는 교차로에 신호대기 시에 주변 다른 기사들의 표정을 한 번씩 살핀다. 느긋하게 신호가 바뀔길 기다리는 사람이 있는가 하며 똥 마려운 강아지처럼 빨리 바뀌지 않는 신호 앞에서 안절부절 못하는 사람이 있다. 보나마나 필자가 말한 베테랑은 못되는 사람들이다.

정확하게 알 수는 없으나 필자는 지금까지 7만에서 8만 콜 정도를 수행했다. 필자를 스스로 베테랑이라고 말하기는 어려우나, 베테랑은 못 되더라도 스스로의 포지션과 그때그때에 맞는 액션을 알고 있으며, 적어도 쫓기지 않으며 하루하루를 일할 수는 있게 되었다. 그렇게 된 시발점이 필자의 경험상 1만 콜 정도를 수행했을 때가 아니었나 싶어 필자의 경험을 바탕으로 독자들에게 1만 콜의 법칙이라는 이야기를 하고 싶어졌음을 고백한다. 어떤가? 이 글을 읽는 그대들도 베테랑이 되어 필자처럼 느긋하게 콜을 타면서 돈을 벌고 싶지 않은가? 그렇다면 1만 콜을 채우기 전 까지는 한 콜, 한 콜을 소중히 여기되 한 콜 한 콜에 일희일비(一喜一悲)하지 않는 것이 그 첫걸음이다.

전지적 대행기사 시점

현장에서 일을 하다보면 수없이 많은 에피소드를 겪게 되는데, 그 중에서 많은 비중을 차지하는 것이 가맹업소와 연관이 있다. 독자들이 일하게 될, 혹은 하고 있는 대행업체의 규모에 따라 가맹업소의 개수도 다양하지만, 보통 몇십 개부터 몇백 개의 가맹업소가 있을 것이다. 그 말은 몇십 명에서 몇백 명의 가맹업주와의 관계를 잘 맺어야 한다는 말로도 달리 해석될 수 있다.

앞선 글에서 필자는 가맹업주와의 적당한 거리두기를 언급한 바 있지만, 대행기사와 가맹업주와의 관계는 너무 멀지도, 그렇다고 너무 가깝게 지내지 않는 것이 일하는 데 더 도움이 된다

요식업은 아니지만 자영업 경험이 있는 필자는 대행기사 초기에 정말 인간적으로 내 일이다 여기고 배달 하나에도 정성을 다했다. 그리고 어렵고 힘든 부탁도 마다않고 업주들의 입장을 헤아리려 노력했다. 하지만 그 결과 전부는 아니더라도 대다수의 업주들은 그런 나를 이용하려고만 했지 내가 그랬듯이 나를 인간적으로 대해주는 이는 없었다는 것을 어느 순간에 느낄 수가 있었다. 잘 길들여진 착한 애완견처럼 그들이 주는 3,000원에 나는 꼬리를 흔들어야 했고, 언제나 그들 앞에서 빵긋빵긋 웃는 것을 당연한 듯 여기는 것 같았다. 그럴 필요까지 없다는 것을 깨닫기까지는 오랜 시간이 필요하지 않았다. 대행일이라는 게 서비스업이라 고객에게나 업주에게나 항상 친절해야 함은 당연하지만, 그 친절함 속에 소속된 배달직원처럼 마음대로 부릴 수 있다는 의미가 포함된 것은 아니다. 분명히 말해서 가맹업주와 대행기사와의 관계는 서로가 동일한 수평적 관계이지 상하가 분명한 수직적 관계가 아님을 대행기사도 가맹업주도 인지해야 한다.

현장에서 일을 하다보면 간혹 관리자나 지사장이란 사람들이 기사들보다 가맹업소를 더 우위에 두는 인식을 갖고 있는 것을 느끼게 된다. 매월 관리비를 준다는 이유로 혹은, 우리들이 먹고 살 수 있는 콜을 제공해 준다는 이유

로 마치 먹이사슬의 맨 상단에 업소가 있고 맨 밑에는 기사들이 있다고 여기는 듯한 인상을 필자는 한두 번 느꼈던 것이 아니다. 이는 잘못된 가치관만큼이나 그릇된 생각이라고 생각한다. 기사 한두 명의 과실이나 부주의로 우량한 업소가 다른 대행업체로 이탈하는 것까지 그럴 수도 있다라고 감싸는 것은 아니지만, 기사들보다 업소가 더 소중하다는 인식에는 결코 동의할 수가 없다. 콜을 제공해 주는 업소가 있어야 대행기사의 존재의 이유가 있는만큼, 그 콜을 수행해 주는 기사가 있기에 업소들도 존재할 수가 있는 것이다. 이 점을 가맹업주도, 대행업체의 관리자나 지사장이라는 사람들도 똑바로 알고 있어야 한다. 엄밀히 따져 우리가 간쓸개 다 빼주고 꼬리를 흔들어야 할 대상이 있다면, 가맹업주가 아니라 주문을 해주는 고객들이다. 배달을 시키는 고객이 없다면 가맹업소도, 대행기사도, 대행업체도 모두 필요없지 않은가? 원래 말하고 싶었던 얘기는 이 주제가 아닌데, 평소 현장에서 갖고 있던 부당함을 털어놓다 보니 불필요하게 서두가 길어졌음을 양해 바란다.

이제 본론으로 들어가서, 적게는 수십 명에서 많게는 수백 명의 다양한 업주들을 상대하다 보면 대행기사들도 그렇지만 업주들 또한 별의별 사람들이 다 있다. 앞에서 말했듯이 대행기사를 자기네 배달직원 부리듯이 해도 된다고 생각하는 듯한 업주, 큰소리로 인사를 해도 소 닭 보듯이 무심한 업주, 무조건적으로 자기네 음식만 빨리 배달해줘야 한다고 우기는 이기적인 업주, 고객 앞에서는 꼬리를 내리고 기사 앞에서는 이빨을 드러내는 업주, 포장부실로 배달사고가 생겨도 어떻게든 기사의 탓으로만 돌리려는 업주, 조리시간을 기다리는 기사의 시간은 소중하지 않고 조금만 픽업이 늦으면 용납 못하는 업주, 충분히 같이 줘도 될 것을 꼭 기사 출발한 뒤에 같은 동선의 콜을 올려 매번 뒤통수를 치는 업주 등등.

반대로 좋은 업주분들도 많이 있다. 시원한 물 한잔, 따뜻한 국물 한 모금, 혹은 진심 어린 말 한 마디로 고생한다 위로하는 업주. 배달시간도 중요하지만 빈말이라도 기사의 안전을 염려해 주는 업주, 배달의 특성을 잘 간파하고 조리시간을 조정하여 비슷한 동선을 맞춰 두 세 개씩 동시에 콜을 띄워주는 업주, 가맹업소에서 식사를 하게 되면 반찬 한 가지라도 더 챙겨주려고 애쓰는 업주, 기사의 과실로 배달사고가 나더라도 음식값을 받지 않으려 하거나 재료비만 받으려는 업주 등.

배달대행 기사도 모두 감정이 있고 생각할 줄 아는 사람이다. 콜이 밀리는 피크 시간이나 악천후일 때 독자들은 위에 열거한 업주들의 콜 중에 어느 콜에 먼저 손가락이 움직이겠는가? 어느 업소의 콜에 마음이 움직이겠는가? 경력이 쌓일수록 대부분 이런저런 이유로 발길을 끊게 되는 업소가 한두 개씩 생겨나기 시작한다. 그런 기사들이 많아질수록 해당 업소는 원활한 배달이 힘들어지고 결국엔 다른 대행사로 이탈하게 되기도 한다. 대행업체를 바꾼다고 그 전보다 콜이 잘 빠지고 그쪽 기사들이 좋아하는 업소가 되느냐? 천만의 말씀이다. 여기저기 관할구역의 모든 대행업체를 다 떠돌아도 결국엔 같은 결과만 맛보게 된다. 문제가 자신에게 있는 것을 모르고 기사들에게서 해답을 찾으려 하니 당연한 결과이다. 필자는 성향상 모진 성격도 아니고 단호한 성격도 아니어서 어지간하면 좋은 것이 좋다고 여기고, 좀 못마땅해도 잘 참는 성격이다. 그래서 지금까지 일하면서도 발길을 끊은 업소가 한 군데가 없다. 솔직하게 말하자면 이건 필자가 사람 좋아서 그런 것이 아니고 마음이 약해서 그런 것이다. 가기 싫은 업소, 별로 내키지 않는 업소는 여럿 있지만, 그래도 발길을 끊지는 않는다. 하지만 필자 역시 어떠한 이유에서나 콜이 밀리는 상황에서는 그런 업소들을 우선순위에서 밀어냄을 고백한다. 그 정도 소심한 복수까지 안 하고 산다면 아마도 필자의 어깻죽지에는 날개가 생겼을 것이다.

몇 번을 강조해도 배달대행업은 서비스업임에 분명하다. 종사자인 우리들은 고객에게나 가맹업소 업주들에게나 항상 친절해야함 또한 당연하다. 하지만 그 당연한 과제 밑바탕에는 대행업체 지사장이나 관리자와 기사, 소속 가맹업소 업주와 기사 사이에 불평등한 선긋기나 인식이 존재해서는 안된다. 서로가 상호존중해 주는 마음과 마음이 있을 때 하기 쉬운 말로 외치는 상생이 가능하다. 어느 한쪽의 일방적인 희생을 강요하고서는 진정한 의미로서의 상생은 존재할 수가 없다.

대행업체 옮기기

전국에 산재해 있는 수많은 대행업체를 필자가 모두 경험해 보진 않았으나, 적어도 몇 년 하다 보니 필자가 사는 지역의 많은 대행업체들의 실상과 대표라는 사람과 관리자라는 직책을 가진 사람들을 많이 알고 있다. 대기업 자본이 유입된 부릉, 바로고, 생각대로 역시 메이저 업체라는 그럴싸한 타이틀을 갖고 있지만 각 지점의 지사장이 어떤 사람이냐에 따라 그 업체의 좋고 나쁨이 판가름되는 경우가 많다. 어쩌면 그런 타이틀은 빛 좋은 개살구일 수도 있으니, 업체명만 가지고 전적으로 판단하지 않기를 바란다.

처음에 배달대행을 하게 되면 대행업체에 대한 정보는 거의 전무한 상태에서 일을 시작한다. 겪어봐야 알 수 있듯이 지사장이나 관리자들이 투명하게 혹은 공평하게 운영과 관리를 하는지, 기사들에 대한 지원은 있는지, 하다못해 컵라면이나 커피 같은 부식이라도 무상으로 제공되는지, 가족 같은 분위기를 강조하면서 노예 부리듯이 여기지는 않는지, 말도 안되는 강제배차를 남용하지는 않는 지 등등. 더군다나 초보시절에는 이런 사실들을 알기가 쉽지 않다. 처음 접하는 대행업체이기 때문에 모든 업체들이 이런 줄 알기 때문이다. 기사들을 서포터해야 할 관리자라는 사람들이 좋은 콜을 선점하고, 친한 사람에게 나눠주고, 아무 것도 모르는 사람들은 힘들고 어렵고 장거리의 기피콜만 처리하게 하지는 않는지, 오더가 뜨는 시간을 조절하여 오더 가지고 장난질을 하지는 않는지, 처음에는 이러한 사실을 알기가 쉽지 않다. 어느 정도 경력이 있어야 알 수 있는 사항들인데, 그런 사실들을 알게 되면 형용하기 힘든 회의감이 몰려온다.

어쨌거나 이런저런 불합리하고 부당한 경우를 목격하고 겪으면서도 익숙해진 곳이라 업체를 옮기기를 망설이기도 하고, 옮겨야 되나 그만둬야 하나 고민을 하는 경우를 필자는 많이 봤다. 그리고 필자 역시 그런 과정을 거치기도 했기에 드리는 말씀인데, 어떤 면에서건 아니다 싶으면 업체를 옮기시라 권하고 싶다. 장기근속했다고 근속연수대로 퇴직금이 보장되는 것도 아니고, 오래 일했다고 특별한 대우를 해주는 것도 아닌데, 해가 거듭될수록 좋은 점보다 안 좋은 점이 더 많아진다면 망설이지말고 업체를 옮기는 것도 좋은 방법이다. 조금이라도 일하기 좋은 환경, 수입이 더 보장되는 환경, 하다못해 마음 편하게 일에만 집중할 수 있는 환경의 사무실을 찾아서 떠나는 것을 누구도 비난할 수가 없을 것이다. 필자는 5년 넘게 일하면서 업체를 세 번을 옮겼다. 첫 번째 업체에서 1년. 두 번째 업체에서 4년 가까이 일하고 최근에 일하는 곳이 세 번째 옮긴 업체이다. 필자의 경력에 비추어보면 어쩌면 세 번 옮긴 것도 많은 횟수가 아닐 수도 있는데, 필자의 성향이 어지간하면 환경에 변화가 생기는 것을 좋아하지 않는 성향인지라 잘 참고 잘 버티고 견딘다고 생각한다. 그런데도 참을 수 없었던 것은 보기 싫은 사람과 어쩔 수 없이 자주 봐야 하고 마주쳐야 하고 부대끼며 지내는 게 싫어서 매번 필자는 그럴 때마다 조용히 짐을 꾸렸다.

첫 번째 업체를 관두고 두 번째 업체로 옮겼을 때는 전혀 모르는 지역이었다. 낯선 지역에서 적응하기까지는 몇 달이 걸려서 처음에 애를 먹긴 했으나, 일정 시간이 지나니 해결이 되었고, 세 번째 옮긴 곳은 업체만 바뀌었을 뿐 4년 동안 해왔던 지역이라 익숙하고 동네같은 기분이 들기는 했지만, 새로운 프로그램, 새로운 사무실의 분위기, 룰 등에 빨리 익숙해지고자 노력 중이라 매너리즘과 권태기에 빠졌던 최근의 자신을 되돌아보고 새로이 다짐을 할 수 있어 어떤 면에서는 참신한 마음도 들곤 한다. 이 글을 읽는 독자들도 언젠가는 업체를 옮기는 것에 대해서 진지하게 고민을 하게 되는 시점이 얼마든지 올 수가 있다. 권장할 것도 아니지만, 그렇다고 무조건적으로 만류할 것도 아니다. 어떠한 이유에서건 처음에 비해 불편해졌거나, 부당한 일을 많이 겪게 되거나, 수입이 크게 감소하여 생계유지가 힘들게 되는 경우가 발생한다면 그때는 업체를 옮기는 것도 하나의 방법이 될 수 있음을 말씀해드리고 싶다. 살 부대끼며 한 이불을 덮던 부부도 얼마든지 하루아침에 갈라서기 쉬운데, 대행업체가 뭐 그리 대단한 거라고, 뭐 그리 대수라고. 한두 번 생각해 보고 더 이상 아니다 싶을 때는 미련없이 돌아서는 것도 나쁘지 않다. 세상은 넓고 대행업체는 많다.

단, 같은 동종업계에서는 알음알음 서로 다 알게 되니 안에서 새는 바가지 밖에서 새는 것은 당연지사, 혹여, 내가 좋은 소리 못 듣고 새고 있는 바가지라면 한 곳에서만 새도록 하자. 옮겨봤자 별 수 없다.

CHAPTER. 4

Episode
(에피소드)

다양하고도 여러 형태의 많은
에피소드와 해프닝을 겪게 된다
때로는
상상도 못했던
이런 일도 있을 수 있을까 싶은
필자가 겪은 일들은
그대들이 얼마든지 현장에서
겪을 수 있는 일이기에
미리 예습을 해두는 것도 나쁘지 않다

나는 사소한 것에 분노한다

일반 고객보다는 사무실이나 직장에서 시키는 고객들 중에 그런 부류들이 많다.

"안녕하세요, 고객님! 주문하신 음식 배달왔습니다."

평소와 다름없이 최대한 친절한 표정과 함께 음식을 건네면, 대개의 고객들은 고맙다며 음식을 받음과 동시에 계산을 한다. 그런데 사무실이나 직장에서 시킨 사람들 중에는 음식을 받고 계산을 하기 이전에 "여기에 놓아 주세요, 저기에 놓아 주세요."라며 특정 장소나 테이블을 지목하는 사람들이 제법 많이 있다. 코앞까지 갖다 줬으면 본인이 건네받아서 원하는 장소에 놓으면 되지. 그 조차하기 싫어서 그렇게 말을 한다. 사무공간과 분리된 먼 곳에 식사공간이 있다면 그나마 이해할 수 있지만, 그렇지도 않은 경우에도 먼저 받아들 생각은 하지 않고 여기 놓아 주세요. 저기 놓아 주세요 하는 경우를 보면, 음식, 단무지, 앞접시 등 여러 개의 그릇을 내려놓는 철가방 시절부터 은연중에 밴 습관인가 싶기도 하다. 가방끈은 얼마나 긴지 몰라도 기본적으로 가정교육이 덜 된 사람인가 싶은 생각이 든다. 심지어 손가락으로 장소를 지목하지 않고 입술을 삐쭉 내밀어 입으로 여기 놓아 주세요 저기 놓아 주세요 할 때는 인간적 모멸감까지 들기도 한다.

배달대행도 서비스업이라 끝까지 미소를 잃지 않으려 애쓰지만, 그런 때는 나도 모르게 싫은 표정이 지어지는 것을 스스로 느끼기도 하는데, 왜 그러는지 그 심리를 아직도 정확히 모르겠다. 게다가 일반 주택이나 원룸, 빌라 혹은 오피스텔 할 것 없이 노크를 하거나 벨을 누르면 주먹 하나 겨우 들어갈 정도의 틈만 열고서는 음식을 받아드는 사람도 아주 많다. 얼굴을 마주 보고 고맙다는 눈인사는 기대도 안 하더라도, 손만 빼꼼히 내밀고 음식을 낚아채듯 받고는 문을 쾅 닫는 사람들도 아주 많다. 아무리 세상이 갈수록 흉흉해진다고는 하지만 배달을 하다보면 참 찝맛인 사람들도 제법 많다는 것을 느낀다. 사소한 것에 감동받고 사소한 것에 분노가 치밀 듯, 아무것도 아닐 수 있는 일인데 왜 그러는지 당최 모르겠고, 그 아무것도 아닌 작은 배려조차 할 줄 모르는 사람들이 나는 참 싫다.

어떤 깨달음

장시간 오토바이 운행과 하루에도 수없이 많은 계단을 오르락내리락 하는 일을 몇 년간 하다 보니 필자의 몸 구석구석이 종합병원이 되어가고 있다. 이따금씩 찾아오는 잦은 허리통증과 무릎통증 때문에 여간 고통스러운 게 아니다. 어떤 동료기사는 엘리베이터 때문에 스트레스를 하도 많이 받아 차라리 빌라 5층을 뛰어 올라가는 게 속편하다고 말하는데, 필자는 그 반대이다. 허리와 무릎이 자주 아파오기 때문에 엘리베이터가 있는 아파트를 선호해서인데, 어느 정도로 좋아했으면 동료들이 붙여준 필자의 별명이 엘베 김봉준이 됐을까?

이 일을 시작하고부터 5와 6이라는 숫자도 제일 싫어하게 됐으니, 주문표에 적힌 5백 몇 호, 6백 몇 호 라는 고객의 호수만 봐도 아주 기겁을 할 정도까지 됐다. 원하지 않았지만 엘리베이터가 없는 5층이나 6층이 걸리게 되면 거짓말 조금 보태서 사형장에 끌려가는 사형수의 심정으로 계단을 오르곤 한다. 간혹 오래된 관공서나 학교, 도서관 같은 건물에 가면 계단에 이런 문구가 적혀있다. 계단 한 개 오를 때마다 몇 칼로리가 소모된다느니 수명이 연장된다느니, 그런 강아지 풀 뜯어먹는 글귀를 보면 나는 속으로 외치곤 한다.

운동과 노동은 다르다고!!!!!
한 계단 오를 때마다 내 무릎 연골이 닳고 수명은 단축되고 있다고!!!

이런 말도 안 되는 문구를 적은 사람을 찾아가 멱살이라도 잡고 싶은 마음까지 들곤 한다. 게다가 건물 한 층을 올라갔는데 2백 몇 호가 있을거라는 예상과 달리 101호 팻말이 붙어있으면 나도 모르게 한숨이 새어나오기도 한다. 호수를 정하는 건 건물주의 마음이지만, 하필 내가 힘겹게 올라온 건물에서 한 층을 올라왔는데 왜 2층이 101호냐고!

이렇듯 5층에 대한 공포심 수준의 두려움까지 갖고 있는 필자가 한 번은 또

재수 없게 지은 지 오래된 옛날 아파트 5층으로 배달을 가게 된 적이 있었다. 다들 아시다시피 요즘 짓는 건물에 비해 건축년식이 2~30년 이상 된 옛날 아파트는 계단 개수도 많을 뿐더러 경사도 더 높아 훨씬 힘들다. 닭똥 같은 땀을 뻘뻘 흘리고, 가쁜 숨을 몰아쉬며, 속으로 중얼중얼 욕까지 하는 와중에도 힘겹게 올라가고 있는데, 갑자기 내 뒤에서 나보다 더 크게 거친 숨을 몰아쉬며 누군가 뒤따라오는 게 아닌가. 뭐지 싶어 돌아다보니 택배기사 한 분이 생수를 몇 박스나 등짐을 진채로 따라오고 있었다. 순간, 무릎을 탁 치며 "라훌라"를 외쳤던 싯다르타처럼 필자는 큰 깨달음을 얻었다. 계단을 많이 이용하기는 하지만 나는 무거운 짐을 옮기진 않는 것이었다. 세상에는 필자보다 더 힘든 일을 하는 사람이 얼마든지 많다는 것을 깨달았다.

그렇게 깨닫는 순간, 계속해서 입안에서 맴돌던 온갖 욕은 온데간데 없이 사라지고, 진심은 아니었지만 고객에게 "감사합니다"라는 인사까지 남기고 돌아설 수 있었다.

오늘 만난 고객님께

무수히 많은 고객님들 중에서 오늘 제게 당첨(?)된 고객님을 뵙기 위해 산꼭대기로 바위를 밀어 올리는 시지프스의 심정으로 엘리베이터도 없는 재래시장 상가아파트 5층까지 힘겹게 올라갔더랬죠. 행여나 고객님께서 미안해 하실까 봐 새어나오는 거친 숨을 숨기려 애썼던 저의 배려와는 달리 고객님께서는 너무도 당연하다는 표정으로 태연하게, 빈말이라도 고생했다는 말 한마디 없이, 바지주머니 속에서 마치 쓰레기 뭉치처럼 구겨진 지폐 몇 장을 제 손에 쥐어주셨죠. '이…씨….' 하마터면 저도 모르게 쌍욕을 내뱉을 뻔 했습니다.

친애하는 고객님! 세뱃돈처럼 빳빳한 새 돈이나 꼬깃꼬깃 구겨진 돈이나 돈의 가치는 다르지 않지만, 그래도 이건 해도 해도 너무하다는 생각은 눈곱만큼도 못해보셨죠. 조금이라도 빨리 고객님을 뵙기 위해 몇 번의 신호위반과 위험을 무릅쓰고 과속을 해서 달려온 제가 얼마나 후회스럽던지 고객님께서는 모르실겁니다. 정당한 제 시간과 노동력을 들여 고객님께서 오매불망 기다리시던 음식을 전해드리고 받은 댓가치고는 돈 꼬라지 만큼이나 제 기분도 얼마나 구겨지던지요. 하다못해 길거리에 엎드려 구걸하는 거지에게도 그런 돈은 주지 못 할 것입니다.

고객님께서 얼마나 돈 보기를 돌같이 하시는지는 몰라도, 왜 그렇게 돈을 쓰레기처럼 간수하는 지는 제가 차마 헤아릴 수 없겠으나, 3천 원 벌자고 이 뙤약볕에서도 오토바이를 몰고 다니는 저로서는 아무리 좋게 생각하려 생각할 수가 없었습니다. 짐작컨대 고객님께서는 아주 오래 오래 장수하실겁니다. 모두 제 덕분인줄 아십시오. 고객님과 헤어지고 돌아오는 길에 속으로 고객님 욕을 엄청 많이 했습니다. 이 글을 적는 지금도 다시 생각할수록 욕이 나오는 걸 보면 고객님은 분명 오래오래 장수하실 것입니다.

빗길에 새겨진 슬픈 기억

하루종일 비가 내렸던 날 집 방향으로 가는 마지막 퇴근콜을 하나 들고 가는 길이었다. 목적지로 향하는 교차로에서 좌회전 신호를 받고 빗길이라 서서히 좌회전을 하는데, 골목에서 빠른 속도로 택시 하나가 튀어나오는 걸 보고 피하려 엉겁결에 급브레이크를 잡았다. 택시와 추돌은 피했지만 브레이크를 잡는 순간, 쇼트트랙 선수가 커브를 돌다가 원심력을 못 이겨 자빠져 몇 바퀴 굴러 트랙에 부딪히듯 딱 그 모양새로 나는 오토바이와 함께 미끄러져 자빠지면서 오토바이 밑에 깔렸다. 원인 제공을 한 택시는 잠시 멈칫하는가 싶더니 그냥 가버리고, 나는 그렇게 홀로 오토바이 밑에 깔린 채 버려졌었다. 실려 있던 음식도 다 바닥으로 튕겨져 나와 엉망이 되어 있고….

다행히 통행하는 차가 없어서 아찔한 2차 추돌은 없었지만, 오토바이를 일으켜 세우고 인도 턱에 앉아 비를 맞으면서 한참을 앉아 있었다. 바닥에 흩뿌려져 엉망이 된 음식들처럼 내 마음도 엉망이었다. 왠지 모를 서러움도 밀려오고, 서글프기도 하고 한없이 처량해지기도 하고 그랬던 몇 년 전 초보시절의 그 기억이 오늘처럼 비가 오는 날이면 문득문득 생각이 나곤 한다. 아무리 몇 년의 경력이 쌓여도 빗길 운전은 항상 두렵다.

고마운 물티슈

배달을 하다보면 업소측의 부실한 포장 탓이거나 라이더의 과격한 운전 탓이거나 여러 가지의 이유로 인해 안전히 배달되어야 할 음식이 제 모습을 잃는 경우도 종종 있다.

몇 년 전 여름, 필자의 가맹점 중 '고X남' 이라는 업소의 '한우 물회'를 배달한 적이 있었다. 평소와 다름없이 업소에서 받은 그대로 무심히 배달통에 싣고 고객에게로 향했다. 크게 과속을 하거나 난폭하게 운전을 하지 않는 필자는 평소와 다름없이 운전을 해서 목적지에 도착해서 음식을 확인하니 국물이 모두 일회용 그릇을 탈출해서 비닐봉지에 담겨져 있는 게 아닌가? 아차 싶었다. 곰곰이 기억을 되짚어 보니 나는 평소와 다름없이 얌전히 운전을 했었다. 그런데 이 사달이 난 걸 보면 아무래도 업소에서 뚜껑을 제대로 안 닫은 게 분명했다. 그렇다고 이걸 그대로 업소로 다시 들고 가서 잘잘못을 따지기엔 배달이 폭주하고 있던 점심시간이었고, 이 음식 말고도 배달을 마쳐야 하는 다른 음식을 몇 개 더 싣고 있던 차라 이 상황을 최대한 빨리 수습해야만 했다.

우선 탈출한 국물들을 그대로 일회용 그릇 안으로 모두 부었다. 그리고 국물에 흥건히 젖은 그릇을 물티슈로 깨끗이 닦고, 업소의 상호가 인쇄되지 않은 깨끗한 비닐을 인근 업소에서 얻어서 새로 포장을 한 다음에 고객에게 전달했다. "더운 날 시원하게 드시라고 평소보다 더 빨리 오려고 속도를 좀 냈는데 속의 음식물들이 행여나 흐트러지지 않았나 모르겠습니다. 혹시 그렇더라도 조금 이해해 주세요" 라고 고객에게 양해의 말을 건네며 전달했다. 그렇게 무사히 위기를 극복할 수 있었는데, 만약 그때 휴지나 물티슈가 없었다면 그렇게 신속하게 해결할 수 있었을까 싶다. 내 잘못이나 업소의 과실로 얼마든지 음식물들이 제 모양을 잃을 수가 있는데, 크게 훼손된 게 아니라면 빨리 빨리 최대한 수습을 해서 전달할 수 있는 것도 요령이라면 요령이랄 수 있겠다. 그러기 위해서 꼭 필요한 것 중의 하나가 휴지나 물티슈겠다. 휴지나 물티슈는 항상 소지하고 다니면 이렇게 요긴하게 쓰일 수도 있다.

꿈속에서도 배달하다

콜을 찍은 기억이 없는데 배차란에 떡하니 오더 하나가 잡혀있다. 그것도 마이너스 십 분이 넘어가는 오더 하나가. 순간 오만 생각이 영화필름처럼 눈앞에 좌르르 펼쳐진다. 여태껏 안 오고 뭐하는거냐고 씩씩대는 업주의 화난 얼굴과 다 식은 음식을 받아들고 클레임을 걸려 하는 손님의 짜증스런 얼굴과 이제 그 업소는 출입 못하게 배차제한을 걸겠다는 관리자의 굳어진 얼굴이 순식간에 영화처럼 눈앞에 펼쳐진다.

"이게 뭐지? 이게 뭐지? 난 콜을 찍은 적이 없는데 이게 뭐지? 이게 왜 들어와 있냐고!!!**"**

비명을 지르다가 잠을 깬 게 초보시절에 한 두 번이 아니었다. 무조건 일찍 픽업해서 갖다줘야 된다는 부담감이 얼마나 컸으면…, 한두 번이 아니고 초보시절 오랫동안 똑같은 꿈에 시달렸어야 했다.

한 번은 얼마나 꿈이 생생했던지 새벽 두 시경에 관리자에게 실제로 전화를 걸어서 "난 콜 찍은 적이 없으니 콜을 빼달라." 라고 했던 일도 있었다. 마침 마감조여서 업무를 마치고 퇴근하려다가 내 전화를 받은 관리자는 황당 그 자체였다고 웃으면서 얘기를 해줬지만, 나도 모르게 내 자신이 그렇게까지 평소에 부담감을 갖고 있었나 싶어 스스로 안쓰럽기까지 한 게 아닌가? 조금만 여유를 갖고 할 수 있는 일이라면 이 정도까지의 부담감은 안 가질 텐데, 업주라는 사람들은 조금만 늦으면 재깍재깍 전화해서 독촉을 해댄다. 죽기 살기로 달리고 있는데도 전화를 하고, 전화를 안 받으면 또 연락이 안 된다고 관리자에게 전화를 해댄다. 이렇게 재촉을 해대니 내가 꿈에서까지 배달을 할 수 밖에….

환영받는 직업

필자는 십 여 년 전에 이름 대면 누구나 알만한 모 손해보험사에서 1년 정도 근무했던 경력이 있는데, 돌이켜 보면 필자의 인생에서 흑역사 같은 경험이었다. 매일 양복만 입고 다녀 겉으로는 번지르했지만 매일매일 실적으로 받는 스트레스에 속은 문드러지고, 월말이 다가올수록 피가 마르는 것을 수도 없이 느끼곤 했다. 보험세일즈라는 게 실적 스트레스도 힘들지만 그에 못지않게 힘든 게 인간관계가 무너지는 것이었다. 보험사에 근무하게 되었다는 것을 주변에 알린 이후로는 친했던 친구를 만나도 보험가입을 부탁하려고 만나자는 게 아닌가 하는 경계심을 보이기 일쑤고, 일가친척도 그러했으며, 만나는 모든 사람들이 나를 경계하는 게 느껴졌다. 어느 순간에는 그만 좀 찾아왔으면 하는 싫은 내색을 대놓고 내비추어 많은 상처를 받았던 기억이 있다. 자존심과 자존감이 상실되는 느낌을 한두 번 받았던 게 아니다.

그런 경험을 한 이후 어쩌다 배달대행을 시작하게 되어 주문한 음식을 들고 소비자를 만나러 가면 사람들이 모두 한결같이 나를 반겨주는 게 아닌가? 빨리 가면 빨리 와서 고맙다고 반겨주고, 늦게 가면 기다리고 있는데 왜 빨리 안 오냐고 역정을 내는 게 아닌가? 초창기 시절에는 그런 소비자의 역정까지도 진심으로 고마웠다. 만나도 환영받지 못하는 보험세일즈를 하다 보니 이 일은 그와 반대로 '누군가가 항상 나를 기다리는 일이구나.' 라는 생각에 얼마나 신이 났는지 모른다. 남들은 하찮게 보고 업신여기는 일인지 몰라도, 적어도 나는 환영받고 있고 나를 기다리는 사람들이 있다는 사실에 무너진 자존감이 회복되고 얼마나 행복해했는지 모른다. 조금 억지스럽게 느껴질지 모르겠으나 진짜로 필자는 보험영업 일보다는 차라리 배달대행 일이 백만 번 더 낫다고 생각을 한다.

게다가 오늘은 콘서트장에서나 볼법한 기립박수와 환호까지 받았다. 기말고사를 앞두고 담임선생님이 시험 잘 보라고 격려차 담당 학급에 피자를 시킨 것이다. 그런데 피자 다섯 판에 콜라 1.25리터 다섯 병 들고 계단 없는 학교 건물 4층을 낑낑거리며 들고 갔더니 학급 문을 여는 순간 일제히 여고생들이 기립박수와 함께 우레와 같은 함성을 지르는 게 아닌가? 무슨 대단한 일을 한 것도 아닌데 얼마나 기분 좋던지, 피자가 반가웠던 것이지 필자를 기다린 것은 아니라는 걸 잘 알지만…. 이렇듯 우리가 하는 일은 누군가를 즐겁게 해줄 수도 있다.

때때로 힘들고 지칠 때도 많지만 "고맙습니다. 잘 먹겠습니다."라는 상냥한 한 마디에 피로가 씻기고 보람을 느낄 때도 많으니 조금은 자긍심을 가지고 일해도 될 것 같다.

피해야 될 대행업체 유형

1. 출금이 자유롭지 않는 업체
2. 지사장, 관리자가 꿀콜을 독점하는 업체
3. 무리한 강제 배차가 많은 업체
4. 우천 할증, 거리 할증, 각종 할증이 없는 업체

니 맘대로 하세요

필자의 소속 대행업체의 가맹점 중에 태국음식 전문점이 한 군데 있는데, 이 업소는 평소에 까탈스럽게 굴기로 유명했다. 그러다 보니콜이 잘 안 빠진다고 다른 대행업체로 넘어갔다가 결국 다시 우리에게 돌아오고 말았다. 아무튼 한 번 헤어졌다가 다시 만난 업소인데, 사실 말 나온 김에 말하자면, 대행업체를 바꿔봤자 거기서 거기인 것을 업주들은 잘 모르는 것 같다. 어느 업체를 이용하더라도 점심, 저녁 피크타임에는 콜이 잘 안 빠지고, 특히 비 오는 날이나 주말 저녁에는 어느 업체나 다 마찬가지 상황일 수밖에 없다. 대행업체 바꾸면 무슨 획기적인 변화가 있을 줄 아는 업주들이 많은데, 그들만의 착각이다.

어쨌거나 이 업주는 좀 별나기도 하지만 약간 똘끼도 소유한 사람이라 평소 하는 행동을 보면 좀 이상한 사람인가 싶은 생각마저 종종 들곤 했다. 평소에 가맹점 업주들과 필요 이상으로 친해지지 않으려고 적정 거리를 두고 지내자는 게 필자의 지론인 바, 인사와 고객주소 확인만 하고 금방 업소를 나와 버리는데, 어느 순간부터 자꾸 불필요한 사적인 질문을 나에게 해대는 게 아닌가? "이런 일 하실 분으로 안 보이는데 전에 무슨 일 하셨어요?" 부터 시작해서 "연세는 얼마나 되세요? 어느 동네 사세요? 하루 벌이는 얼마나 하세요? " 등등. 귀찮아서 일일이 대꾸 안 하고 씨익 웃고 나오면서 나이만 말해줬는데, 그 이후 자꾸 형님, 형님 그런다. 별로 아우 삼고 싶은 마음도 안 드는 사람인데 지 맘대로 형님, 형님 그러는 게 아닌가? 그러거나 말거나 거기까지는 신경 안 썼다. 그런데 10분 콜을 기본으로 띄우는 업소라 시간 맞춰 열심히 가던 중에 5분도 안 지나서 "형님! 음식 완성"이라며 메시지를 보내는 게 아닌가? 게다가 어떤 때는 콜 띄운 지 1분이나 2분도 안 돼서 메시지를 보내고, 콜 띄우자마자 바로 찍었는데 바로 완성됐다고 메시지를 보내기도 했다. 그럴 바에 10분 내 음식완성이라는 설정을 하지를 말든가. 이건 뭐 한두 번도 아니고 상습적으로 그러는 거다. 배달장사를 시작한 지 얼마 안 되는 업소라면 아직 경험이 없어서 바쁠 때 한 번씩 조리시간 계산 착오로 그렇다고 이해를 하겠는데, 오픈한 지 2년도 넘은 업소라 그건 아닐테고, 아무래도 내가 돈 주고 쓰는 업체니까 내 맘대로 해도 된다는 생각을 가지고 있는 것 같아 보였다. 오늘도 어김없이 10분 콜로 그 업소의 콜이 떴다. 근처에 있었던 필자가 그 콜을 찍었는데, 이번에는 필자가 먼저 업소에 메시지를 보냈다.

"3분 내 업소 도착"

곧바로 날아온 답장이 참 가관이었다.

"우짜라구요 형님! ㅋㅋㅋ"

분명히 필자와 농담 따먹기할 만큼 인간적 친분이 있는 사람이 아닌 사람에게서 그런 반응을 받으니 기분이 썩 좋지는 않았지만 군소리 없이 제 시간 보다 일찍 도착해서 10분 꽉 채우고 나온 음식을 받아들고 업소를 나왔다. 그리고 몇 시간 뒤 다시 그 업소 콜을 찍게 되었는데, 또 콜 띄운 지 2분 만에 메시지가 날아오는 게 아닌가?

"형님! 음식 완성 ㅋ"

조금 전에 당한 것도 있고 해서 진심 반, 장난 반 삼아 필자가 답장을 보냈다.

"우짜라고? ㅋㅋㅋ"

업소에 도착했더니 똘끼 충만한 업주가 궁서체 같은 표정으로 엄중하게 경고를 날린다.

"형님! 그런 식으로 말하면 우리 업소콜 못 찍게 차단합니다"

그 말을 듣는 순간, 참 어이가 없어 기가 막히고 코가 다 막히는 걸 느꼈지만, 짬밥이 있는지라 표정변화를 일으키지 않고 웃으면서 한 마디 던져주고 나왔다.

"니 맘대로 하세요."

가맹점 업주와 대행업체 기사의 관계는 수직적인 상하 관계가 아니다. 상생하는 수평관계이지 이래라저래라 갑질을 하고 당하는 갑을관계가 아닌데도 불구하고 때때로 그 관계설정을 자기 맘대로 해버리는 좀 모자란 사람들이 있다. 아무리 착각엔 커트라인이 없다고 하지만 그로 인해 타인에게 불쾌감을 준다면 따끔하게 일침을 가해도 된다. 자기는 내게 농담해도 되고, 나는 자기에게 농담하면 안 된다는 말인가?

초보 기사님들! 이와 유사하진 않더라도 일하면서 가맹업주들로부터 부당한 대우를 받을 때는 참고 넘어가지 말고 당당히 항변하시라. 우리는 가맹업주들의 매출에 도움을 주는 사람들이지, 자기네 직원들처럼 마음대로 부려먹고 함부로 대해도 되는 사람들이 아니기 때문이다.

기피하게 되는 가맹업소의 유형

1. 배달대행 기사가 자기 직원인 것처럼 착각하는 업주
2. 본인 매장의 음식만 우선적으로 배달할 것을 요구하는 업주
3. 약속된 조리 시간을 못 지키는 업주
4. 주소 오기재, 음식물 누락 등 잦은 실수를 반복하는 업주

진상짓 하는 왕님

안데르센의 동화 이야기가 아니다. 오래전부터 우리는 "손님은 왕이다."라며 손님을 향해 무조건적인 절대 친절을 베풀 것을 세뇌당했었다. 손님에게 친절해야 하는 것은 사실 당연한 일이며, 배달대행 또한 서비스업이기에 서비스 정신이 투철해야 하는 것은 맞는 말이다. 하지만 언제부턴가 친절한 서비스를 받아 마땅한 왕님께서 도가 지나치다 싶을만큼 갑질을 남발하는 시대에 이르렀다.

2018년인가 2017년, 한 여름 오후였던 것으로 기억한다. 1994년 폭염 이후 최악의 폭염이라고 연일 뉴스에서 보도했던 때였는데, 승강기가 없는 낡은 옛날식 아파트 6층에 거주하는 고객의 배달이 배차되었다. 마침 그 전에 배달을 하다가 다른 건물 계단에서 발을 헛딛어 다리를 접지르고 만 작은 사고가 있었던 터에 승강기 없는 건물 6층을 올라가기엔 다리가 정상이 아니어서 건물 입구에 도착해 고객에게 전화를 걸었다. "제가 지금 다리를 다쳐서 그러는데, 올라갈 테니 죄송하지만 손님께서도 조금만 내려와 주시면 안 될까요?" 라며 최대한 정중한 말투로 부탁을 드렸었다. 단 한 층이라도 내려와주시면 참 고맙겠다는 마음으로 부탁을 했는데, 손님의 반응은 아주 짧고도 단호했다.

"왜요?"

단 두 글자로 나의 간절한 부탁을 외면하는 게 아닌가? 내가 내 돈 주고 음식 주문한 것이고, 그 가격에는 당신이 당연히 내 앞까지 와야 하는 의무도 있는 것 아니냐는 질책 섞인 분노를 단 두 글자에서 느낄 수 있었다. 더 이상 할 말이 없었다. 다리를 절뚝거리며 구슬땀에 흠뻑 젖은 채로 힘겹게 6층까지 올라가 음식을 전달하고 돌아서는데, 젊은 20대 후반의 새댁으로 보이는 소비자의 조롱하는 듯한 눈빛이 내 등 뒤에 비수처럼 꽂히는 걸 느낄 수 있었다. 배달을 마치고 계단 한쪽에 걸터앉아 땀을 식히면서 속상하고 서글픈 마음까지 밀려옴을 혼자 삭이고 달래고, 한참을 그렇게 앉아 있다 다시 일을 시작했는데 한 시간 정도 지났을까? 내가 속한 대행업체 관리자에게서 전화가 왔다.

소비자가 배달어플 리뷰란에 배달원이 배달 와서 올라올 생각은 안 하고 손님더러 내려오라 하더라부터 시작해서 배달원이 싸가지 없게 말을 하더라는 둥, 참 말도 안 되는 소설같은 얘기들을 장황하게 적어놨단다. 음식점 사장의 항의전화까지 왔는데 무슨 일이냐며 연락이 온 것이다. 사실대로 얘기를 해주니 진상손님 하나 걸렸다고 치고 맘 푸시라고 관리자가 위로를 해주는데, 속에서부터 울화통이 치밀어 올라 정말 그 손님을 다시 찾아가 따지고 싶은 마음이 굴뚝같았다. 이런 일이 자주 있는 것은 아닌데 대행일을 하다 보면 아무래도 여러 사람들을 만나게 되니 정도 차이는 있지만 심심찮게 진상짓을 남발하는 고객들을 만나게 되는 것도 사실이다.

그리고 여름부터 늦가을까지는 원룸이나 모텔에 배달을 가면 팬티 바람으로 문을 빼꼼 열고 음식을 전달받는 경우가 아주 많은데, '이건 정말 아니지 않는가.' 하는 생각이 많이 든다. 아무리 가장 편안한 자신의 집이거나 자신만의 공간에서 자기 마음대로 있을 수 있는 건 자유지만 낯선 사람을 대하는데 팬티 바람으로 나온다는 것은 배달원과 손님의 관계 이전에 사람 대 사람으로서 예의가 아니지 않는가? 실제로 팬티만 입은 채로 음식을 전달받는 경우를 허다하게 겪었기에 이 글을 쓰는 것이다.

손님은 왕이다. 세월이 바뀌어도 물론 틀린 말은 아니다. 서비스를 제공하는 입장에서는 언제나 친절해야 하는 것 또한 당연하고, 고객을 만족시켜야 함은 배달대행 종사자의 의무이다. 하지만 말이다. 소비자도 친절한 서비스를 제공받을 권리만 내세우지 말고 인간적인 예의도 갖출 줄 아는 성숙한 왕이었으면 좋겠다. 아무리 경력이 쌓인 지금도 진상짓 하는 왕님 앞에서는 나도 모르게 인상이 찌푸려지기 때문이다.

깨알
상식

진상 손님 유형

1. 현관 비밀번호도 알려주지 않고 전화를 안 받는 손님
2. 배달을 시켜놓고 집을 비우는 손님
3. 동전으로만 음식값을 결제하는 손님
4. 사소한 걸로 트집잡고 클레임을 거는 손님
5. 담배 사달라, 술 사달라, 당연한 듯 심부름을 요구하는 손님

우리의 밤은 당신의 낮보다 아름답다?

1996년도에 발표된 모 가수의 노래 제목이다. 이 글의 소제목으로 이 노래 제목을 차용한 이유는 배달대행을 하다 보면 밤이 낮보다 절대로 아름다울 수 없기 때문임을 역설적으로 설명하기 위해서이다. 치열한 생업현장에서 장시간 오토바이를 운행하며 낮과 마찬가지로 신속하게 배달을 완료해야 하는 우리로서는 밤이라는 환경이 절대로 유리한 조건은 아니다. 밝은 대낮에 비해 시야 확보가 어려운 밤에는 어둠이 핸디캡으로 작용한다. 어두운 밤길에서는 노면 상태를 정확히 파악하기 힘들고, 헤드라이트를 훤히 밝힌 채 마주 오는 차 사이에 무단횡단하는 보행자라도 있다면 순간적으로 보행자가 안 보이기도 해서 얼마나 위험한 지 모른다. 여러 면에서 주간에 비해 야간에는 더 다양한 위험들이 곳곳에 도사리고 있으며, 주간보다 더 조심 운전을 하지 않으면 예상치 못한 사고를 당할 수도 있다. 실제로 필자의 동료기사 중 한 명은 야간에 빌라 1층에 설치된 차단봉을 발견하지 못하고 진입하다가 충돌로 차단봉이 파손되어 20여만 원 넘는 비용을 변상해 줬다고 한다.

어디 그 뿐인가? 어둠 속에서 갑자기 뛰쳐나온 고양이를 피하려 급제동을 했는데, 마침 모래가 많은 노면이어서 중심을 잃고 넘어져 십자인대 파손으로 몇 달간 병원 신세를 진 전 직장의 동료 기사도 있었다. 두 사례 모두 주간이었다면 재빨리 피해갈 수 있는 사고였는지도 모르니 이처럼 야간에는 보다 더 감속해야 하고 조심 운전을 해야 하는 것이다.

> **"배달대행을 하는 우리의 밤은 결코 당신의 낮보다 아름다울 수가 없다."**

엘리베이터에 갇히다

배달대행 일을 하면서 참 여러 가지의 에피소드가 있는데 그 중의 베스트 에피소드를 하나 손꼽자면 아마도 엘리베이터에 갇힌 사건이 아닌가 싶다. 2년전 쯤 가을이었고 밤 10시가 넘었던 것으로 기억한다. 배달 마치고 퇴근해야지 했던 콜이었고, 30 몇 층 고층아파트 중에서 27이나 28층쯤 되는 고객 집으로 아귀찜 요리를 배달가느라 지하에서 엘리베이터를 탔다.

별생각 없이 탄 엘리베이터 안에서 목적지 층에 도착하기만을 기다리며 서 있는데 잠시 올라가더니 몇 번 덜컹거리고는 엘리베이터가 15층에서 멈춰 선 것이다. 영화에서나 본 장면이었는데 실제로 내 앞에서 그런 상황이 벌어졌다. 무섭다기보다는 처음 겪는 일이라 당황스럽고 황당했었는데, 침착해야겠다 싶어 엘리베이터 안에 있는 비상전화로 전화를 걸어 사실을 전달하고 구조를 요청해 놓은 후 고객에게 전화를 걸었다. 이러이러한 사정으로 엘리베이터 안에 갇혀서 배달이 늦어질 것 같으니 좀 기다려달라고 설명을 하니 정작 갇힌 나보다도 고객이 더 당황해 하고 어찌할 바를 모르는 것 같았다. 나중에 알고 보니 고객도 관리사무실이며 여기저기 전화를 막 했다고 한다.

밀폐된 좁은 공간에 갇혔다는 생각을 해서 그런지 답답하다는 생각이 들었고, 구조까지 2~30여분을 기다리면서 시간이 참 안 간다는 생각을 했었다. 어쩌면 이대로 바닥까지 추락하는 것은 아닌가 하는 생각도 살짝 들기도 했지만 괜한 걱정할까 봐 집에는 알리지 않았고 관리자와 몇몇 동료기사들에게 문자를 보냈다. 지금 생각하면 우습지만 혹시 내가 잘못되면 우리 집에 연락 좀 취해달라면서 문자를 보냈다. 길다면 길고 짧다면 짧은 시간 동안 참 여러 가지 생각들이 들고, 지금껏 살아온 내 인생이 마치 영화처럼 눈앞에 지나가기도 했었다. 그러다가 승강기 업체 직원인지 관리사무실 직원인지 누군가 밖에서 "안에 사람 계세요? 제 목소리 들리세요?" 하는 소리가 들렸다. 그렇게 15층에서 구조되어 계단으로 내려간 후, 다시 1층에서 옆 라인 엘리베이터를 타고 꼭대기까지 올라간 후 옥상을 통해 계단으로 내려와 고객에게 음식을 전달했다. 그런데 얼마나 놀라셨냐고 정말 죄송하다고 고객이 미안해 어쩔 줄 몰라 하는 것이다. 놀라셨을 텐데 박카스라도 하나 사서 드시라면서 만 원을 쥐여 주며 금방이라도 울음보가 터질 것 같았던 20대 중반쯤으로 보이는 아가씨를 되려 내가 달래주면서 아무렇지도 않다고 허허 웃었던 기억이 있다.

혹시라도 이 글을 본 이후, 필자와 같이 엘리베이터에 갇히게 되는 일을 당하게 된다면 당황하지 말고 엘리베이터에 적혀 있는 비상벨을 통해 구조를 요청하거나, 연락이 안 되면 119로 신고하면 된다. 생각 외로 빠른 시간 내 탈출할 수 있으니 너무 걱정하지 말길….

스페어 휴대폰

하루 종일 하염없이 비가 내리던 날 저녁이었다. 왼손에는 고객이 주문한 음식을 들고, 오른손엔 필자의 밥줄과 같은 휴대폰을 들고 고객이 있는 어느 빌라 5층을 향해 계단을 오르고 있었다. 보통 지은 지 얼마 안 되는 빌라는 복도에 센서감지등이 있어 움직임이 감지되면 자동으로 등이 켜진다. 그런데 그날 필자가 간 빌라는 오래되고 낡아서 그런 시설이 없었는지 아니면 고장인지 몰라도 전등 하나 밝혀지지 않았다. 깜깜한 계단을 휴대폰 조명에 의지해 올라가고 있었는데, 잠깐 계단 하나를 헛짚는 바람에 앞으로 고꾸라졌다. 짧은 순간에도 음식은 끝까지 지켜야 된다는 투철한 사명감이 발동했는지 하필이면 넘어지면서 바닥을 짚는다는 게 휴대폰을 들고 있던 오른손으로 바닥을 짚은 게 아닌가? 빠지직 소리와 함께 휴대폰 액정이 박살났다. 고작 3,000원 벌려다가 몇 십만 원을 날려먹은 꼴이 됐다. 한참 콜이 밀리기 시작하는 비오는 날 초저녁에 휴대폰이 박살나서 먹통이 된 것이다. 급하게 그 다음 날 바로 중고폰을 구해 대체하기까지 일을 못했으니, 계단 한 칸 헛디딘 실수치고는 너무 가혹한 댓가를 치른 셈이 되었다. 일을 하다보면 별의별 일을 다 겪게 되고, 이런 일도 있고 저런 일도 있기 마련이지만, 배달대행 일에 있어서 오토바이와 더불어 가장 중요한 장비 중 하나인 휴대폰의 파손은 우리에겐 막대한 손실을 가져다 준다는 걸 새삼 깨닫게 된 계기가 되었다. 그날 이후로 필자는 중고 휴대폰을 하나 더 구입해서 보관 중이다. 혹시라도 그와 유사한 일을 당해 휴대폰이 망가지더라도 당장 집으로 달려가 스페어 폰에 유심카드만 교체하면 긴 공백시간 없이 바로 일을 할 수 있기 때문에 그 전보다는 큰 손실을 막을 수 있다.

남들 다 놀 때 같이 못 놀아서 좋은 점

아시다시피 배달대행은 서비스업이다. 대체로 서비스업이 그렇듯 배달대행이라는 일 역시 남들이 놀 때 일이 더 많고 바쁘다. 필자 또한 특별한 일이 없는 이상은 토요일이나 일요일, 혹은 공휴일에 쉬어본 적이 거의 없는데 이제는 평일에 쉬는 게 더 익숙하고 좋아졌다. 초보시절에는 나도 남들 쉴 때 똑같이 쉬고 싶다는 생각이 종종 들기도 했었다. 특히, 살을 에는 한겨울 저녁에 치킨 한 마리를 들고 "배달왔습니다."를 외쳤을 때 열리는 손님의 온기 있는 방이나 거실을 보면 내가 얼마나 떼돈을 번다고 이 고생을 하나 싶은 서글픈 마음이 들었던 적도 한두 번이 아니었다. 비에 흠뻑 젖은 생쥐꼴을 하고 헬멧에서 빗물이 뚝뚝 떨어지는 채로 고객을 만날 때도 고객은 에어컨 빵빵한 실내에서 편한 속옷바람으로 있는 모습을 보면 괜한 자괴감이 들기도 했었다.

그러나 몇 년 하다 보니 이젠 평일에 쉬는 게 더 익숙하고 좋아졌다. 여행을 좋아하는 필자가 여행을 다니기에도 주말보다는 평일이 붐비지도 않고, 차량 정체가 없어 좋다. 게다가 주말에 비해 저렴한 비용으로 숙박할 수도 있고 여러모로 좋은 점도 많으니, 이제는 남들 다 놀 때 같이 못 놀아서 더 좋은 점이 있다는 것도 알게 되었다. 역시 사람은 주어진 환경에 적응을 하게 되나 보다.

햄버거 68만 원어치

몇년 전 1월 중순 쯤이었던 것 같다. 관내 모 패스트푸드점에서 뜬 오더를 찍고 매장에 도착해보니 68만 원어치 단체주문이란다. 아직까지 태어나서 한 번도 햄버거 68만 원어치를 사본 적이 없어서 그 수량을 가늠조차 할 수가 없었는데 캔콜라가 6박스에 햄버거가 두 박스였다. 발판이 없는 필자의 오토바이로는 한 번에 다 싣기에 아무래도 벅찬 양이었다. 참고로 이 매장의 기본 배달료는 2,700원인데, 매장 매니저가 배달료 얼마 드리면 되겠냐고 물어본다. 이동거리가 멀지는 않은 곳이었지만, 이 많은 양을 한 번에 실을 수 있을지 없을지도 장담할 수 없었다. 잠시 생각하다가 10,000원은 줘야 되지 않겠냐고 말했다. 예상 밖의 금액이라는 듯 잠깐 난색을 표하더니, 사장에게 허락을 얻은 후 큰 인심 썼다는 듯 만 원을 쥐어준다. 예전에 광역퀵을 했었던 적이 있어 항상 로프를 소지하고 다니던 차라 로프를 꺼내 간신히 한 꺼번에 싣고 묶을 수 있어 배달을 완료했는데, 몇 시간 뒤에 사무실에 들어가니 관리자가 한 마디 꺼내는 게 아닌가? "양이 얼마나 됐어요? 얼마나 멀리 가는 것이었어요?" 배달료 만 원을 줬던게 암만 생각해도 과하다고 여겼던지 관리자에게 전화해서 원래 이 정도 배달료를 줘야되는 게 맞냐고 물어봤던 모양이다. 세상 인심 참 야박하다는 생각이 다시금 들어 씁쓸했었다. 무겁고 많은 양 때문에 휘청휘청거리는 오토바이를 간신히 운전해 배달완료했는데, 그 대가로 지불한 만 원이 그리도 아깝게 여겨졌단 말인가?

살아있으세요?

배달을 하다보면 많은 사람들을 만나게 되고 참 다양한 사람들을 접하게 되는데, 그중에서도 필자가 가기 싫어하면서도 정기적으로 한 번씩 가게 되는 곳이 있다. 외진 골목에 위치한 낡은 건물 5층 위의 옥탑방이 바로 그 주인공이다. 비좁고 가파른 계단을 올라 4층쯤 도달하면 벌써 어디선가 퀴퀴한 냄새가 나기 시작한다. 가쁜 숨을 몰아쉬며 옥탑방 앞에 도착해서 노크를 하면 사람보다 코를 찌르는 지린내가 먼저 나오는 곳, 나도 모르게 코를 틀어막게 되는 고약한 냄새와 함께 앙상한 몰골의 60대 사내가 나를 반겨준다. 오늘도 어김없이 간단한 안주 하나와 소주 7병을 주문했다. 술이 밥인듯한 사람이다.

사람만큼이나 꼬깃꼬깃한 돈을 건네받고 뒤돌아 내려오면서 오만 생각이 다 든다. 값싼 월세방으로 보이는데, 저 사람은 뭐하는 사람일까? 알콜중독자일까, 항상 대낮에 집에 있는 걸로 봐선 직업도 없는 기초수급자일까? 찾아오는 가족도 없는 사람일까 밥이나 먹고 사는걸까? 혼자 여러 가지 생각을 하다보면 은근히 걱정이 되기도 한다.

오늘도 그곳으로 가는 콜이 떴다. 낯익은 주소의 6층 옥탑방. 한 번 갔다오면 숨이 차고 지독한 지린내가 풍기는 그 곳. 하지만 나는 그콜을 찍는다. 아무런 상관이 없는 사람이지만 무사히 살아있는지 궁금해서 다시 그곳으로 간다. 며칠에 한 번쯤은 보고 와야 이상하게 마음이 놓이기 때문이다.

한 글자로 끝난 만남

연일 35도 36도를 오르내리는 폭염 속의 늦은 오후였다. 오토바이를 타고 달리면 뜨거운 바람이 불어와 닦아도 닦아도 땀이 멈추지 않아 비에 젖은 것 마냥 흠뻑 젖은 채로 가맹업소 중 한 군데인 치킨집에 픽업하러 갔다. 마침 바로 앞 배달이 엘리베이터 없는 건물 5층이라 땀은 더 흐르고 있었고, 여느 때와 다름없이 밝은 목소리로 업주를 향해 인사를 하는데 한 테이블에 앉은 손님 한 사람과 눈이 맞았다.

"어……."

말끔한 양복바지에 반팔셔츠를 입고 맥주잔을 들던 중년 사내. 고등학교 때 같은 반 친구였다. 30년도 더 넘었는데 우린 서로 한눈에 알아볼 수 있었다. 내 입에서도 같은 말이 순간적으로 새어 나왔다.

"어……."

배달통에는 음식 두 개가 실려 있었고 픽업할 곳이 한 군데가 더 있는 상태. 지금 좀 바빠서 내가 연락하께 술 한 잔 하자! 말 한 마디 없이 나는 눈으로 말했다. 그리고 치킨 한 마리를 들고 가맹업소를 나와 오토바이에 다시 앉았다. 30년도 넘게 만난 친구는 내게 딱 한 글자만 이야기 했다.

달리는 내내 그 짧고도 긴 의미를 담은 한 글자가 한참 동안 맴돈다. 이 친구가 어쩌다가 이런 일을 하고있지? 학창시절 공부도 곧잘 했었는데, 어쩌다가 이런 일을 하고있지? 친구의 놀란 표정. 감탄사처럼 내뱉은 한 글자에는 그런 의미가 담겨져 있었다. 아무 일도 없었다는 듯 평소처럼 일을 했지만, 그 이후로 그 업소 콜을 찍지 않았다.

"짜식……."

잘 살고 있는 모양이다. 다행이다. 그리고 보니 전화번호도 못 물어봤다. 뭐가 그리 급했는지….

아! 고객님

37층 고층아파트의 마지막층 고객에게 가는 배달이다. 게다가 카드 결제건이다. 엘리베이터 앞에 나와서 기다려주신다면 얼마나 좋을 까 하고 속으로 빌어본다. 35, 36, 37…, 혹시나 혹시나 했는데 엘리베이터 문이 열림과 동시에 혹시나는 역시나로 바뀌었다. 야속한 고객님은 집안에 계 시고 이미 엘리베이터는 내려가고 있다. 다음 올라오는 엘리베이터는 꼭 탈 수 있기를 바라며 초인종을 누른다. 안에서 우당탕탕 꼬맹이들이 뛰어오는 소리 가 들린다. 예닐곱살 쯤 됐나 세상 해맑은 목소리로 꼬맹이1이 배꼽 인사를 한 다. 이미 엘리베이터는 내려갔고 마음은 급하지만 애써 미소를 지으며 머리를 한 번 쓰다듬어 주니 뒤에서 나도 나도 하면서 꼬맹이2가 달려와 또 배꼽인사 를 한다. 내가 원하는 건 카드인데 꼬맹이들만 나온다. 밀려오는 불길한 예감 을 감추며 "아빠는 안 계시니?"라고 물어보니 꼬맹이1, 꼬맹이2 화장실로 보이는 곳을 향해 일제히 "아빠아~~"를 외친다. "아빠, 응가 끝나고 나갈 게"라고 한다. 사내의 말이 청천벽력같이 느껴진다.

"아. 고객님…."

오토바이에는 배달해야 될 찜닭이 두 개나 실려있는데, 당면이 불어터지고 있고 내 마음도 불어터지는데 고객님은 화장실에서 나올 생각이 없다. 그 사 이에 엘리베이터는 두 번이나 오르락내리락을 반복하고, 아무것도 모르는 해 맑은 꼬맹이 1, 2는 마냥 신이 났다.

"아……, 고객님…."

오는 정 가는 정

점심 때의 일이다. 밥시간이 되어 뭐 먹을까 고민하다가 최근에 가맹한 식당 한 곳에 갔는데, "어이쿠, 아직 식사를 못하셨구나, 뭐 드릴까요?"라며 서른 중·후반의 젊은 부부 내외가 살갑게 반겨준다. 날씨도 덥고 입맛도 별로 없고 해서 냉면 한 그릇 시켰다. 그런데 보통 냉면집에 가면 밑반찬 이래봤자 무절임이나 김치 정도가 전부인데, 이 집은 마른 반찬 몇 가지와 함께 반찬 너댓 가지를 함께 내어준다. 인심이 후한 집이구나 싶어 내심 기분이 좋아지는 차에 "드시고 모자라면 밥도 드세요."라고 한다. 양이 많지 않아 괜찮다고 손사래를 쳤지만 주인 내외의 마음 씀씀이에 이미 배가 부른 듯하다. 기분 좋게 먹고 있는데 슬그머니 다가와 갓김치가 담긴 접시를 내려놓으며 "어제 친정에서 어머니가 보내주신 갓김치인데 이것도 한 번 맛보세요."라고 한다.

사람과 사람 사이의 정이 이런 게 아닌가 싶다. 꼭 뭔가를 받아서가 아니다. 진심으로 마음을 써준다는 게 느껴지고 사람 냄새가 느껴지면 그게 바로 더할 나위 없는 인심이 아니겠는가? 식사를 하면서 속으로 다짐했다. 이 업소 콜은 내가 무조건적으로 빼준다.

노안

작년말부터 노안이 찾아왔다. 하루종일 오토바이를 타는 일이라 주행 풍도 눈 건강에 악영향을 미쳤겠지만, 50세 기념 선물처럼 내게도 노안이 찾아왔다. 나이 들면 자연스럽게 받아들여야 하는거라 대수롭지 않게 생각했지만, 시간이 지날수록 일하는 데 여간 불편한 게 아니다. 깨알 같은 주문표가 한 번에 보이지 않아 안경을 치켜들고 봐야하는 불편함도 있지만, 어두컴컴한 모텔 안에서 문 열어주지 않는 손님에게 전화를 해야되는 경우나, 가로등 하나 없는 밤길 골목에서는 더더욱 불편해서 일하는 데 지장이 많다. 노안교정 수술을 받아야 하나? 누진다초점 안경을 맞춰야 하나? 이런저런 생각을 하다가 당장 불편하니 이만큼 살게 해준 댓가를 치르는 셈치고 안경을 맞추기로 결정은 해 놓았다. 가만히 생각해 보니 나이를 먹을수록 아집으로 가득 채워지진 않았는지 나를 돌아다보게 된다. 사람은 아는 만큼 말할 수 있고 아는 만큼만 세상이 보인다던데, 별로 아는 것도 없으면서 쉽게 말하고 세상을 다 아는 듯 살아오진 않았는지 되돌아 본다.

이젠 작은 글씨는 한 번에 보이지 않는다. 안경을 치켜들고 봐야 보인다. 젊은 시절 한 번에 볼 수 있었던 것들을 이제는 나이를 먹었으니 나이만큼 한 번 더 신중하게 확인하라고 안 보이게 한 거라는 생각이 든다. 나이를 먹을수록 경박하지 말라고 주의를 주는 것 같다. 그렇게 생각하니 한결 마음이 편하다. 앞으로 더 진중해져야지 하고 다짐을 한다.

하지 말아야 할 행동들

1. 불법 머플러 튜닝으로 굉음 유발 행위
2. 요란한 LED 장착으로 야간 운전시 안전 운전에 방해가 되는 행위
3. 주택가 및 아파트 단지 안에서의 과속 및 소음 유발 행위
4. 난폭 운전과 곡예 운전으로 사고 유발 행위
5. 주행 중 흡연 행위와 도로에 침 뱉는 행위

백문이 불여일견

필자의 소속 대행업체 가맹점 중에 반점이 두 군데가 있다. 배달대행 기사의 입장에서 말하는 것이라 다소 이기적일 수가 있으나, 사실 중국음식은 피자와 더불어 달갑지 않은 음식 품목이다. 자장면이나 짬뽕같은 대다수 메뉴가 면 요리이기 때문에 엮어갈 수도 없고, 최대한 빨리 한 개만 픽업하여 곧장 도착지를 향해 달려야 하기에 현실적으로 기피음식이고 비인기 품목일 수밖에 없다. 그렇기에 피크타임을 지나 콜이 드문드문 뜨는 시간에는 그나마 배차가 되지만, 주문이 집중적으로 몰리는 피크타임에는 기사들로부터 외면당하는 품목 중 하나가 중국음식이다.

그런데 가맹점이던 그 두 군데 반점 중 한 곳의 사장님이 최근에 가게를 정리하고 필자가 속한 사무실에 대행기사로 새출발을 하게 되었다. 평소에 음식 픽업 시 가게문을 열면서 "안녕하세요! 사장님" 하고 인사를 크게 했었는데, 이분, 알고 보니 필자보다 다섯 살 연하라며 이제는 필자에게 형님, 형님 그러는 입장이 되었다.

오늘 낮에 교차로에서 우연히 이 동생과 마주쳤다.

"형님! 이따 점심 식사 같이 하실래요?"

"그러자."

자연스럽게 점심 약속이 잡혔고, 잠시 후 밥을 먹다가 이 동생이 문득 내게 말 한 마디를 던졌다.

"형님! 우리 가게 콜이 왜 안 빠졌는지 이제 알겠습니다. 허허허"

가타부타 대꾸 없이 웃기만 했었지만, 백문이 불여일견이라는 고사성어가 순간 생각났다. 무엇이든 본인이 경험해 보지 않고서는 정확히 알 수 없는 것이다. 그게 세상 이치다.

CHAPTER.5
사람과 사람들

같은 일을 하는 다른 사람들은 어떤 생각일까?
나와 같은 생각을 할까?
아니면 나와는 또 다른 것들을 느끼고 있을까?
동료 기사들의 생각을 들어봤다.
더불어
우리와 밀접한 이들의
다양한 목소리도 함께 들어봤다.

1. 이름 : 김현우(가명)

2. 일하시는 지역 및 연령 : 부산 / 1987년생

3. 전업 또는 투잡 여부 : 투잡

4. 종사한 경력 : 1년

5. 현재 이용 중인 오토바이 모델 : pcx 19년식

6. 하루 평균 근무시간과 월 평균 소득 : 4시간 / 100만 원

7. 배달대행을 시작하게 된 동기 : 결혼 후 아이 둘을 얻게 되면서 아내가 가사
일에만 매이게 되자, 저 혼자 벌어 네 식구를 건사하기에는 본업만으로 부족
하다는 생각을 하게 되었습니다. 본업을 유지하며 추가수익을 얻을 방안을 모
색하다 비교적 시간적으로 유동적인 배달대행업에 뛰어들었습니다.

8. 본인이 생각하는 배달대행의 가장 큰 장점 :
　가. 유동성 : 다른 어떤 일보다 유동적으로 스케줄을 조정 가능함 (본업의
　　　업무 연장, 가족 행사, 회식 등으로 인한 스케줄 조정 용이)
　나. 자유로움 : 어느 한 곳에 얽매이지 아니하며, 혼자 수행하는 일인 만큼
　　　눈치를 볼 필요도, 사람으로 인한 스트레스를 받을 필요가 없음

9. 본인이 생각하는 배달대행의 가장 큰 단점
　가. 악천후 : 정글에서 홀로 먹이 활동하는 동물처럼 비, 눈, 바람 등의 온
　　　갖 악천후를 온몸으로 맞으며 일해야 함
　나. 사고 : 일하는 내내 붐비는 도로 위를 누비다 보니 갖은 사고의 위험
　　　이 도사리고 있음. 행여 사고를 낸다면 몸의 고통은 말할 것도 없고, 내
　　　가 왜 하필 이 일을 시작했나 하는 후회가 온몸을 관통하는 경험을 할
　　　수 있음.

다. 초기투자비용 : 회사에 취직했다면 저렴한 정장 한 벌에 명찰만 받으면 출근할 수 있겠지만, 이 일은 오토바이 구매 비용과 비싼 보험료를 감당해야 함.

10. 가장 기억에 남는 에피소드 한 가지

다른 아빠들은 아이들과 놀아 줄 주말에 가끔 일을 나갈 때면, 밥 먹는 돈이 아까워 식사시간에 집에 들러 라면 하나 먹고 다시 나간 적이 많았다. 가끔 평일에 일을 나가서도 잔돈 거슬러 줄 현금이나 카드단말기를 빠트리고 나와서 다시 집에 들러 빠트린 물건을 허겁지겁 챙기는 일도 많았다. 항상 그때마다 바쁜 마음에, 더 솔직히는 아는 얼굴 만나 바쁘게 사는 내 모습을 안타까운 시선으로 바라볼까 두려워 항상 헬멧을 착용하고 집을 들어갔다. 그 뒤로 아직 어린 딸아이는 아내가 집에서 혼자 배달음식을 주문해 먹을 때 오던 배달원을 보고는 "아빠다!"하고 너무 해맑게 뛰어가더란다. 배달원은 어리둥절하고 아내는 엄청 민망했더라며 당시 상황을 내게 말해주었다. 어린 딸애 눈에는 헬멧을 쓰고 집 현관을 들어오던 아빠의 모습이 각인되었던 모양이다. 아내에게 그 얘기를 듣고는 당시 상황이 우습기도 하고, 씁쓸하기도 하고, 요즘 말로 참 '웃펐다'.

11. 지금 시작하려는 분들에게 꼭 해주고 싶은 말

모든 일이 그러하듯 다 내 마음 같지 않다. 모든 세상살이가 그러하듯 다 좋지는 않다. 하지만 절박하게 꾸준히만 한다면 어떤 일이든 본인이 원하는 결과가 있지 않을까? 사실 본인 역시 아직 일도 인생도 갓 일병 진급한 수준이라 누구에게 뭘 얘기할 입장이 못된다.

12. 끝으로 본인의 최종 목표는?

지금 이 오토바이가 돈 버는 용도가 아닌, 동네 마실이나 다닐 교통수단이 되는게 목표다. 본업이 잘 되어서 아이들과 보내는 시간도, 내 몸을 추스릴 여유도 가지고, 투잡하던 힘든 시절을 무용담 삼아 "라떼는 말이야~"로 시작하는 꼰대짓도 주위에 좀 할 수 있게 경제적으로 좀 자유로워지면 좋겠다. 내 인생도 조금 여유롭게 사는, 한 마디로 잘 먹고 잘 사는, 좀 진부하지만 다들 원하는 그게 내 최종 목표다.

1. 이름 : 현강민(가명)

2. 일하시는 지역 및 연령 : 43세 / 인천 미추홀구

3. 전업 또는 투잡 여부 : 투잡입니다.

4. 종사한 경력 : 2019년 6월부터 시작했습니다.

5. 현재 이용 중인 오토바이 모델 : PCX125 2019년식

6. 하루 평균 근무시간과 월 평균 소득 :
- 평균 근무 시간은 평일 19:20~30분쯤 투입하고 00시까지 업무를 수행하고 있습니다.
- 주말은 풀타임으로 근무합니다. 11:30분부터 00시 업무마감까지. 중간에 휴식 16:00~17:30
- 첫달은 100만 원에 간신히 도달했으나, 2개월부터 120만 원 이상 소득을 올리고 있습니다. 겨울 시즌에는 최고점을 찍었네요.

7. 배달대행을 시작하게 된 동기
- 배우자의 생활비 과다 지출로 인해 벌이가 더 필요하게 되었고, 이 일을 하기 전에는 주방 보조, 물류센터, 주말 건설 현장 일용직 등 다양한 투잡을 경험했으나, 배달대행이 최근에 누구든 진입이 쉽고 본인의 노력 여하에 따라서 성과를 이룰 수 있다고 조언을 해주셔서 일을 하게 되었습니다.
- 두 아이가 고등학생, 중학생(운동선수)이다 보니 벌이가 더 필요했습니다.

8. 본인이 생각하는 배달대행의 가장 큰 장점

- 시간 선택이 가능한 것이 최대 장점 같습니다. 프리랜서 기사의 경우 투입이 가능한 시간에 일을 하면 되는 장점이 있습니다.
- 본인이 노력하는 여하에 따라서 소득이 발생하는 부분도 무시하지 못할 거 같습니다.
- 일부 기사는 묶음 배송을 한다고 하는데, 겨울철에는 음식이 식는 단점이 있긴 하죠. 초보 시절에는 배운다고 생각하고 하나씩만 배송을 시작했고, 일정 시간이 지나고 나서는 묶음 배송을 하는데, 이도 가게에서 원치 않으면 하지 않습니다. 묶음 배송은 가는 지역과 방향이 비슷하면 가게 사장님께 물어보고 하는 편입니다. 가게마다 성향이 달라서 빼주길 원하는 사장님도 있고, 그렇게 하는 것을 원하지 않는 사장님도 있기 때문에 이 부분은 소통하면 괜찮을 거 같습니다.

9. 본인이 생각하는 배달대행의 가장 큰 단점

- 가게 사장님 중에는 배달기사를 파트너로 생각하는 분도 있지만, 그렇지 않은 분들도 간혹 보이십니다. 보통 조리 시간 이전에 가는 편인데 너무 일찍 와서 기다리는 것을 불편해 하는 사장님도 있는 반면, 커피 한 잔 마시며 기다리라고 하시는 분들도 있죠.
- 가게에서 잠깐 화장실을 이용해도 되냐고 물어보고 쓰는데요. 대부분은 안내해 주는데 최근에 계약을 맺고 배달대행하는 가게 중에 "저희 가게 화장실 없어요."라고 딱 잘라 이야기하는 가게도 있어요. 코로나로 인해 손씻기가 일상이 되었는데요. 그 가게가 전통 시장 안에 있는 가게거든요. 공동화장실 있는 거 다 아는데 말이죠. 그 이후로 그 가게에 선입견이 생겼습니다. 시간 맞춰서 가고 배달도 정시에 맞춰 가기보단 조금 늦게 가게 되더라구요. 정이 안 간다고 할까. 잘해주면 저는 같이 챙겨주는 편이다 보니….
- 손님의 매너도 천차만별이죠. 모텔에서 주문한 어떤 남자 손님은 옷 다 벗고 물건 받으신 적도 있죠.
- 카드 결제 끝내고 기분 나쁘다는 듯이 카드를 뺏어 가지고 가는 사람도 있고, 배달기사가 자기 머슴인 줄 아는 분도 있어요. 가다가 쓰레기 좀 버려달

라고….

- 투잡이다 보니 가족과 함께할 시간이 적은 거 같아서 좀 아쉽긴 합니다.

10. 가장 기억에 남는 에피소드 한 가지

- 시작하고 한 달쯤 되었는데 1층 현관 벨을 눌렀더니 문을 안 열어 주시더라구요. 그래서 전화드렸더니 죄송하다고 입구 비번을 알려주셨어요. 그래서 4층을 올라갔는데 아이 셋을 키우는 아이 엄마였어요. 너무 어린애들 케어하느라 정신이 없었나봐요. 고맙다며 요구르트랑 초코파이를 주셨어요.

- 비가 오는 날 아파트 지하주차장에서 좌회전하다가 넘어졌는데, 그걸 지켜보던 입주자분께서 일으켜 주셨어요. 괜찮냐고 하시면서…, 배달 끝내고 나오던 길이라 크게 다치지는 않았고 발목만 삐끗했네요. 비오는 날은 아파트 지하주차장은 절대 안 갑니다.

- 보통 일찍 가서 기다리는 편이라 방문 손님과 대화할 기회가 있는데, 이 집 어떠냐고 물어봐요. 저는 사실대로 이야기해 주는 편인데, 며칠 뒤 그 고객께서 배달주문 하시고, 배달을 가니 저를 기억하시더라고요.

- 은퇴한 프로야구선수 집 배달 : 인천에서 160을 던졌던 투수가 있었습니다. 그 선수 집에 배달했고, 팬이었다고 이야기 하니 씨익 웃어주셨습니다.

- 6층 엘리베이터 없는 빌라 계단으로 헉헉대면서 올라갔는데, 이제 한 달도 안 된 갓난아이를 안고 물건을 받아주신 여성분. 아이 얼굴을 보고 6층에 올라갈 때 힘들었던 마음이 사라졌어요.

11. 지금 시작하려는 분들에게 꼭 해주고 싶은 말

욕심내지 말고, 무리하지 말고, 천천히 운행하세요. 익숙해질 때쯤 주행에 주의하세요.

12. 끝으로 본인의 최종 목표는

배우자와 관계가 악화된 상황에서 집안이 말이 안 될 정도로 심각했었는데 배달대행 일을 하면서 벌이도 조금이나마 늘었고, 집사람이 저의 헌신하는 모습에 마음을 터 놓고 이야기 하는 계기가 되었습니다. 물론 서로 양보했었던 부분도 있었고 툭 터놓고 이야기했어요. 씀씀이 줄이고 대출금을 갚아 나가는 상황에서 경제권을 와이프에게만 맡겼던 것보다 이제는 같이 관리해 가고 있고요. 아이들 아프지 않고 우리 가족 건강 관리하면서, 지금처럼 일하며 살고 싶습니다. 가끔 보이는 복권방에서 1만 원어치 복권을 사고 일주일 품으면서 삽니다. 1등을 바라는 것은 아니지만(물론 되면 좋구요) 그 기대감만 품고 살려고요… ^^

인터뷰 🎤 대구 종사자/박정현

1. 이름 :

박정현(가명)

2. 일하시는 지역 및 연령

대구 / 28세

3. 전업 또는 투잡 여부

풀타임 전업기사입니다

4. 종사한 경력

3년가량 되는 것 같습니다

5. 현재 이용중인 오토바이 모델

야마하 Xmax 250cc

6. 하루 평균 근무시간과 월 평균 소득

평균 12시간 근무하고, 월 평균소득은 450~500만 원 상회합니다.

7. 배달대행을 시작하게 된 동기

우연히 친구의 소개로

8. 본인이 생각하는 배달대행의 가장 큰 장점

본인의 의지가 가장 중요합니다.

9. 본인이 생각하는 배달대행의 가장 큰 단점

비교적 자유로운 일이다 보니 농땡이 피고 싶은 유혹이 많습니다.

10. 가장 기억에 남는 에피소드 한 가지

택시와 사고나서 합의금을 받아내느라 애먹었던 일

11. 지금 시작하려는 분들에게 꼭 해주고 싶은 말

열심히 하세요.

12. 끝으로 본인의 최종 목표는

잘 먹고 잘 살기!!

인터뷰 ❱ 경기 종사자/조민수

1. 이름 :

조민수(가명)

2. 일하시는 지역 및 연령 :

경기도 남양주 와부읍, 84년생

3. 전업 또는 투잡 여부 :

전업기사

4. 종사한 경력 :

5년

5. 현재 이용 중인 오토바이 모델 :

혼다 c125

6. 하루 평균 근무시간과 월 평균 소득 :

12시간 700만 원

7. 배달대행을 시작하게 된 동기 :

유일한 취미가 오토바이 타기이고 원래부터 오토바이를 워낙 좋아했던 탓에 오토바이를 이용한 직업을 찾다보니 시작하게 되었음

8. 본인이 생각하는 배달대행의 가장 큰 장점 :

자유로운 근무환경

9. 본인이 생각하는 배달대행의 가장 큰 단점 :

근무환경에서 자신이 컨트롤 할 수 없는 변수가 너무 많아 그것으로 인한 스트레스가 높다.

10. 가장 기억에 남는 에피소드 한 가지 :

평소 일에 집중하는 편이라 딱히 그런 것 신경 안 쓰다보니 없음

11. 지금 시작하려는 분들에게 꼭 해주고 싶은 말 :

정해진 근무시간에 본인의 능력에 맞는 노동 강도를 찾아서 항상성을 유지한다면 웬만큼 벌이가 된다.

12. 끝으로 본인의 최종 목표는 :

언제일지는 모르겠으나 일을 그만둘 때까지 큰 사고 없이 끝냈으면….

1. 이름 :

황기성(가명)

2. 일하시는 지역 및 연령 :

서울에서 일하고 있으며 50세입니다.

3. 전업 또는 투잡 여부 :

처음에는 투잡으로 시작했으나 다니던 회사를 관두게 되어 전업으로 전향했습니다.

4. 종사한 경력 :

투잡 경력 6개월 정도, 전업으로 전향한 지 2년 되었으며, 대략 2년 6개월 정도의 경력이 됩니다.

5. 현재 이용 중인 오토바이 모델 :

야마하 Nmax 125cc

6. 하루 평균 근무시간과 월 평균 소득 :

10~12시간 일하며 소득은 550~650만 원 사이를 왔다갔다 합니다.

7. 배달대행을 시작하게 된 동기 :

이런저런 일로 지출이 많아지는데, 다른 벌이를 찾기에는 적지 않은 나이라 마땅히 할 일도, 오라는 곳도 없던 차에 우연찮게 배달대행이라는 일을 알게 되어 시작했습니다.

8. 본인이 생각하는 배달대행의 가장 큰 장점 :

본인의 노력 여하에 따라서 고수익을 올릴 수도, 그렇지 않을 수도 있습니다. 주변에 둘러보니 벌이는 제법 되는데 관리를 못하고, 규칙적이고 계획적인 소비와 저축을 못해서 늘 제자리걸음을 하는 분들도 제법 있습니다.

9. 본인이 생각하는 배달대행의 가장 큰 단점 :

아무래도 항상 도사리고 있는 크고 작은 사고의 가능성이라 생각합니다. 나만 잘한다고 사고가 안 나는 것도 아니고, 아무리 방어운전을 해도 사고는 언제든지 생길 수 있다고 생각합니다. 하지만 제 경험으로는 사고도 자주 내는 기사가 사고를 내며, 사고가 나지 않는 기사는 한 번도 사고가 나지 않는 것 같기도 합니다. 평소 운전습관에 크게 좌우되는 것 같습니다. 다행스럽게도 저는 아직 무사고입니다.

10. 가장 기억에 남는 에피소드 한 가지 :

20층의 아파트에 사는 어떤 손님에게 배달을 갔는데, 마침 그때 승강기 점검을 하는 날이라 승강기 운행이 안 되는 시간이었습니다. 손님에게 전화하니 만삭의 임산부인데, 며칠 전부터 갈비탕이 너무 먹고 싶어서 참았다가 오늘 배달을 시킨 것이었습니다. 승강기 점검일이라는 걸 깜빡했다면서 너무 미안해했습니다. 승강기 점검 끝나면 찾아가겠다고 경비실에 두라는 것을 몇 달 전에 시집가서 임신한 딸녀석 생각이 나서 20층을 계단으로 올라가 배달했던 일이 가장 기억에 남습니다.

11. 지금 시작하려는 분들에게 꼭 해주고 싶은 말 :

주변에 둘러보면 지나치게 욕심이 많은 기사분들이 너무 많습니다. 돈을 버는 것이 무엇보다도 중요하지만, 음식이 식지 않기를 바라는 가맹업소도 생각하고, 따뜻한 음식을 받아들 권리가 있는 손님의 입장을 생각하면서 일했으면 합니다. 그런 것들을 완전히 무시하고 본인의 돈벌이에만 신경쓰는 기사분들이 너무 많은 것 같습니다.

12. 끝으로 본인의 최종 목표는 :

제 나이 50세. 딱 십 년만 더 하고 싶습니다. 십 년만 더 하면 어느 정도 노후 준비도 해 놓을 수 있을 것 같고, 그동안 벌어놓은 돈과 매달 지급되는 연금으로 아내와 편안한 노후생활을 보내고 싶습니다.

1. 이름 : 이경훈(가명)

2. 일하시는 지역 및 연령 : 35세. 인천 남동구

3. 전업 또는 투잡 여부 :

　*2019년 8월 ~ 2020년 2월 (전업)

　*2020년 3월 ~ 현재 (프리 라이더)

4. 종사한 경력 : 총 8개월

5. 현재 이용 중인 오토바이 모델 : 혼다 PCX 125

6. 하루 평균 근무시간과 월 평균 소득 : 약 8~12시간, 월 평균 450~500만 원

7. 배달대행을 시작하게 된 동기

　배달업 종사 전 본인은 중견 기업에서 자동화설비관리 및 생산관리자로 재직하였으나, 개인사유로 퇴사 후 수일을 고민 끝에 2018년 3월 즈음부터 배달업에 종사하기 시작했습니다. 마트, 식당 등 여러 배달업을 거친 끝에 고수입이 가능하다는 주변 지인의 권유로 인하여 2019년 8월부터 배달대행업에 종사하기 시작하여 현재에 이르렀습니다.

8. 본인이 생각하는 배달대행의 가장 큰 장점

　지역마다 미묘한 차이는 분명히 존재하겠지만, 배달대행의 가장 큰 장점은 두 가지가 있다고 생각합니다.

　첫 번째로는 노력한 만큼 수익창출이 가능하다는 것이겠습니다. 남들보다 한 시간 일찍 일어나서 시작하고, 남들보다 식사 시간 및 대기 시간을 최소화하고, 남들보다 한 시간 늦게 퇴근하는 등 노력을 기울이면 본인이 원하고자 하는 수익 및 목적에 다다를수 있습니다.

　두 번째는 자유도라고 생각합니다. 일반 직장인들처럼 한 장소에, 시간에 제한적인 근무를 하기보다는, 본인의 상황에 따라 유동적이고 탄력적으로 근무

가 가능하다는 것입니다.

9. 본인이 생각하는 배달대행의 가장 큰 단점

위에 말씀드린 장점과 상반되는 단점일 텐데, 노력하지 않고 멘탈 관리가 제대로 되지 않는다면 수익이 곤두박질치거나 아예 없을 수 있다는 치명적인 단점이 존재합니다. 이 직업은 멘탈 관리가 필수적입니다. 멘탈 관리가 제대로 되지 않는 분들은 여러 가지 이유를 가지고 일을 하지 않고 사무실에서 쉬고 있거나, 아니면 그냥 퇴근해 버리는 경우를 반복하다가 이 직업을 포기하는 경우도 굉장히 많이 보았습니다.

10. 가장 기억에 남는 에피소드 한 가지

본인은 현재 주거지와 동일한 지역에서 근무하고 있는데, 그러다보니 본의 아니게 아는 사람들과 종종 마주칩니다. 최근에 있었던 일인데, 초등학교 때 친했던 친구의 부모님 댁에 우연히 배달을 가게 되었습니다. 그런데 저를 알아보시고는 짧게 몇 마디 나누게 되었으나, 그분들의 말투와 눈빛에서 별로 좋지 않은 기운을 감지했습니다. 자기 자식과 저를 비교했을 땐 제가 하찮아 보였던 걸까요? 배달대행업의 사회적 인식이 별로 좋지 못하다는 것은 잘 알지만, 개인적으로 아는 분들께서 저를 보시는 시선이 좋아보이지 않아 마음이 어지러웠습니다.

11. 지금 시작하려는 분들에게 꼭 해주고 싶은 말

배달대행업을 시작해 보겠다고 마음 먹으셨다면 사시는 집과 근접지역에서 꼭 시작하시길 권해 드립니다. 또한 멘탈 관리는 필수적입니다. 일이 없다고, 날씨가 안 좋다고 해서 계속 집에 들어가서 쉬어 버리면 그날의 수익은 현저히 적어지기 때문입니다. 시작하시게 되면 최소 목표치를 구체적으로 정하시기 바랍니다. 하루에 식사 시간 및 휴식 시간 제외하고 순수 근무를 최소 몇 시간 동안 하겠다, 하루에 최소 몇 건의 배달을 달성하겠다, 하루에 최소 얼마의 매출을 달성하겠다는 목표 말입니다. 목표 없이 근무하는 것과 목표를 가지고 근무하는 것에는 아주 많은 차이점이 있습니다.

12. 끝으로 본인의 최종 목표는?

　조그마한 개인 매장을 하나 차리는 것이 현재로서의 목표이고, 매장을 차렸다고 해서 대행업을 아예 놓지는 않을 것 같습니다. 전문가들은 향후 10년에서 길게는 20년까지 배달대행업의 수명을 점치고 있다고 합니다. 나에게 전문적인 나만의 무언가가 없다면? 남들보다 아주 조금이나마 경제적으로 여유를 가질 수 있는 방법 중에 하나가 아닐까라는 생각으로 덤벼 들었고, 저도 현재에 이르렀습니다. 목표를 계속 달성하여 한 계단 한 계단 올라가 제 자신에게 당당해지고 어디서나 인정받는 사람이 되는 것이 최종적인 목표입니다.

인터뷰 🎤 대전 종사자/최순태

1. 이름 : 최순태(가명)

2. 일하시는 지역 및 연령 : 대전/63세

3. 전업 또는 투잡 여부 : 전업기사

4. 종사한 경력 : 7년

5. 현재 이용 중인 오토바이 모델 : 대림 시티베스트

6. 하루 평균 근무시간과 월 평균 소득 : 12시간 근무 (350~400만 원 정도)

7. 배달대행을 시작하게 된 동기 : 치킨집에서 시간제로 아르바이트를 몇 달 하다가 배달대행의 존재를 알게 되어 시작했습니다.

8. 본인이 생각하는 배달대행의 가장 큰 장점 : 누구의 눈치를 보지 않는다는 것과 구속과 지시를 받지 않는다는 것. 가장 큰 장점은 수입이겠죠.

9. 본인이 생각하는 배달대행의 가장 큰 단점 : 예의 없는 손님을 마주할 때 스

트레스가 많네요. 나이 들어 할 일 없어 배달일이나 한다는 말까지 들어봤습니다.

10. 가장 기억에 남는 에피소드 한 가지 :

본인보다 몇 살 정도 많아 보이는 할머니가 고생한다면서 밥이라도 사드시라며 꼬깃꼬깃한 만 원짜리 지폐를 손에 쥐어준 적이 있습니다. 괜찮다고 만류했지만 한사코 손사래를 치며 쥐어주길래 거절할 수 없었는데, 고맙고, 미안하고, 왠지 마음이 쓰라렸습니다.

11. 지금 시작하려는 분들에게 꼭 해주고 싶은 말:

아무래도 20~30대 젊은 분들보다는 모든 것이 느릴 수가 있습니다. 하지만 나이가 들어서도 할 수 있는 일이며 본인의 노력 여하에 따라서 많은 수입을 가져갈 수가 있으니 본인은 만족하며 일을 하고 있습니다.

12. 끝으로 본인의 최종 목표는?

목표라고 별다른 것은 없습니다. 건강을 유지해서 70살까지만 이 일을 하고 싶습니다. 그렇게 돈을 모아서 시골에 조그마한 농가를 구입해서 텃밭이나 가꾸며 여유로운 여생을 보내고 싶습니다. 계절마다 작물 심어 자식놈들에게도 보내주고 손자놈 오면 고구마도 캐서 구워주고, 그렇게 여생을 보내는 게 마지막 목표입니다.

인터뷰 🎤 서울 종사자/장주혁

1. 이름 : 장주혁(가명)

2. 일하시는 지역 및 연령 : 서울 강서구 방화동 / 34세

3. 전업 또는 투잡 여부 : 전업기사

4. 종사한 경력 : 2년

5. 현재 이용중인 오토바이 모델 : PCX 150cc

6. 하루 평균 근무시간과 월 평균 소득 : 10시간 / 500~600만 원 사이

7. 배달대행을 시작하게 된 동기

　뭐 배운 게 도둑질이라고 이일 저일 해보니 사람 써먹고 버리고 아프면 나몰라라하고 돈은 안 되고 해서 대행을 시작했습니다. 어차피 내 몸 내가 챙겨야 된다면 대행하며 돈 더 벌려구요.

8. 본인이 생각하는 배달대행의 가장 큰 장점

　뭐 단기간 내에 목돈을 벌 수 있죠. 그것 말고는…. 먹고 살아야하니까 하는 것이고요.

9. 본인이 생각하는 배달대행의 가장 큰 단점

　사고가 가장 위험해요. 가끔 구경하면 사람들이 심심한가 봐요. 일하다 심심한 건지 몰라도 꼬투리 잡고 남 씹고. 정직하지 못한 사람들이 좀 있어요.

10. 가장 기억에 남는 에피소드 한 가지

　별다른 에피소드는 없구요. 무작위로 콜 네 개 잡았는데, 모두 1층에 옆집에 옆집에 옆집에 옆집. 복권 된 것처럼 기분이 좋더라구요.

11. 지금 시작하려는 분들에게 꼭 해주고 싶은 말

　힘들어도 열심히 하세요. 팔랑귀처럼 이리 갔다 저리 갔다 이거 다 소용없어요. 그게 아니라면 아예 발을 안 들이는게 좋다고 봐요. 맘만 상해요. FM을 알아야 AM을 알 수가 있어요. 정석을 알아야 편법도 잘 쓰는 법.

12. 끝으로 본인의 최종 목표는

　다 필요 없구요. 빚 청산하고 제 명의 건물 하나 사서 운동 다니면서 노년을 그렇게 편안하게 있다 떠나고 싶어요. 그게 저의 최종 목표입니다.

1. 이름 : 정수정(가명)

2. 일하시는 지역 및 연령 : 수원 / 36

3. 전업 또는 투잡 여부 : 투잡

4. 종사한 경력 : 6개월

5. 현재 이용중인 오토바이 모델

　시작~4개월 동안 혼다 줌머 49cc. 줌머엔진 고장으로 지금은 혼다 투데이 49cc

6. 하루 평균 근무시간과 월 평균 소득

　평일은 퇴근 후 4시간, 주말은 8시간 정도. 월 소득은 투잡이 들쑥날쑥하지만 150~180 정도

7. 배달대행을 시작하게 된 동기

　20대 때부터 출퇴근 겸 동네마실용 중고 줌머가 있었어요. 자차도 있었지만 거의 안 끌어 여름철에도 방전되기 일쑤일 정도로 오토바이가 익숙하고 편했죠. 차가 주는 편안함도 있지만, 그걸 능가할 정도로 맨몸으로 느끼는 바람과 내음이 너무 좋아요. 게다가 꽉 막힌 도로에서는 더욱 진가를 발휘하죠. 주차도 반 평만 있어도 될 정도로 용이하구요. 그렇게 오토바이를 그저 저의 취미와 즐거움으로 여기던 중 배민커넥트 광고를 우연찮게 인터넷 서칭 중에 보게 됐어요. 사실 퇴근 후 특별히 할 것 없이 빈둥대다가 하루를 마무리하는 생활이 무료했는데, 제가 좋아하는 오토바이를 타면서 돈도 벌 수 있다니! 바로 교육을 잡고 일을 시작하게 되었죠.

8. 본인이 생각하는 배달대행의 가장 큰 장점

제가 하는 배민커넥트는 본인이 원하는 시간에 어플을 켜서 일을 하고 그만 하고 싶으면 어플을 끄면 돼요. 갑자기 급한 일이 생겨도 일에 얽매이지 않아도 된답니다. ^^ 저는 본업이 사람을 상대하며 대화를 많이 하는지라 집에 가면 입에서 단내가 날 정도예요. 전화오는 게 무서울 정도로 전쟁을 치른답니다. 근데 이 대행 일은 서비스업이기는 하지만 음식이 주가 되다보니 그저 픽업할 때 사장님과의 인사, 전달할 때 손님과의 인사 뿐이니 본업으로 사람 상대에 지친 저에게는 뭔가 힐링이 되는 행복한 돈벌이랄까?

게다가 제가 좋아하는 오토바이도 탈 수 있으니 일석이조이죠. ^^

9. 본인이 생각하는 배달대행의 가장 큰 단점

양지가 있으면 음지도 있는 법, 일단 대행을 한다 하면 한 수 아래로 깔고 보시는 것 같아요. 나름 열심히 떳떳하게 돈 버는 건데, 간혹 업주분이나 손님들이 '그냥 배운 거 없어 오토바이나 타면서 돈 버는 놈'이라고 생각하시며 반말부터 하는 분들이 계세요. 이 일을 하면서 제가 놀란 건…, 과거에 젖어있으면 안 되지만…, 예전엔 부유하셨고 똑똑하신 분이 많다는 거예요. 저는 아직 초보라서 그분들에게 많이 배워가는 중이예요.

또 다른 단점은 날씨의 영향을 많이 받는다는 거죠. 아침에 일어나자마자 제가 제일 먼저하는 건 핸드폰으로 날씨보기! 추위·더위·비·바람의 영향을 그대로 받기 때문에 그에 대한 준비가 철저해야 해요.

나머지 하나는 아시겠지만 안전! 뭐 다들 아시겠지만 신호 다 지켜가면서 하면 이 일이 참 힘들죠…. 아찔하게 운전하는 경우도 여러 번 봐서 심장이 내려앉은 적이 많아요. 다들 적당히(?) 까면서 안전하게 했으면 합니다.

10. 여성라이더로서의 애로사항이 있다면?

여성 라이더라고 해서 요즘은 크게 문제되는건 없지만, 간혹 남자 손님들이 나체에 가까운 모습으로 나오실 때도 있어요. 초기에 놀란 가슴이 진정이 안 된 이후로는 문이 열리고 속살이 보인다 싶으면 고개를 돌리고 손만 내밉니다.

업주분 같은 경우 "여성라이더가 왔다며? 잘 찾아갈 수 있겠어?"라며 의심의 눈초리를 보일 때가 있어요. 그럴 땐 마음 속에 뜨거운 무언가가 솟아오르곤 하죠.

'더 신속, 정확히 배달해야겠다.'

어떤 업주분은 처음엔 여성 라이더라 못미더웠는데, 이젠 제가 오면 믿음이 간다고 하시는 분도 계세요.

11. 가장 기억에 남는 에피소드 한 가지

추운 날, 음료 배달을 갔는데 문이 열리더니 제가 전해드린 음료 중에 하나를 꺼내서 저를 주시는 거예요. 어리둥절해서 "네?" 그랬더니, 추운데 고생하신다면서 라이더님 것도 하나 더 시켰다며 드시고 애쓰라며 건네시더군요. 얼굴 한 번 뵌 적 없는 사람에게 백 원 쓰기도 힘든데, 그 손님 마음이 너무 고맙고 대단하게 느껴졌어요.

12. 지금 시작하려는 분들에게 꼭 해주고 싶은 말

일단은 한 번 해보세요!

'내가 지도를 잘 볼 수 있을까? 잘못해서 음식값 물어주고 욕먹는 건 아닐까? 사고나는 건 아닐까?'

저도 처음엔 걱정이 많았는데 괜한 걱정이었어요. 적응하면 '아, 내가 처음에 바보같은 걱정을 했구나.' 싶을 거예요. 그리고 저도 이건 배우는 중인데, 신주소를 외우면 편하다네요. 콜을 찍을때 주소만 보고 아 거기구나 바로 셀렉할 수 있으니깐요. 지도 보고 찍으면 늦어요. 주소만 봐도 감이 올 정도로 미리 배워두는 것도 좋을 것 같아요.

13. 끝으로 본인의 최종목표는?

최종목표는 뭔가 어불성설이지만 이 대행을 그만두는 것입니다. 오토바이 타는 것이 좋다 했지만 취미로만 타면 더 좋겠고, 본업이 끝나고 친구들과 저녁도 먹거나 운동을 가거나 산책을 하면 더 좋겠죠. 조심히 탄다고는 하지만 아무래도 대행의 생리상 시간에 쫓기며 하루에도 마음이 천당과 지옥을 오갈 때가 많아요.

그리고 전세가 역전되었다고나 할까요? 처음엔 취미로 시작했던 일이 본업보다 더 많은 생각을 하게 되고 신경이 쓰이게 되니 이것 또한 잘못된 건가 생각이 들 때도 많아요. 많은 분들이 대행 일에서 돈을 많이 버셔서 보다 안전하고, 추운 날엔 따뜻하고, 더운 날엔 시원한 곳에 계셨으면 합니다.

인터뷰 🎤 (가맹업소) 신전떡볶이

1. 매장이름 : 신전떡볶이 동성로점

2. 성함과 직책은 : 익명 요구 / 점장

3. 평일 배달 건수와 주말 배달 건수는 각각 얼마나 되는가?
- ◆ 평일 : 100건 정도
- ◆ 주말 : 평일 대비 1.5배 정도

4. 배달대행을 이용하게 된 계기
   기존의 배달시스템으로는 특정 시간대에 집중적으로 몰리는 배달 수요를 원활히 소화하기 힘들어 배달 대행을 이용

5. 배달대행을 이용해서 좋은 점
- ◆ 주문이 몰릴 때도 빠른 배달이 가능하다.
- ◆ 소속 배달직원을 고용하지 않아서 경비 절감에 도움이 된다.
- ◆ 배달의 민족과 연동이 되어 원클릭 배송 신청이 아주 편리하다.
- ◆ 좋은 기사님들이 많아 친하게 지내다 보니 일하면서 웃을 일이 많다.

6. 배달대행을 이용하면서 불편한 점
- ◆ 악천후나 우천시에 콜이 밀릴 때는 불편함을 감수해야 한다.
- ◆ 간혹 음식을 잘못 가져가는 기사님 한 분 때문에 일이 꼬일 때가 있다.
- ◆ 한정된 공간에서 매장 손님과 기사님으로 인하여 혼잡할 때가 있다.

7. 개선되었으면 하는 점이 있다면 어떤 점을 꼽을 수 있는가?

배달사고가 생겼을 때 신속하게 문제 해결을 할 수 있는 시스템이 아쉽다.

8. 덥거나 춥거나 비에 젖은 배달대행 기사를 볼 때 드는 생각은?

직업특성상 밖에서 하는 일이므로 덥거나 추운 날씨에 밖에서 대기하는 기사님을 보면 안쓰러운 마음이 들 때가 많다. 특히 겨울철에 바람도 세찬데 비까지 내리는 날은 측은한 마음을 넘어서 인간적인 연민이 들 때도 많다. 빠른 배달도 중요하지만 항상 사고없이 안전하게 운행하셨으면 하는 마음을 가진다

9. 지금 이용 중인 대행업체를 계속해서 이용할 의향이 있는가?

현재 이용 중인 부릉은 원클릭 배송신청과 기사님과 계좌 연결 등 편리한 기능들이 많아 앞으로도 계속 이용할 생각이다.

10. 만약 가장 친한 친구가 배달대행 일을 하고 싶어한다면 당신의 반응은?

항상 위험에 노출되어 있고, 사람 때문에 스트레스를 많이 받을 수 있는 일이라는 것을 잘 안다. 추위와 더위, 비 등 날씨의 영향을 많이 받아 그로 인해 어려운 점도 많겠지만, 본인 능력과 노력에 따라서 높은 수익과 보람을 느낄 수도 있는 일이라고 생각한다. 다양한 사람을 만나고 경험할 수도 있는 일이기에 말리려 들진 않겠지만, 위험성과 힘든 점에 대해서는 미리 알려줄 것이다.

인터뷰 🎤 (오토바이 센터) 바이크로드

1. 오토바이 센터명과 지역 : 대구 / 바이크로드

2. 성함 : 이동현

3. 오토바이 정비업의 경력은 얼마나 되시는지?

2011년부터 했으니 9년이 됩니다.

4. 배달대행의 가장 흔한 사고 유형 몇 가지를 말한다면?

　① 각종 위반 및 교통법규 위반으로 인한 사고

　② 난폭운전

　③ 운전중 휴대폰 주시로 인한 전방주시 태만

수리를 맡기러 오는 종사자들을 대상으로 어떻게 해서 사고가 났는지 물어보면 위 세 가지 사항이 가장 많은 사고 원인입니다.

5. 배달대행에 이용되는 오토바이의 무난한 배기량 수준은?

100cc 미만부터 해서 500cc, 600cc 심지어 그보다 더 높은 고배기량의 오토바이를 이용하는 분들도 있으시나, 제가 볼 때는 배달대행의 여러 가지 측면을 고려했을 때 125cc급 오토바이가 가장 적합하다고 생각합니다. 실제로 배달대행 현장에서 125cc급의 오토바이를 가장 많은 분들이 사용하고 계십니다.

6. 배달대행 용도로 가장 많이 사용하는 오토바이 종류 다섯 가지만 순서대로 나열한다면?

1. SYM-GTS125	2. PCX
3. NMAX	4. XMAX
5. 혼다 포르자	(이상은 대구의 종사자들 기준입니다)

7. 정비전문가로서 권장하고 싶은 배달대행 오토바이의 오일교환 주기는?

Motul, 혹은 Elf 사의 50% 합성유를 1,000km 주기로 교체하실 것을 권장합니다.

8. 오토바이 모델과 상관없이 주행거리에 따른 소모품의 교체 주기를 알려준다면?

앞타이어 - 15,000km	뒷타이어 - 6,000~10,000km
브레이크 패드 - 5,000km	드라이브 벨트 - 25,000km
에어클리너 필터 - 4,000km	

위 부품들만 교체 주기를 잘 챙겨서 교환해도 오래 탈 수 있다고 생각합니다.

9. 잔고장 없이 오래 탈 수 있는 팁이 있다면?

가장 중요한 것은 운전습관입니다. 급정거, 급과속, 급출발하지 않는 운전 습관이 첫 번째로 중요하고요. 다음으로 고RPM이 올라가도록 풀스로틀을 당기지 않는 것도 아주 중요하고요. 오일, 냉각수 체크만 잘 해도 오래 탈 수 가 있습니다.

10. 끝으로 배달대행 종사자에게 정비전문가로서 하실 말씀이 있다면?

정비를 의뢰할 때는 마음에 드는 센터 한 곳을 지정하여 꾸준한 관리를 받으시는 게 좋습니다. 오토바이에도 주치의가 필요하다고 여기시고, 한 곳의 센터에서 관리받으시는 게 좋은 방법입니다.

인터뷰 🎤 (대행업체 대표) 부릉 동성로지점

1. 대행업체 이름과 본인의 성함 : 부릉 동성로점 김남두

2. 직책 : 지점장

3. 운영횟수는 얼마나 되시는지? 만 3년

4. 소속 배달대행 업체 기사들의 월 평균 소득은 얼마쯤 되는가?

300~600만 원 가량

5. 가장 높은 소득의 기사분의 월 평균 소득은 얼마인가

월 700만 원 이상

6. 배달대행 업체를 운영하면서 가장 어려운 점은?

아무래도 소속 기사님 관리가 가장 어렵습니다. 정확하고 신뢰있는 근태를 항상 당부하지만 잘 안 지키는 기사분들이 많습니다. 비교적 자유로운 일의 특성상 사전통보 없이 근무지를 이탈하거나 연락을 끊어버리는 분들이 생각 외로 있습니다. 그래서 안정적인 오더를 수행하는 데 애로가 많을 뿐더러 전체 기사님들을 평등하게 관리·통제하기가 힘이 드는 부분이 큽니다.

7. 사무실에서 선호하는 기사의 유형은?

근태가 우수한 분입니다. 어느 직장이나 근태가 가장 기본이며, 종사자로 서는 최소한의 예의라고 생각합니다. 배달대행도 마찬가지라 근태가 확실하고 우수한 분을 가장 높게 평가합니다. 실질적으로 일을 잘하고 못하고는 그리 중요하지 않습니다. 일을 잘하는 사람보다 근태가 좋은 사람을 선호하는 이유 가, 우선은 근태가 확실해야 지점장의 입장에서도 인원수 대비 가맹업소를 영 업할 수도, 구역을 확장할 수도 있는 것입니다. 근태가 기본이 되지 않고서는 사무실도 아무것도 할 수가 없기 때문입니다.

8. 사무실에서 못마땅한 기사의 유형은?

유독 불평, 불만이 많고 사무실의 정책과 룰에 이의를 제기하는 분들이 있 습니다. 기사 한 분 한 분과 사무실은 서로 동떨어져서 각자의 팔을 스스로 흔들어야하는 관계가 아닙니다. 사무실이 있어야 기사분들도 있고, 기사분들 이 있어야 사무실 또한 존재할 수 있습니다. 사무실과 기사분의 관계는 공생 공존하는 관계입니다. 그러한 점에서 서로 협력하고 상호 성장해 나갈 수 있 도록 보완해야 하는 관계임에도 불구하고 불평, 불만만 가지고 사무실의 정책 에 협조해 주지 않는 분들은 곤란합니다.

9. 향후 전망하는 배달업계의 성장가능성은?

관련 업계 어떤 전문가는 향후 10~20년간은 지속적인 발전을 할거라 전망 합니다. 본인 또한 현장에서 지점장으로 근무하면서 비록 일은 힘들고 어려운 부분들이 있지만, 본인만 열심히 하고 성실하게 임한다면 생업에는 지장없다 고 생각합니다. 어찌보면 여타 직업군에 비해 밖에서 보는 것보다 나쁘지 않 은 소득을 올릴 수 있으며, 실제로 많은 소속 기사분들이 높은 소득을 올리고 있습니다.

10. 배달대행을 시작하려는 분들에게 해주고 싶은 말이 있다면?

쉬운 일은 아닙니다. 하지만 많은 분들이 종사하고 있으며, 계속하여 많은 분들이 문을 두드리고 있습니다. 열심히 할 결심과 뚜렷한 목표가 있다면 과감히 도전하십시오. 말보다는 행동이 중요하고, 생각보다는 실천이 중요합니다. 그런 분들이 많은 수입을 올리고 있다는 것을 현업에서 항상 느끼고 있습니다.

배달대행 시작하기

발 행 일   2020년 5월 31일 초판 1쇄 발행

저   자   김봉준

발 행 처   크라운출판사
            http://www.crownbook.com

발 행 인   이상원

신고번호   제 300-2007-143호

주   소   서울시 종로구 율곡로13길 21

대표전화   1566-5937, 080-850-5937

팩   스   02) 743-2688

홈페이지   www.crownbook.com

I S B N   978-89-406-4265-8 / 03320

특별판매정가   13,000원